# 武田遺領をめぐる動乱と秀吉の野望

## ——天正壬午の乱から小田原合戦まで

hirayama yu
平山 優

戎光祥出版

歴史上の事実を必然という名のもとに、そうなるよりほかなかったかのように写しだすのが歴史の学問なら、私は躊躇なく歴史学をすてる。もっとも、それよりさきに、歴史がそんな学問をすてるだろうが。

（鈴木良一『豊臣秀吉』より）

# 目次

目　次

【凡例】（本文中の史料出典略記号は以下の通り）

『大日』→『大日本史料』／『県内』→『山梨県史』資料編4中世1＋文書番号／『県外』→『山梨県史』資料編5中世2＋文書番号／『県内記録』→『山梨県史』資料編6中世3上県内記録＋文書番号／『県外記録』→『山梨県史』資料編6中世3下県外記録＋文書番号／『信』→『信濃史料』＋巻数＋頁数／『上越』→『上越市史』別編2上杉氏文書集二＋文書番号／『愛』→『愛知県史』＋巻数＋文書番号／『群』→『群馬県史』資料編7中世3＋文書番号／『越佐』→『越佐史料』＋巻数＋頁数／『戦武』→『戦国遺文武田氏編』＋文書番号／『戦北』→『戦国遺文後北条氏編』＋文書番号／『信長』→『増訂織田信長文書の研究』＋文書番号／『家康』→『新訂徳川家康文書の研究』上巻＋頁数／『新修徳川』→『新修徳川家康文書の研究』第一輯＋頁数／『公記』→『信長公記』／『家忠』→『家忠日記』／『当』→『当代記』／『軍鑑』→『甲陽軍鑑』／『寛永伝』→『寛永諸家系図伝』／『寛政譜』→『寛政重修諸家譜』／『集成』→『武徳編年集成』／『国志』→『甲斐国志』／『朝野』→『朝野旧聞裒藁』

。本書に登場する武将のうち、本曾義昌は天正十年六月までには出家して「玄徹」、徳川家康重臣石川数正は天正十三年三月までに家康の偏諱を受け「康輝」と称しているが、煩雑さを避けるためにそれぞれ本曾義昌、石川数正で統一した。

# はしがき

本書は、天正十年（一五八二）の武田氏滅亡と、それに続く本能寺の変を契機に勃発した天正壬午《じんご》の乱（旧武田領国〈甲斐・信濃・西上野・駿河〉争奪戦）終結後の、東国情勢の俯瞰、叙述を目的としている。(1) そして、この争乱の主役は、天正壬午の乱と同じく徳川家康、北条氏直、上杉景勝の三人であり、それに織田信長死後、急速に権勢を増した羽柴秀吉（豊臣秀吉）が加わって展開する。

天正壬午の乱で激しく対立した徳川・北条両氏は、天正十年十月二十九日に和睦を結び、同盟を締結するに至った。ここに東国では当時、最大規模の戦国大名同盟が出現したわけである。この動きに神経を尖らせたのが、北条氏を宿怨の敵とする越後上杉景勝であった。

しかしながら、この徳川・北条同盟は内部でも、また相互でも火種を抱えていた。その原因は、天正壬午の乱終結のために北条・徳川両氏が結んだ合意事項そのものにあった。それは、甲斐・信濃を徳川領、上野を北条領とするというものであったが、これはあくまで大国間の利害にもとづく合意に過ぎず、特に信濃や上野国衆にとっては一方的な通告であり、すべては頭越しに決定され押しつけられたものに他ならなかった。また、天正壬午の乱に際して、形勢を優位にしたいがために、北条・徳川・上杉三氏とも甲斐・信濃・上野の武士たちに知行宛行状を乱発した。氏直・家康・景勝は、それぞれ合戦の終結後、この事後処理に乗り出すが、とりわけ家康はこの知行宛行約諾の不履行に対する処理を誤り、相次いで信濃国衆に背かれていくこととなる。とりわけ真田昌幸、小笠原貞慶《さだよし》、木曾義《きそよし》昌《まさ》は、その後の東国情勢にあっては、台風の目ともいうべき存在になっていく。この他にも、屋代秀《やしろひで》正《まさ》、依田信蕃《よだのぶしげ》、下条頼安《しもじょうよりやす》、保科正直《ほしなまさなお》の動向は注目に値する。彼らを始めとする信濃・上野の国衆や武士が、自分の領土保全と拡大を目指して、北条、徳川、上杉という大国と結合や離反を繰り返し、逆に大国の戦略や思惑を大きく狂わせ、翻弄することすらあったことは極めて重要である。戦国争乱が、常に大国有利だとばかりはいえないことをよく示す実例が、多数見受けられるであろう。本書は、そうした中小国衆の動向を可能な限り追求し、徹底して書き込むことに意を注いだ。そこにこそ、大国中心の歴史叙述を相対化する鍵が潜んでいると思ったからである。

　本書のメインテーマは、こうした中小の武士たちが、大国の勝手な思惑に抵抗し、牙を剥いた背景を軸に歴史の流れを描くことにある。それは、①大国が戦局を有利にしたいがため、国衆に実現もできない条件を提示して味方に引き入れ、戦争が終結するとその約束を一向に履行せず（事実上の反故）、②逆に国衆の利害や立場を全く無視して、大国間で様々な利害協定（戦争終結、再戦回避）を一方的に締結し、③大国のために懸命に活躍した彼らに、何らの見返りも与えず、④窮地に陥った際には無惨にも見捨てたこと、などを可能な限りていねいに描き、混乱の連鎖を叙述することである。とりわけこの傾向は、徳川家康に顕著であり、そのため家康は多くの信濃国衆に叛かれる羽目に陥っている。但し、混乱の連鎖とはカオスの連らなりではなく、幾多の可能性が激突しあい、脆弱な可能性が次々と脱落していき、やがて幾つかの有力な可能性が複雑にからみあいつつ一つの歴史の流れとなり、現実性へと転化、自立しはじめるプロセスそのものである（なぜ潰れた可能性が脆弱であったか、それ自体の追究こそが極めて重要である）。

このような事態が、終息させたはずの天正壬午の乱における火種を繰り返し発火させることにつながり、この争乱で五カ国大名へと成長したはずの徳川家康を苦境へ追いやり、やがて家康を服従させようと目論む豊臣秀吉に付け入る隙を与えてしまうことにも繋がるのであった。

つまり、天正壬午の乱終結後の東国情勢は、徳川・北条・上杉三氏を軸にしつつも、おもに信濃、上野の国衆たちが、三氏との離合集散を繰り返し、大国に牙を剥き、翻弄していく様相を呈するのである。その間隙をついて、秀吉が東国に迫るという構図が展開していく。本書はいわば地域社会から照射した天下統一への歴史であり、しかもそれは甲斐・信濃・上野などの旧武田領国の武士たちが大きくその流れを規定し、制約していたことを明確にすることを意図している。

以上のような観点から、本書は天正十年を序曲にしつつ、主要な叙述の対象を、天正十一年早々に開始された徳川軍（依田信蕃）による佐久平定戦から、天正十四年十月徳川家康が大坂城で豊臣秀吉と対面し臣従するまでの期間とする。この期間は、天正壬午の乱の戦後処理が、徳川・北条間で何度も実施に移されたが失敗し、さらに秀吉と家康の対立により混乱にさらに拍車がかかり、次第に秀吉と上杉景勝らの調略や攻勢によって、徳川・北条同盟は追い詰められていき、家康が上洛して豊臣政権に臣従するに至る。この結果、北条氏は孤立化を深め、やがて滅亡に追い込まれていく。こうした政治過程の底流には、旧武田領国の国衆や武士たちの様々な動きが潜んでいるのである。この態様を見失わぬよう叙述を試みた。

# 序章

# 波乱の天正十年
## ——戦国史の転換点

上杉景勝画像（米沢市・上杉博物館蔵）

## 武田勝頼の滅亡

天正十年という年は、中部地方最大の戦国大名武田氏の滅亡によって幕を開けた。

天正元年（一五七三）、父信玄の後継者として当主になった武田勝頼は、天正三年五月二十一日の長篠合戦で、織田・徳川連合軍に大敗を喫し、山県昌景《やまがたまさかげ》・馬場信春《ばばのぶはる》・内藤昌秀《ないとうまさひで》・原昌胤《はらまさたね》らの重臣を一挙に失った。それでも勝頼は、同年末まで続いた織田・徳川氏の攻勢を凌ぎ切り、駿河を確保し、遠江国の一部（高天神城《たかてんじんじょう》、滝堺城《たきさかいじょう》、小山城《こやまじょう》）の死守に成功した。だがそれ以後、自ら織田・徳川領に積極的に侵攻することはなくなったのである。

武田勝頼にとって運命の転機となったのは天正六年（一五七八）である。この年の三月、上杉謙信が急死し、養子の景勝（謙信の甥）と景虎（北条氏政の弟）が家督をめぐって内戦に突入した（御館《おたて》の乱）。この時、勝頼は北条氏との同盟（前年の天正五年に勝頼は、氏政の妹を正室に迎え同盟を強化していた）により、上杉景虎支援のため越後に出陣した。しかし、景勝から同盟交渉が打診されたことから、勝頼は一族、重臣と協議の結果、これを受諾したのである。勝頼が上杉景勝と連携した意図は、自分を軸に景勝と景虎を和睦させ、武田・上杉・北条三氏の和睦成立を目指すことにあったとされている（黒田基樹『戦国北条一族』など）。だが、三氏の和睦はおろか、景勝と景虎の和睦も成就せず、結果的に武田氏の支援を受けられなかった景虎は滅亡に追い込まれたのである。

この事態に北条氏政は激怒し、勝頼と断交するに至った。このため勝頼は、佐竹・宇都宮・小山氏ら北関東の諸大名と連合を結び、北条包囲網を作り上げて氏政に対抗し、真田昌幸を軸に東上野、北武蔵で攻勢に転じ、ほぼ上野一国を制圧することに成功した。勝頼は、上杉景勝より同盟締結時に割譲された北信濃と越後の一部をあわせると、信玄時代よりも広大な領国を擁するに至った。氏政は「このままでは関東は勝頼のものとなり、北条は滅亡に追い込まれる」と危機感を募らせ（『戦北』二一四一号）、織田・徳川両氏と同盟を結び、勝頼を東西から挟撃すべく反撃に転じた。この結果、勝頼は駿河で北条氏政に釘付けにされ、遠江の武田方諸城への後詰が思うに任せなくなり、徳川家康の攻撃を受け続けていた高天神城の救援が困難になっていった。

そして天正八年（一五八〇）十月、岡部元信（駿河衆）・栗田鶴寿《かくじゅ》（信濃衆）・浦野（大戸《おおど》）弾正忠（上野衆）らが籠城する高天神城は、徳川軍の重囲下に置かれ完全に孤立した。追い詰められた高天神城では、岡部元信らが矢文で徳川軍に降伏を打診したが、織田信長は天正九年（一五八一）一月二十五日付の書状で、これを受諾しないよう水野忠重を通じて徳川家康に勧告した（『信長』九一三号）。信長は、勝頼が高天神城救援に来ることはないと判断し、彼の威信と求心力を失墜させるべく、勝頼は高天神城を救援もせずに見殺しにしたという状況を演出するよう家康に求めたのである[2]。

この結果、高天神城は勝頼の支援を受けられないばかりか、織田・徳川軍からも降伏を拒絶されたため進退窮まり、天正九年三月二十二日に徳川軍の包囲網に突出して、ほとんどが戦死し落城した。だが、城外で戦死した者たちよりも、城内で餓死した者のほうが多かったという（『公記』）。高天神城の陥落は、勝頼に軍事拠点の失陥という以上に大きい政治的打撃を与えた。勝頼が、高天神城を救援しなかったのは、織田信長の武勇を恐れてのことだと太田牛一《ぎゅういち》は『信長公記』に記している。味方を救援しなかった勝頼は、「天下の面目を失」い、これが家臣団の離叛を決定づけることになる。

この結果、信濃・美濃国境にあって、常に織田信長の脅威を受け続けていた木曾義昌が天正十年一月、織田氏の調略に応じて実弟上松《あげまつ》蔵人を人質に出し、勝頼から離叛した。これを契機に、信長は勝頼への攻撃を命じ、織田信忠が信濃国伊那・木曾方面から、金森長近が飛騨口から、徳川家康が駿河口から、それぞれ武田領国へと侵攻を開始した。各地の武田方諸城は高天神城陥落の影響や、織田・徳川方の調略により、ほとんど抵抗することなく開城もしくは自落していったのであった。

二月下旬までには、信濃伊那郡や遠江・駿河の城郭はほぼ落城し、織田軍や徳川軍はほとんど抵抗らしい抵抗を受けぬまま甲斐に向けて侵攻していった。二月二十五日、武田一族穴山梅雪が謀叛を起こすと、信濃諏訪で最後の決戦を企図していた勝頼は、やむなく本国甲斐防衛のため、築城まもない新府城に撤退せざるをえなくなった。

だが、新府城は未完成で籠城も叶わずと判断した勝頼は、三月三日払暁、城に自らの手で火を放ち、都留郡領主小山田信茂を頼って東への逃避行を始めた。だが十日深夜、小山田信茂も変心したため、進退窮まった勝頼主従は十一日、田野（山梨県甲州市大和町）で滅亡した。この時、勝頼三十七歳、勝頼夫人（北条氏政妹）十九歳、信勝（勝頼の嫡男、生母織田氏〈実は遠山氏〉）十六歳。勝頼に殉じたのは、重臣土屋昌恒、秋山紀伊守、小原丹後守継忠、小宮山内膳ら百余人（このうち半分以上が女性だったと伝わる）に過ぎなかった。こうして織田・徳川氏にとって最も脅威であった戦国大名武田氏は滅亡したのである。

武田勝頼・同夫人・信勝及び殉死者墓（甲州市大和町・景徳院境内／甲州市教育委員会提供）

信長は勝頼を滅ぼすと、武田一族や家臣団に対する追求に着手し、小山田信茂・小菅《こすげ》五郎兵衛・長坂釣閑斎光堅《ちょうかんさいこうけん》・今井信仲・山県昌満・朝比奈信置ら国衆や出頭人を始め、武田信綱・武田信豊・一条信龍・葛山信貞ら武田一門衆らを悉く処刑した。辛うじて追求を免れたものの、後に戦死した加藤丹後守信景（甲斐上野原城主）一族などもあるほか、難を逃れて他国に逃亡した者は、原隼人佑貞胤、武川衆折井・米倉氏らのような事例も入れれば、かなりの数に上る。

この織田信長による残党狩りによって、武田氏の本領甲斐国における有力国衆は穴山梅雪《あなやまばいせつ》を除いてほぼ壊滅させられ、寄親《よりおや》クラスも不在という異常事態に陥った。これは、甲斐の武士たちの結集核を物理的に取り除くことで、今後開始されるであろう織田氏の甲斐支配を円滑化ならしめるとともに、反乱の火種をあらかじめ摘み取ろうとする信長の遠謀深慮だったと考えられる。これに対し、上野・信濃・駿河の有力国衆や寄親クラスで処刑された者は、最後まで抵抗したか武田氏と最も近しい人物を除いてはほとんど存在せず、その違いは際だっていた。

信長は勝頼滅亡後、旧武田領国の分割を行い、各地に家臣を配置して統治を開始させた。しかしその際に、信長は北条氏政をこの領土分割から完全に閉め出し、暗に北条氏への圧力を仄めかした。それは、北条氏政が勝頼に対抗するため織田氏に「降参」を表明し、盟約を結んでいたにもかかわらず、武田領出兵にあたっては最終段階で急遽参戦し、勝頼滅亡後も信長の元へ自ら挨拶に出向いてこなかったことに不快感を持っていたためである。この結果、北条氏は、武田氏滅亡時に占領していた駿河国駿東郡・富士郡、上野国西部からの撤兵を余儀なくされたのである。

## 本能寺の変

天正十年は武田氏滅亡で幕を開け、そのまま織田信長による天下統一に弾みがつくかにみえた。実際に、織田信長の命により上野国箕輪城に入った滝川一益は、関東や東北の諸大名に対し「惣無事」（戦闘の停止）を求め、織田氏への「馳走」「出仕」を勧告した。このことは、織田信長が戦国大名間の戦争を停止させ、領土紛争は彼の裁定によって収束させるという、後の豊臣秀吉が推進した「惣無事」政策をさきがけて開始したことを物語っている。これに芦名・小山氏ら関東・東北の大名は応じ、織田氏への従属を考え始め、安土城に使者を派遣する準備に入っていた。武田勝頼をあっけなく滅亡させた信長の武威は、大いなる圧力となったのである。

信長の掲げる「惣無事」政策は、決して空文ではなかった。信長は、北条氏政・氏直父子によって本領祇園城を逐われ、佐竹義重のもとに身を寄せていた小山秀綱の願いを聞き届け、祇園城の返還を北条氏に命じた。当時、祇園城は北条一族の北条氏照によって占領され、旧小山領の統治も進められていたが、北条氏は信長の要求に応じて五月十八日に祇園城を滝川一益に引き渡して撤退した。祇園城はまもなく小山秀綱に返還されたらしく、秀綱は那須資晴《すけはる》に宛てた書状で大いに喜んでいる（『戦北』二三二四号）。

このまま信長が健在であれば、武田勝頼に続いて越後の上杉景勝も滅亡に追い込まれ、もはや織田政権に表立って敵対する勢力は不在となり、信長による関東・奥羽平定は完成していたであろう。そしてそれは、織田政権による戦争停止（「惣無事」）という方式によるものであり、秀吉による関東惣無事を先取りする画期的な政策が実現されていた可能性が高い。しかしそれは、織田信長父子の横死によって未完に終わるのである。

穴山梅雪墓（京田辺市・飯岡共同墓地）草内の渡し跡近くにある

六月二日払暁、明智光秀は京都本能寺の織田信長宿所を急襲した。信長にとってはまったく不意打ちであったため、衆寡敵せず自刃し、嫡男信忠も父を救おうとしたが果たせず、二条御所に籠城したもののあえない最期を遂げた。信長四十九歳、信忠二十六歳であった。

本能寺の変によって、戦国史は大きな混乱と変動に見舞われることとなる。京都での凶報を徳川家康が知ったのは飯盛山下（一説に守口とも）であったと伝えられる。当時、家康は穴山梅雪とともに信長の勧めで京都・奈良見物をした後に、和泉国堺に入り、二日に京都で信長父子と合流する予定であった。家康・梅雪一行は予定通り堺を出発して、一路京都を目指していたのである。そこへ商人茶屋四郎次郎が第一報をもたらしたのであった。驚愕した家康は、甲賀を経て伊賀を抜け伊勢に至るルートで本国三河へ脱出することに決め、逃避行を開始した。しかし、まもなく穴山梅雪主従は家康と別れて独自に甲斐を目指すと言い始めた。家康は引き留めたが梅雪はこれを固辞したため、やむなく先に甲賀に向けて出立したという。

これが両者の明暗を分けることとなった。梅雪一行は、家康一行に少し遅れて草内《くさじ》の渡し付近にさしかかった時に、一揆に襲われて落命した。享年四十二歳。梅雪が家康と行動をともにしなかったのは、暗殺を恐れてのことと伝えられる。だが、家康の逃避行（「伊賀越え」と呼ばれる）も苦難の道のりであったといわれ、実際に家康随行の兵卒が二〇〇人も戦死している（『家忠』）。家康は危うい場面にしばしば際会しながらも、六月五日に無事三河に帰還した。

### 上杉景勝、息を吹き返す

本能寺の変は、越後上杉景勝の命運を切り開いた。景勝は、御館の乱に勝利して上杉家の家督を掌握したものの、天正九年六月には揚北衆《あがきた》新発田重家が織田信長と結んで反乱を起こすなど、混乱が続いていた。天正十年に入ると、越中国に向けて柴田勝家・前田利家・佐々成政らの侵攻が本格化し、さらに新発田重家が新潟と沼垂《ぬったり》（新潟県新潟市）を占領したため、東西より敵の挟撃を受け苦境に陥っていた。

そればかりか三月には、同盟国武田勝頼があっけなく滅亡してしまったのである。この結果、上杉領国は、越中に殺到する柴田・前田ら、上野国に配置された滝川一益、信濃国海津城の森長可、そして揚北の新発田重家に包囲される形勢となって存亡の危機に立たされた。五月一日、上杉景勝は、常陸の佐竹義重に書状を送り、「景勝はよい時代に生まれたものです。弓箭を携え、日本六十余州の敵を越後一国で支え、一戦を遂げて滅亡することは死後の思い出になります。景勝ほどの者には分不相応かもしれませんが、もしここで九死に一生を得るようなことになれば、日本では無双の英雄になれるかもしれません。死生の面目として喜ぶべきことであり、天下の誉れといえ、多くの人々から羨ましがられることでしょう」と書き送り、滅亡を覚悟しつつも織田信長に最後の決戦を挑む決意を固めていた（『上越』二三六六号）。織田軍は信濃、上野、越中で一斉に上杉領国への侵攻を開始したが、上野口では辛うじて滝川軍を撃退した。だが信濃口の森長可軍は、春日山城の郊外にまで兵を進めてきた。当時、景勝は越中魚津城を救援すべく天神山まで出陣していたが、柴田勝家らの大軍と堅陣の前になすすべがなく、さらに森長可が春日山に接近しつつありとの報を聞いてやむなく撤退せざるをえなかった。この結果、魚津城は孤立無援となり、六月三日に籠城衆は悉く戦死した。奇しくもそれは、本能寺の変の翌日のことであった。

この直後、本能寺の変の情報が織田方諸将にもたらされたのである。魚津城を占領し、越後侵攻を企図していた柴田勝家らは六月四日に、春日山攻撃をもくろんでいた森長可は六日に突如陣払いをして撤退していった。上杉景勝を危機に追い込んでいた織田軍は、いずれも潮が引くように上杉領国か

天正十年上杉景勝朱印状　窪嶋日向守は、信濃武士。本能寺の変による織田方の森長可撤退後に景勝へ出仕した（東京都・伊藤俊幸蔵）

ら退去したのである。

上杉景勝は、織田軍の撤退理由が判然としなかったが、それが信長横死だと知ったのは六月八日ごろのことであった（『上越』二三九一号、実際にはもう少し早かった可能性もあり、『越後治乱記』『越後古実聞書』等には、六月四日午刻には、越後中に噂が広まっていたとある）。信長の死は、滅亡を覚悟していた上杉景勝にとって、まさに僥倖であった。景勝は早速北信濃国衆への調略を開始し、森長可の足下を脅かした。長可は、川中島一帯で不穏な動きがあることを察知し、六月十八日に海津城を脱出して本国美濃に逃げ帰った。景勝はただちに信濃に出陣し、六月二十四日に長沼城に入り、北信濃衆を上杉家中へ迎え入れる施策を行った。さらに上杉家に匿っていた小笠原《おがさわら》洞雪斎《どうせつさい》玄也《げんや》（小笠原長時の弟貞種《さだたね》、貞慶の叔父）を擁して、深志城を奪取すべく上杉軍別働隊を派遣した。この結果、小笠原洞雪斎率いる上杉軍は、七月初旬までには深志城に在城していた木曾義昌を追放し、筑摩・安曇郡を制圧することに成功した。こうして上杉景勝は滅亡の危機から一転して、信濃のうち六郡（川中島四郡と筑摩・安曇郡）をその影響下に置き、領国拡大を成功させたのであった。

### 北条氏直の攻勢

本能寺の変の第一報を小田原の北条氏政・氏直父子が受け取ったのは、六月十一日未刻（午後二時頃）であったという。小田原に知らせたのは当時、武蔵国深谷台（埼玉県深谷市）にいた北条氏照家臣狩野一庵であった。そればかりか、三河に帰還した徳川家康からも情報が伝えられていたらしい（当時はまだ北条氏と織田・徳川氏は同盟関係にあった）。続々と寄せられる注進を受けて、氏政は信長の横死を確信したようだ。

神流川古戦場にある軍配山古墳（群馬県玉村町）
滝川一益が本陣を置いたところと伝わる

これに対し、上野国に在国していた滝川一益が信長の死を知ったのは、北条氏より三日前の六月九日のことであり、旧武田領に在国していた織田家臣の中でもっとも情報伝達が遅かった（『石川忠総留書』）。一益は動揺し、急ぎ上方へ帰還する準備に入った。その間、上野国衆も右顧左眄する有様で、沼田城では藤田信吉が城の奪取をもくろんで反乱を起こした。滝川氏は反乱を辛うじて鎮圧し、藤田を越後上杉景勝の元へ放逐したが、上野国衆の動向は不透明になりつつあった。

これに対し北条氏は、信長によって閉め出された上野国奪取を目論み、六月十二日には領国に動員を懸け、軍勢の招集に入っていた（『戦北』一三四八号）。そして十八日に、北条氏邦率いる軍勢が倉賀野に向けて進軍し、金窪原《かなくぼはら》（埼玉県児玉郡上里町金久保）で滝川一益軍と激突した。この合戦で北条氏邦軍は総崩れとなり、鉢形衆三百人余（一説に六百人余）が戦死したという（『群』三一三九号、『石川忠総留書』）。このため、氏邦軍はいったん後退し、軍勢の再編に努めつつ北条氏直率いる本隊の到着を待った。そして当主氏直自ら率いる大軍と合流すると、翌十九日に再び滝川一益軍二八〇〇余と神流川畔で衝突した（神流川の合戦）。この合戦で滝川軍は総崩れとなり、一益は北条軍の追撃を振り切って、ほうほうの体で箕輪城に逃げ延びると、翌六月二十日に箕輪城を引き払い、上野国衆から提出させておいた人質を引き連れて信濃小諸城に向けて脱出を開始した。この脱出は成功し、一益は徳川家康方として本領に帰還していた春日城主依田信蕃の協力を得て、佐久・小県郡諸士から集めた人質を伴って諏訪、木曾谷を経由し、七月一日にようやく本領の伊勢長島に帰還した（『木曾考』他）。途中、依田信蕃から託された人質は木曾義昌に抑留されてしまったが、一益一行はそれと引き替えに、無事、木曾谷通過ができたのである。

滝川一益を追放した北条氏直は、早速上野の仕置きと信濃国衆への調略に着手した。この結果、北条氏は真田昌幸の保持する沼田・吾妻領と北條芳林《きたじょうほうりん》の厩橋《まやばし》城などを除く上野国の確保に成功し、さらに信濃国衆小県郡禰津《ねづ》・室賀《むろが》・出浦《でうら》氏ら、佐久郡伴野氏などが北条方となる意志を示した。これを受けて北条氏直は、大軍を率いて七月十二日に碓氷峠を越え、信濃に侵攻した。

北条軍の来襲は、信濃国衆に大きな衝撃を与え、上杉方だった真田昌幸が北条方に転じたばかりか、昌幸の手引きで海津城主春日信達（春日虎綱〈いわゆる高坂弾正〉の子）や更級郡塩崎六郎次郎なども秘かに内通した。さらに諏訪高嶋城（近世の高島城〈現在の高島公園〉ではなく、茶臼山にあった茶臼山城のこと。本書では区別するため「高嶋城」と表記する）を奪取し、諏訪氏再興を図った諏訪頼忠も去就を迷っていたが北条氏につくことを申し入れた。この他に、木曾義昌も北条氏に協力する旨を書状で知らせていた。また、佐久郡の国衆はあくまで徳川氏に忠節を尽くす依田信蕃を除けば、すべてが北条氏に帰属することを選択した。この結果、依田信蕃は自らの家臣や甲斐から引き連れてきた武田遺臣とともに、北条軍を相手に蓼科《たてしな》山の麓三澤小屋《みさわごや》に籠城して孤軍奮闘を強いられることとなった。

氏直は小諸城に配備した大道寺政繁に依田信蕃攻めを委ね、自身は大軍を率いて北信濃制圧を目指し、七月十二日に川中島の八幡へ進軍した。これに対し、すでに北信濃を制圧していた上杉景勝は、北条氏直軍の来襲を知ると、わずか八〇〇〇人を率いて海津城周辺に陣を敷き、北条軍二万余と対峙した。氏直は、真田昌幸の調略により秘かに味方となっていた春日信達と謀って、上杉軍が海津城を出たら信達が海津城兵を率いて蜂起し、前後から一斉に上杉軍を挟撃、撃滅する作戦を企図したが、これは発覚してしまい、春日一族は上杉氏によって処刑されてしまった。このため氏直は決め手を失い、ついに上杉軍との決戦を諦め、甲斐征服を目指して転進することを決断した。氏直はこの時、上杉軍の追撃を警戒し、真田昌幸を本領に残留させ、軍勢を佐久郡へと返して依田信蕃攻めを行っている大道寺軍といったん合流した。氏直は、上杉軍の動向をここで見計らったのである。

いっぽうの上杉軍も、北条軍を追撃することで戦闘が広域化、長期化することは避けなければならなかった。なぜなら、揚北衆新発田重家の動きが活発になってきたからである。景勝は、北条軍の転進を確認して越後に引き揚げざるを得なかった。こうして主戦場は、甲斐に移るのである。

## 天正壬午《じんご》の乱

本能寺の変の危難をくぐり抜けて本国三河に無事帰還した徳川家康は、軍勢の招集を行い、信長の弔合戦を行うべく西へ進むと喧伝しつつも、混乱する旧武田領国のうち、甲斐・信濃を奪取すべく精力的に動き始めた。こうして旧武田領国争奪戦は、上杉・北条・徳川三氏による三つ巴の合戦へと突入した。これを総称して天正壬午の乱と呼んでいる。

まず家康は、織田信長の残党狩りを逃れて徳川領に亡命してきていた武田遺臣たちに矢継ぎ早に指示を出した。遠江国桐山《きりやま》（切山、静岡県牧之原市・島田市）に潜伏させていた甲斐武川衆の折《おり》井《い》次昌《つぐまさ》、米倉忠継《よねくらただつぐ》には、ただちに甲斐の本領に帰って武田遺臣の結集を呼びかけさせた。また駿河衆岡部正綱（武田氏滅亡後、信長により改易され牢人していたが、秘かに家康が援助していた）に対して穴山梅雪の本拠地下山に移動し、城普請を行うように命じた。この時に築城されたのが駿州往還を押さえる要衝菅沼城である（『日本城郭大系』8）。

さらに家康が召し出したのは、信濃佐久郡の有力国衆依田信蕃であった。信蕃は信長によって処刑されるところを危うく家康に助けられ、家臣六人とともに遠江国二俣の奥小川（天竜市）に身を隠していた。信蕃は家康より甲斐衆の調略と、信濃の本領回復及び信濃国衆調略を指示された。そこで信蕃は遠江から甲斐に潜入し、六月十二日に中道往還の迦葉坂《かしょうざか》（甲府市）で自身の「鐘ノ旗」を高々と掲げて甲斐の武田遺臣に結集を呼びかけた。この旗を見た人々は、あれは依田信蕃の旗ではないかと口々に囁き合った。その噂を聞きつけた横田尹松《ただとし》（原虎胤の子、横田高松《たかとし》の養子）ら武田遺臣が続々と姿を現し、その数は実に三千人に達したという。

信蕃は彼らに事情を説明し、彼らを率いて六月二十日までには小諸に帰り、本拠地春日城に入った（『依田記』）。信蕃は滝川一益の脱出を助けた後に、佐久・小県郡の諸士を徳川方に味方するよう調略を行い、かなりの賛同を得ていた。ところが、まもなく北条氏直の大軍が侵攻してきたため、調略が成った人々は続々と北条方へと転じてしまった。孤立無援となった信蕃は、やむなく要害の三澤小屋に待避、籠城し、家康からの援軍到着を待つことにしたのである。

家康が工作を実施したのは、彼らだけではなかった。武田氏滅亡の際に、家臣の謀叛により本領から追放されていた伊那郡の有力国衆下条氏（吉岡城主）も、遠江国宮脇（静岡県掛川市）、三河国黒瀬谷にそれぞれ家康に匿われていた。武田氏滅亡時の当主下条信氏《のぶうじ》・信正《のぶまさ》父子（信正は「信昌」とも書くが本書では統一）は、宮脇に避難した直後に相次いで病死したため、本能寺の変直後に健在であったのは、三河国黒瀬谷に潜んでいた下条頼安《よりやす》（信氏の子、信正の弟）と牛千代丸《うしちよまる》（信正の息子、頼安の甥、「牛千世丸」とも書くが本書では統一）だけであった。

当時、下条氏の実権を握っていたのは、武田氏滅亡時に織田氏に内通して下条父子を追放した一族下条九兵衛尉氏長《きゅうべえのじょううじなが》であった。だが氏長に対する下条家臣の反発は根強く、信長横死によって一挙に吹き出し、三河に逃亡していた下条頼安、牛千代丸と家臣団らが秘かに連絡を取り、クーデターを企図した。下条頼安は家康の援助を得ることに成功し、六月中旬、クーデターを決行して、下条氏長とその与党を一挙に殲滅し実権を奪取して吉岡城に帰還した。頼安は神之峰《かんのみね》城主知久頼氏《ちくよりうじ》、松尾城主小笠原信嶺《のぶみね》、春近衆《はるちか》ら伊那の諸士を徳川方に帰属させることに成功し、ほぼ下伊那を平定した。

また、織田信長の武田氏打倒に向けて精力的に工作活動を進め成功させたにもかかわらず、勝頼滅亡後は本領回復を拒否され、信長に使い捨てられる格好となり失意のまま上方で浪人していた小笠原貞慶《さだよし》（武田信玄に追放された信濃守護小笠原長時《ながとき》の息子）も、信長の死を知ると徳川家康を頼って三河にやってきた。家康は、重臣石川数正《かずまさ》の献策もあって貞慶支援を決め、先に本領を奪回した下条頼安に協力を命じた。貞慶は下条らとともに伊那を北上し、同族であった箕輪《みのわ》（福与《ふくよ》）城主藤沢頼親《ふじさわよりちか》（武田信玄に追放されていたが本領に復帰していた）を徳川方に帰属させると、小笠原旧臣らを募って先に深志城回復に成功していた叔父小笠原洞雪斎に開城を迫った。

このころ洞雪斎は、深志城を回復したものの上杉氏に実権を奪われ、小笠原旧臣たちからの支持を失っており、貞慶の勧告を拒絶することができなかった。そのため洞雪斎は、城を明け渡して越後上杉氏のもとへ再び亡命していった。こうして小笠原貞慶は、宿願であった深志城を回復することに成功したのであった。だがそれも束の間、貞慶は木曾義昌や上杉景勝との厳しい抗争を展開することとなる。

同じころ、家康の命を受けた酒井忠次は、奥平信昌らとともに三河から信濃に入り諏訪に向けて進軍した。これは伊那の諸士の徳川方への帰属を確定させ、諏訪頼忠を降伏させることが目的であった。

いっぽう徳川家康は、織田家臣の中でただ一人逃げ延びることができなかった甲斐の河尻秀隆のもとへ家臣本多百助を派遣し、支援を申し出た。当時の甲斐は、信長横死を知った土豪らが中心になった一揆が各地で蜂起しており、甲府は混乱の中にあった。また、都留郡は北条氏が軍勢を派遣してほぼ制圧を完了しており、武蔵秩父郡から雁坂峠を経て山梨郡・八代郡の一揆や土豪に対する調略を始めていた。ところが、秀隆は家康の真意を疑い、また本多百助が河尻と一揆との仲裁を行なおうとしたのを秘かに一揆と結んでいると考え、六月十四日に本多を暗殺してしまった。これにより一揆は河尻秀隆を攻めて捕縛し、十八日に甲府岩窪で無惨に処刑した。秀隆の死をもって東国の織田領国は、完全に崩壊したのである。

河尻塚（甲府市岩窪町）　河尻秀隆の遺骸を逆さにして埋葬したと伝えられ、逆さ塚とも呼ばれる

徳川家康は、先発隊として大須賀《おおすが》康高《やすたか》・曾根昌《そねまさ》世《ただ》・岡部正綱らを甲斐に派遣し、六月二十八日に大久保忠世《ただよ》・石川康道・本多康孝父子を増派して、北条氏と結びついた一揆や土豪を次々に撃破、殲滅した。甲斐は信長の武田遺臣狩りにより、中核となるべき国衆や寄親らが不在であったため、一揆や土豪たちの結束や連携は弱く、しかも兵力も少なかったため、徳川方の軍勢により各個撃破さ

れてしまったのであった。各地の一揆も、徳川軍が続々と甲府に着陣すると鳴りを潜め、徳川方に帰属する者も現れ始めた。しかしながら、甲斐で衝突が予想される北条氏直と徳川家康との戦闘の成り行きを傍観する者も少なくなかった。

家康は、甲斐への出陣準備を急ぎながら、信長死後の体制再編のために、羽柴秀吉・柴田勝家・丹羽長秀・池田恒興ら重臣が尾張国清洲《きよす》城に参会して行われた重臣会議（清洲会議、六月二十七日）の結果を見守っていたらしい。また家康は、甲斐・信濃・上野に向けて軍勢を派遣してよいかどうかを諮《はか》っていたと考えられる。なぜなら、当時の家康は信長との同盟者ではあったが、実態は家格こそ高いものの、もはや織田政権下の一分国大名に過ぎず、信長が死去したとはいえ勝手な行動は取れなかったのである。

家康は、河尻救援と北条方と結んだ一揆鎮圧を名目に先遣隊を派遣し、自身の甲斐出陣は清洲会議後、織田政権の宿老たちの了承を得て動こうとしていたようだ。家康は七月二日に掛川城に入り、甲斐の徳川軍に対して、武田勝頼が最後に築城した新府城を確保するように指示し、甲斐制圧の準備を着々と進めていた。また駿河の防衛を固めるべく、駿河田中城（藤枝市）に高力清長、興国寺《こうこくじ》城（沼津市）に牧野康成、三枚橋《さんまいばし》城（同）に松平康親、江尻《えじり》城・久能《くのう》城（静岡市）に本多重次、伊豆天神川砦（長泉町南一色）に稲垣長茂・伊賀衆を配備した（『集成』『寛永譜』等）。

七月七日、家康は羽柴秀吉から甲斐・信濃・上野三カ国を敵に渡すべきではなく、軍勢を派遣して制圧しても構わないと了解する書状を受けた（『新修徳川』Ⅰ七二）。これをもって家康は、織田政権から旧武田領国での軍事行動が承認されたとみて、ついに七月九日、本隊を率いて甲府に入った。そして甲斐から大久保忠世らを信濃に派遣し、三河から伊那を北上していた酒井忠次・奥平信昌らと諏訪で合流させ、去就をなかなか明らかにしない諏訪高嶋城主諏訪頼忠を帰属させようとした（頼忠はすでに北条氏に通じていたが、徳川氏には秘匿していた）。徳川方は頼忠への説得を試みたが、七月二十二日に交渉は決裂し、徳川軍先手は高嶋城への攻撃を開始した。

諏訪頼忠が攻撃を受けていることを知った北条氏直は、七月末には依田信蕃攻略を大道寺政繁に再び託し、大軍を率いて諏訪に向かった。諏訪の徳川軍先手が北条の大軍南下を察知したのは、七月二十九日のことである。そればかりか、酒井忠次が奥平信昌らの部隊を深志城に駐留させようと計ったことから、実権を奪われることを懸念した小笠原貞慶が徳川方を離反し、北条方につくという事態も発生した。このため諏訪で孤立することを恐れた徳川軍先手は、甲斐と伊那の二手に分かれて撤退を余儀なくされた。北条軍は大門《だいもん》峠を越えて諏訪郡柏原《かしわばら》（茅野市）に続々と到着し、徳川軍先手の退路を遮断しようと前進してきた。これに対し大久保忠世らは、北条軍の追撃を懸命にかわしながら新府城、能見城《のうけんじょう》（山梨県韮崎市）まで撤退することに辛うじて成功した。

能見城北側堀　2004年度の発掘調査で発見された（写真提供：韮崎市教育委員会）

徳川方はすでに新府城を拠点に、その前線を守る要害能見城をも確保し、北条軍の甲斐侵攻を阻止しようと待ちかまえていた。そこに大久保忠世、酒井忠次ら先手が逃げ込み合流したわけである。これを見た北条氏直は、若神子《わかみこ》城（北杜市須玉町）に本陣を置き、七《しち》里岩《りいわ》台地上の各城砦に部隊を配備して徳川軍との決戦に備えた。

いっぽう、伊那に撤退した奥平信昌・鈴木重次・下条頼安らは飯田城（長野県飯田市）に籠城し、北条軍の南下に備えた。だが、八月上旬に北条氏直のもとへ亡命していた保科正直が故地である高遠城を奪取し、さらに九月に北条家臣風間《ふうま》出羽守らが侵攻すると、徳川方に帰属していた伊那大草衆らが北条方に転じるなど伊那衆は動揺し始め、知久頼氏家臣伴野半右衛門が反乱を起こすなど混乱に見舞われた（『清和源氏知久氏之伝記』『知久家軍記書』等）。伴野の反乱は知久衆によって鎮圧され、風間の攻勢は奥平信昌が辛うじて撃退したが、奥平・下条らの徳川方は飯田城に籠城し、これを確保するのがやっとだった。その後、奥平・鈴木重次・下条らは小笠原信嶺ら伊那衆から人質を取り、三河国野田城（愛知県新城市）へ送ることで彼らの離反を食い止めようと懸命になった（『愛知』⑬二三号）。

## 家康、危機を脱す

甲斐の新府城と能見城を拠点に徳川軍約八千余、対して若神子城を中心に七里岩台地上に展開する北条軍約四万三千余の対陣は八月七日から始まったが、双方決定的な勝機を見いだせない時日が過ぎていった（兵力は『三河物語』による。なお『家忠日記』には「（北条軍）人数二万余、味方人数二千余」と記されている〈天正十年八月六日条〉）。

家康は八月十日、甲府から本陣を新府城に移し陣頭指揮を執ることとなった。だが家康には懸念があった。それは徳川軍の背後にある御坂城《みさかじょう》（山梨県笛吹市）に、北条氏忠（氏政の弟）を主将とし、これに北条氏光《うじみつ》（相模小机《こづくえ》城主）・氏勝（相模玉縄《たまなわ》城主）ら一万余人が在陣し、甲府侵攻の機会を窺っていたからである。また、笹子峠にも都留郡からしばしば北条軍が侵攻し、徳川方の拠点大野砦（山梨市）を攻撃していた。それればかりか、雁坂《かりさか》峠からは武蔵国秩父から北条氏邦麾下の鉢形《はちがた》衆らが甲府目指して繰り出してきていた。このうち徳川方は寡兵ながらも、武田遺臣らを中核とする軍勢が笹子峠や雁坂峠から侵攻する北条軍を撃破することに成功していた。だが予断を許さぬ情勢が続いていた。

北条氏直は雌雄を決すべく、御坂城の北条氏忠らに甲府侵攻を命じ、それに呼応して徳川軍を攻撃する作戦を実行に移した。家康は、北条の大軍に挟撃される危機に見舞われたのである。

八月十二日、御坂城から出陣した北条氏忠軍は、麓の黒駒《くろこま》で徳川方の鳥居元忠・内藤信成・水野勝成・高力正長ら総勢わずか一五〇〇余人の軍勢と激突した（黒駒の合戦）。だがこの時、北条氏忠軍は徳川方を寡兵と侮って油断し、兵力を分散させて略奪や放火に熱中しており、徳川軍の急接近に気づかなかった。そこへ鳥居らに攻め込まれて大混乱に陥り、総崩れとなった。北条軍の戦死者は二六七〇余人を数えたとする記録もあるが、これは誇大に過ぎよう。『家忠日記』に「随一《ずいいち》之者《のもの》三百余騎討取候」、『三河物語』に「雑兵五百余」とあるのが事実であろう。この合戦の勝利で、事態を注視していた武田遺臣の多くは徳川氏に接近し始め、甲斐の諸士は家康に起請文を提出して臣従を誓った（「天正壬午甲信諸士起請文」）。その数は、現在確認できるだけで八百余名にも上った。

家康は北条軍の首級が届けられると、これを北条氏直軍の前面に曝し氏忠軍の壊滅を知らしめた。これを見た北条軍兵卒の衝撃は大きく「(北条軍の兵たちが)各々来りて(曝されている首を)見て、是ハ我が親、是ハ我か兄、甥、従兄弟、是ハ我が伯父兄弟と申て興をさまし、頚を抱きか丶へて泣叫ぶ」という有様だったという(『三河物語』)。これにより北条氏直軍の戦意は萎えていった。

また、徳川軍は八月二十八日に七里岩台地下に構築された拠点大豆生田砦《まみょうだ》(北杜市須玉町、現在の中央自動車道須玉インター付近にあった)を奇襲攻撃して陥落させ、北条軍の前線拠点を奪取した。これに対し北条軍も、何度か台地上から軍勢を下ろそうと試みたが、いずれも地の利を心得た武田遺臣の軍勢に撃破されてしまった。いっぽう、信濃佐久・小県郡では、三澤小屋に籠城する依田信蕃がゲリラ戦を展開して北条方の諸城に攻めかかり、さらに北条軍の補給路を脅かしていた。大道寺政繁らも依田信蕃軍としばしば交戦したが、なかなかその蠢動を封じることができなかった。だが、北条軍との戦闘が続いたため依田軍の被害も次第に増えていった。それだけでなく、兵粮が尽き始め戦闘の継続が困難になっていったのである。

家康は、武田遺臣の武川《むかわ》・津金《つがね》衆と服部半蔵正成・安藤彦四郎・村山武大夫ら伊賀衆で構成される別働隊を編制し、これを九月初旬に御嶽《みたけ》(甲府市御岳町)へ秘かに移動させ、瑞牆《みずがき》山麓の山岳地帯を経由して北条軍の背後に廻りこませ、江草小屋《えぐさごや》(獅子吼城《ししくじょう》、北杜市須玉町)などを奇襲攻撃させた(『集成』『譜牒余録』『寛永伝』『朝野』第一六三等)。これは見事成功し、江草小屋(獅子吼城)を確保した徳川軍別働隊は信州峠を越えて佐久郡へと進み、北条軍の補給路を脅かし、孤軍奮闘する依田信蕃

真田信尹（加津野昌春）墓（山梨県北杜市）龍岸寺境内に残る。信尹（信昌とも）は江戸時代初期に甲斐国内で知行地を拝領し、寛永九年（一六三二）に死去（写真提供：半田実氏）

支援を開始したのである。彼らは、武田信玄が佐久・小県郡攻略の拠点とした故地稲荷山《いなりやま》城（勝間《しょうま》ケ反《がそり》砦、佐久市）を再興し、信蕃との合流を果たした。

依田信蕃は、さらに情勢を決定的優位にすべく、かつて武田家中で同僚であった真田昌幸の調略を家康に進言した。家康はこれを了承し、信蕃独自で交渉を行わせるとともに、自身も加津野《かづの》昌春《まさはる》（真田昌幸の弟）を通じて昌幸を徳川方へと誘った。真田昌幸は九月二十八日、家康の調略に応じ、徳川方に転じる決意をすると、家臣や軍勢の一部を上野吾妻《あがつま》郡羽根尾《はねお》城（群馬県長野原町）、岩櫃《いわびつ》城（東吾妻町）や沼田城（沼田市）に続々と送り込んで北条氏との開戦準備を進め、自身は麾下に命じて飢えに苦しむ依田信蕃軍のために、兵粮を三澤小屋に搬入させた。兵糧の欠乏に苦しみ、牛馬を殺して食いつないでいた依田信蕃は露命を繋ぐことができたのである（『三河物語』）。

この他に、伊那高遠城を回復していた保科正直も、北条軍不利とみて秘かに徳川氏に帰属することを申し入れた。家康はこれを喜び、九月二十一日に正直の使者を新府城に迎え、正式に保科氏の帰属を確認し、知行安堵状を与えた（『保科御事歴』『赤羽記』等）。こうして伊那郡の危機はようやく去ったのである。

真田昌幸は、十月十九日までに北条氏直に「手切」を通告し、軍事行動を開始した。昌幸は小県郡の北条方禰津昌綱攻撃を開始した（『戦北』二四三四号）。これに依田信蕃らの徳川方は勇躍し、積極的な攻勢に転じ、昌幸とともに上野から甲斐若神子の北条軍に送られる兵粮や人馬を襲って奪い、ついに碓《う》氷《すい》峠《とうげ》を占領して北条方の物資と人馬の往復を完全に封鎖したのである（『三河物語』）。

その上で依田・真田軍は、岩村田《いわむらだ》城大井大炊助（美作守とも）を攻略し、さらに十一月七日、前山《まえやま》城の伴野讃月斎全真《さんげつさいぜんしん》、野沢城の伴野信番《のぶしげ》を攻め、いずれも降伏させた（『集成』『依田記』『三河物語』等）。前山伴野全真、野沢伴野信番は徳川氏には従わず、城を焼き払って関東に逃れたという（『三河物語』、丸島和洋・二〇〇八年）。これを契機に、佐久郡の北条方国衆は雪崩を打つように依田信蕃に降伏した。

この結果、佐久郡でなお北条方として抵抗を続けたのは、小諸城代大道寺政繁《だいどうじまさしげ》、岩尾《いわお》城主大井次郎行吉（岩尾弾正）、田口《たぐち》城相木《あいき》（阿江木、依田）常林《じょうりん》だけとなった。このように真田昌幸・依田信蕃の奮戦によって北条軍の補給路は封鎖され、佐久郡の北条方は総崩れとなったのである。

### 徳川・北条同盟の成立

大軍を擁しているにもかかわらず、寡兵の徳川軍を撃破できなかった北条氏は焦っていた。事態に苛立った小田原城の北条氏政は、駿豆国境を突破して駿河の徳川方を撃破し、徳川軍の補給路を遮断しようと計った。両軍の戦闘は三島、沼津を舞台に断続的に続いたが、北条軍はここでも徳川軍にそれなりの打撃を与えたものの、駿河の諸城をいずれも攻略できなかったばかりか、八月十四日に徳川水軍向井正綱らにより伊豆国網代《あじろ》城（静岡県熱海市）が、九月には佐野小屋（三島市佐野）を徳川方に奪われ、甲斐に在陣する徳川軍本隊の補給路遮断に失敗した。

また清洲会議後、対立が燻ってはいたが体制再編を成し遂げた「織田政権」は、織田信雄・織田信孝・羽柴秀吉・柴田勝家・丹羽長秀らが一致して北条軍と対峙する徳川家康支援を決定し、その準備に取りかかっていた(3)。信雄は軍勢の一部を駿河に派遣していたし、信雄・信孝兄弟は、北条氏と内通していた木曾義昌に圧力をかけ、家康に味方することを約束させている（『信』⑮四一七）。こうした圧力もあって、木曾義昌は自身が確保していた信濃佐久・小県郡諸士の人質を家康に引き渡すことを不承不承認めた。人質は伊那松尾城主小笠原信嶺を仲介役として、九月中旬に飯田城に籠城する奥平信昌・鈴木重次に引き渡された（『信』⑮四五三）。これらの成果が背景にあって、佐久・小県郡の諸士は依田信蕃に屈し、北条方から徳川方へ転じたのであろう。

ところが、「織田政権」の諸将による援軍派遣は突如中止となった。その原因は、羽柴秀吉と織田信孝・柴田勝家との対立が、さらに織田信雄と信孝兄弟の確執が激しくなったためである。こうした「織田政権」内部の内輪もめは「上方忩劇《かみがたそうげき》」と呼ばれ、翌天正十一年の賤ヶ岳の合戦へと繋がっていく。織田家督に擁立された三法師は、岐阜城の織田信孝に庇護されていた。秀吉は、清洲会議の合意にもとづき三法師を安土城に移すよう求めたが、信孝はこれに応じようとはしなかった。また清洲会議で美濃を受け取った信孝と、尾張・伊勢を受け取った信雄の間で争いが起きていた。原因は、美濃と尾張の国境問題である。これは秀吉らの調停で決着を見たが、確執は消えることがなかった。これに加えて秀吉が、山城の治安と支配安定を名目に洛中に妙顕寺城（京都市中京区押小路通小川西入北側）普請を開始したことが、勝家・信孝を刺激した（『兼見卿記』）。

こうした情勢下で秀吉は、亡君信長の百ヶ日忌法要を京都大徳寺で執行した。すでに九月には京都本圀寺で丹羽長秀、堀秀政、長谷川秀一らと協議し合意を取り付けてのことであった。秀吉は羽柴秀勝（信長の子、秀吉の養子）を通じて三法師、信雄、信孝、勝家に参列を求めたが返事はなく、十月十五日の葬儀にも参列しなかった。これにより、清洲会議に基づく「織田政権」の枠組みは崩壊した。

秀吉は、三法師を手放さぬ信孝に対抗すべく、新たに信雄を織田家督に擁立する方向に転換する。十月二十八日、秀吉、丹羽長秀、池田恒興が京都本圀寺《ほんこくじ》で会談を持った。彼らは清洲会議で織田家督を支える四宿老であり、彼らの合意が「織田政権」の帰趨を左右したことがわかる。この中に柴田勝家の姿はなかった。勝家は信長の葬儀にも参列しなかったということから、除外されたのである。ここで三者は三法師擁立を断念し、信雄を織田家督に据えることで合意した。そして十一月一日、秀吉は徳川家康に信雄擁立を通知し同意を求めたのである（『愛知』⑫二〇九号）。

これら一連の事態によって、家康への援軍派遣は中止されることとなった。このことを秀吉は「先発の軍勢を織田信雄様が家康に派遣しており、追々軍勢を増派する予定であったが、柴田勝家の使嗾により織田信孝様が謀叛を起こしたため、実現は不可能となった」と述べている。いっぽうの柴田勝家も「北条は信長御在世中はことあるごとに御意を伺っていたのに、たちまち心変わりした。これに立ち向かう家康を助けるべく援軍に赴きともに北条を撃滅することは、信長の弔いにもなろうし、天下の誉れでもあろう。だがそれを優先せず山城に城普請を始めた秀吉は許し難い」（十月六日堀秀政宛書状）と述べ、援軍派遣が中止になったのは秀吉に責任があると主張している（『愛知』⑫二〇四号）。このことから、家康への援軍派遣そのものは「織田政権」内部では決定事項であったことが確認できる。しかし清洲会議の合意が崩壊し、再び「織田政権」内部の抗争（「上方忩劇」）が激しくなったため、それは中止となったのである。

結果、援軍の当てが外れた家康は、信雄・信孝双方からの勧告もあって和睦を決意したらしい。いっぽう、対立する信雄・信孝双方が北条打倒から一転して家康に和睦を勧めたのは、家康を味方に引き入れ、自陣営を有利にする腹づもりであったからに他ならない。家康はしばらく上方の情勢を注視していたが、信雄の家督相続が確立すると、信雄・秀吉方に付いている。このことから家康は、あくまで「織田政権」を構成する有力メンバーとして行動していることが確認できるのである。

つまり天正壬午の乱は、織田領国防衛を名目にした徳川家康が、「織田政権」の合意と支援を受けて北条氏と対決した側面が強かったといえる。それを基盤に、家康がやがて独立大名として勢力を拡大させたのは結果であって、甲信侵攻と制圧の名目は別であった。

さて、北条軍と和睦を決意した家康は、それまで宇都宮国綱ら関東の諸勢力に対し、北条氏から和睦の提案があってもこれに応じないよう求めていたが（家康三七三）、それを自ら反故にする形となったのである。

徳川家康と北条氏直の和睦交渉が始まった時期は定かでないが、十月二十日ごろには北条氏より申し入れがあったと考えられる。家康は十月二十四日、下伊那の飯田城に籠城していた下条頼安に書状を送り、北条軍の敗北が目前であると報じ、引き続き奥平信昌・鈴木重次らとともに城を堅固に守るよう命じている（『信』⑮四九〇）。同じ日に家康は、高遠城主保科正直の帰属を確認しているから、徳川方は情勢を有利と判断していたことは間違いない。

そしてこの日、家康は和睦交渉の担当者である北条一族北条氏規に起請文を与え（『戦北』四四九二号）、和睦条件の詰めに入った。徳川・北条両氏の交渉は五日後の十月二十九日に妥結し、両陣営に公表された（『家忠』）。両氏の和睦条件は以下のようなものであった（『信』⑮四九六〜四九九、『大日』十一―二―八四六〜六六）。

①北条氏は、占領していた甲斐国都留郡（郡内）と信濃国佐久郡を徳川方に渡す。
②徳川氏は、北条氏の上野国領有を認め、真田昌幸が保持する沼田領を引き渡す。
③北条氏直の正室に、家康の息女督姫《とくひめ》を輿入れさせ、両氏は同盟を結ぶ。

この他にも、同盟に際しては御隠居様北条氏政の起請文を家康に提出すること、関東の諸大名と徳川氏との連絡を保証すること、徳川方についた城織部亮昌茂（武田遺臣）の妻子を引き渡すこと、依田信蕃との連絡を保証すること、皆川広照と水谷蟠龍斎《みずのやばんりゅうさい》の帰国に際してその安全を保証すること（両者とも家康と同陣し新府城にいた）、などが確認されている（『信』⑮四九六）。両氏は和睦に合意し、同盟締結の約諾を固めると撤退の準備に入った。

ここで注意すべきは、この和睦を家康の圧倒的優位の結果とみるかどうかである。通説ではそのような評価が強いが、実際には氏直本隊はほぼ無傷であり、家康の立場は決して氏直を圧していたわけではなかった。ただ、氏直は補給路を遮断され、信濃をほぼ失った事態を受け、宿願の上野一国を入手だけを確実にすることと、徳川家康と同盟を結ぶことで「織田政権」からの圧力を減退させ、さらに背後を確保して北関東の諸大名との対決に専心できることなどを考慮したのであろう。つまり北条氏にとっても、この和睦と同盟は極めてメリットが高かったとみられ、氏直と家康双方の思惑が一致して成立したと推察されるのである。

こうして天正壬午の乱は集結した。北条氏直と徳川家康の和睦と、北条軍撤退を受けて、家康に反抗していた高嶋城主諏訪頼忠は、家康に帰国を祝う書状と馬等を贈った。これに応えて家康は、十一月十五日に諏訪頼忠に礼状を認めている（『信』⑮五二〇）。この事実は、諏訪頼忠が北条氏との関係を絶って、家康との関係を復活させようと早くも動き出していたことを示している。

## 小笠原貞慶、勢力を拡げる

天正壬午の乱の最中に、積極的な軍事行動を展開し領土を拡大したのは、深志城の小笠原貞慶である。徳川家康に背き、北条氏直に誼を通じた小笠原貞慶であったが、北条軍本隊と徳川軍先手が信濃を去り、甲斐で対陣を開始したことを好機と見て、本格的な筑摩・安曇郡支配を開始した。

貞慶は、自らの擁立に尽力してくれた人々への恩賞配分を実施すべく、七月二十七日から九月にか

日岐城跡（長野県東筑摩郡生坂村）　犀川が大きく湾曲した要害の地にある

けて、家臣に対する知行宛行状を大量に発給し、寺社への安堵も行って領内の仕置きを進めた（『信』⑮三五四〜七・三六〇・三九〇〜四〇一・四一五）。そして八月には、筑摩郡東部山岳地帯制圧に向けて動き出す。当時、会田《あいだ》（松本市）、青柳《あおやぎ》（筑北村）などは上杉氏の領土となっていたが、景勝が越後に撤退したため影響力が低下した。その間隙を衝いて貞慶は会田岩下（海野）氏を調略して小笠原氏に帰属させると、八月初旬、日岐《ひき》城（東筑摩郡生坂村）に拠る仁科一族日岐盛直・盛武兄弟を攻略すべく動き出した。日岐兄弟とともに、仁科一族穂高（仁科）内膳佐盛棟《もりむね》（妻は日岐盛武の妹）、盛数父子も籠城していた（『笠系大成』）。この日岐城攻防戦は困難を極め、一進一退を繰り返した。

ところが、小笠原勢が日岐城で苦戦していることを知った木曾義昌は、軍勢を率いて八月九日ごろ深志《ふかし》城（松本市、現在の国宝松本城）を攻めるべく本山《もとやま》（塩尻市）に出陣してきた。そのため、貞慶は急ぎ軍勢を派遣し木曾に追い返している（『信』⑮三九四・五）。

木曾義昌の侵攻を挫いた貞慶は、日岐城攻めに苦慮している塔原《とうのはら》海野三河守（塔之原城主）、犬甘《いぬかい》半左衛門尉久知らを援護すべく、小笠原出雲守頼貞・赤沢式部少輔経康・百束・古厩《ふるまや》・渋田見《しぶたみ》氏らを増派した。この結果、日岐城は、九月上旬に陥落した。日岐城を逃れた日岐盛直（仁科盛直）と耳塚《みみづか》作左衛門尉は、なおも日岐大城《ひきおおしろ》（東筑摩郡生坂村）で抵抗を続けた（『上越』二五五二・三号）。だが、その一年後の天正十一年八月、小笠原貞慶は秘かに日岐大城の籠城衆に調略の手を伸ばし、叛乱を起こさせることに成功した。日岐盛直・盛武兄弟、耳塚作左衛門尉、穂高盛棟らは一類を引き連れて城を脱出し、上杉氏を頼った（『上越』二八三四号、『笠系大成』等）。

このように天正壬午の乱で、徳川・北条両氏が争っている間に、小笠原貞慶は木曾義昌の攻勢にさらされながらも、ほぼ筑摩・安曇郡の旧領を回復した。残るは、上杉領となっている青柳・麻績《おみ》城と千見城（大町市）の回復であり、この三城をめぐる攻防戦が上杉・小笠原氏の間で展開し、後に豊臣秀吉と徳川家康をも巻き込んでいくのである。

# 第一章
# 天正壬午の乱後の東西情勢

徳川家康画像（東京都・光岳寺蔵）

# 1　信濃の争乱

## 依田信蕃の佐久郡平定戦

天正壬午の乱末期の十月、真田昌幸が味方に転じたことや、徳川方の別働隊が佐久郡に侵入したことに力を得た依田信蕃は、佐久郡の各地を攻め、北条方に属していた諸城を攻略していった。信蕃による佐久制圧戦は十月にはほぼ成功し、碓氷峠の封鎖も実施して北条軍本隊の補給路を遮断した。こうした情勢を受けて、佐久郡の人々が相次いで依田方に誼《よしみ》を通じるようになっていった。すでに九月晦日には、佐久郡の大工丸山左衛門太郎が信蕃より佐久郡を制圧した暁には「郡中之大工」に任じ、そのうえ知行五〇貫文を与えるとの印判状を受けている（『信』⑮四七一）。

依田信蕃・真田昌幸の奮戦により補給に苦しんだ北条氏直は、ついに徳川家康との和睦に合意し、十月二十九日にこれを成立させて上野に撤退していった。氏直は家康の武略よりも、むしろ依田信蕃・真田昌幸の二人の奮戦によって敗れ去ったのである。北条軍の撤退を確認した家康は、十一月二十五日に家臣大久保忠世を佐久郡に派遣し、依田信蕃とともに小諸城へ在城するよう指示した（『乙骨』）。大久保の派遣は、佐久郡平定の布石でもあった。既述のように、徳川・北条両氏の和睦により佐久郡でなおも北条氏に味方していた国衆は、北条軍とともに故地を去って上野国に移住することとなった。

しかし、なおも上野に去ることを潔しとせず、踏みとどまって依田信蕃ら徳川方に反抗する国衆もあった。大井大炊助、相木常林、岩尾次郎（大井弾正行吉）などがそれにあたる。そればかりか、北条氏は重臣大道寺政繁を小諸城に在城させたままであり、明け渡すそぶりをみせなかった。このため信蕃は、大久保忠世・芝田康忠らの支援を受け、佐久郡の掃討戦に取りかかった。

この時、信蕃は家臣柳沢元目助に書状を送り（十二月二十六日付）、佐久郡掃討戦と北条・徳川両氏との和睦の関係について次のように述べている（『藤岡市史』資料編原始古代中世三六九号）。信蕃は、佐久郡掃討戦（「郡中少々取合」）は「内々の事」であり、「大途之動」（北条・徳川両氏の軍事行動）とは別物であると認識していた。すなわち、「大途之動」は和睦・同盟成立により取りあえず衝突は解消されているので、信蕃が目指す佐久郡掃討戦は徳川氏の領域内部の戦闘であって、北条氏に気遣いする必要はないというのである。

前山城跡（長野県佐久市）伴野氏の居城であったが、依田信蕃が攻略し佐久平定戦の拠点とした

だが信蕃は、この和睦・同盟の行方を当初は危ぶんでいた。というのも、佐久郡には「武上之衆」（北条の軍勢）がなおも小諸城に存在しており、不測の事態がいつ発生するかわからず、「手切」となる可能性も排除できなかった。そう考えたのは、和睦成立後も小諸城の大道寺政繁のもとには上野から倉賀野淡路守らの援軍が増派されており、佐久郡の北条方を支援する動きが続いていた

ためである（『戦北』二四四一号）。表だっての衝突はなかったが、小諸城の北条軍の存在は不気味であったに違いない。だが信蕃は、寒気の厳しい今の時期に「手切」となる可能性は低く、もしそうなるとすれば来春のことだろうと考えていた。そのため「雑説」を流布させて佐久郡の小城を動揺させ、これらを攻め落とす計略を急いだのである。

信蕃は、十一月には岩村田城を攻めて攻略している。これは内応者が多数出たためと伝えられる（『依田記』『寛永伝』等）。この合戦で、小山田藤四郎（内山城主小山田備中守昌成の子）が負傷しながらも奮戦し、戦功を上げた。このため家康は、小山田藤四郎に十一月十二日付で感状を与え、また依田信蕃は十九日付で彼の所領を安堵する判物を与えている（『信』⑮五一八）。岩村田城大井氏の降伏は、佐久郡の大勢を決定づける出来事となった。十一月十四日には、北条氏の案内役を務めていた高野町の武士高見澤庄左衛門が依田信蕃のもとに出仕し、知行を宛行われている（『信』⑮五一九）。

さらに、信蕃とともに佐久郡の各地で奮戦していた平尾（依田）平三昌朝も、十一月二十二日には家康より感状を与えられ（『信』⑮五二二）、十二月十二日には家康より所領の替地を安堵されている（『家康』八一二）。こうして年内には、佐久郡の主要な城郭のほとんどが信蕃に降った。

なお信蕃は、十二月十七日に家臣縫殿左衛門《ぬいざえもん》らに、佐久郡の制圧が実現したら、駿河国志太郡で知行を与えると約束しており（『信』⑮五三五）、信蕃が家康から駿河で所領を与えられていたことがわかる。信蕃はこれを家臣に知行として配分することで、さらなる戦功を上げるよう鼓舞したのであろう。『依田記』によると、佐久郡をほぼ平定した信蕃は、家臣や味方となった望月・小山田・平尾・

平原・森山氏らの戦功を労うために、大規模な追鳥狩《おいとりがり》を実施して振る舞い、さらに家康から贈られた金子を始め、自身が用意した様々な品物を褒美として分与した。この時、遺恨なきよう諸士に籤を引かせ、それに応じて褒美を与えたという。これにより、信蕃を通じて降伏した諸士は、彼の譜代なみの家臣になったとされている。

信蕃は、年も押し迫った十二月二十八日に柳沢元目助に書状を送り、「兵庫殿」（依田兵庫助昌雅のことか、人物比定は竹井英文・二〇〇九年③による）からの情報を受け、北条氏が碓氷峠を越えて佐久郡に出兵する危険性はなくなったと断じた。それは北条軍が攻撃の矛先を上野国中山に向けたためである。これは北条氏が沼田・吾妻領奪取のため、真田氏の要衝でその中間地点にあたる中山城（高山村）を攻撃したものである。北条の戦略は、和睦時の約束通り上野制圧に向けられたことを信蕃は確認したのである。また信蕃のもとには、徳川家康より上野国から小諸城への補給等の連絡を邪魔せぬよう指示が来ており、発地の土豪柳沢元目助にも、特に信蕃はこれを守るよう厳命している（『藤岡市史』資料編原始古代中世三七〇号）。

### 依田信蕃・信幸兄弟の戦死

波乱の天正十年が暮れ、明けて天正十一年になると、依田信蕃は大久保忠世・芝田康忠とともに、佐久郡の完全制圧に向けて動き出した。二月八日、依田信蕃は阿江木領の番匠左衛門太郎にその地位と生命を保証する印判状を与えた（『信』⑮五六一）。この事実は、信蕃の調略が相木（阿江木、依田）

常林の領域に深く及んでいたことを示している。相木氏攻略は、目前に迫っていた。徳川家康は二月十二日、前山城に在城する依田信蕃に書状を送り、信蕃が相木常林の出城（田口城）を攻めようとしているとのことだが、大した人数でもないのでさほど手間もかからぬであろうと述べ、佐久郡に在陣する徳川方兵卒の疲労が激しいだろうから、伊那衆を番替に派遣するつもりだと報じている。また近日、家康自身が佐久郡平定のため出陣する予定であるとも述べている（『信』⑮五六五）。家康はただちに伊那衆に依田信蕃支援のため出陣を命じたらしく、二月十六日には、松尾城主小笠原信嶺を物主とした伊那衆が高遠城に集結したことが確認される（『信』⑮五七一）。

岩尾城跡（長野県佐久市）　千曲川畔より望む

信蕃は、まもなく甲斐衆三枝昌吉《さいぐさまさよし》らとともに田口城を攻め、相木常林を上野に追放することに成功した（『依田記』）。この時、相木は甲斐から小諸に至る佐久往還の要衝高野町を焼き払い、信蕃の補給を断とうと企図したが、三枝昌吉の奮戦によって実現しなかったという（『寛永伝』）。こうした合戦が行われている間、信蕃は戦乱で荒廃した佐久郡の再建に着手したようだ。二月十二日、信蕃は岡谷庄左衛門に無主となった地を与えて再開発するよう命じ、三カ年は年貢を免除することを約束した（『信』⑮五七五）。

田口城を攻略し、相木常林を追放した信蕃は、唯一北条方として残った岩尾城の岩尾（大井）次郎行吉を攻めることとした。二月二十日、依田信蕃は田口城に芝田康忠とともに入城し、城内から佐久郡を見渡し、「まもなく佐久郡は平定されるだろう。敵は小諸城と岩尾城という小城ばかりとなった。明日は、岩尾城を依田勢だけで攻め落としてご覧に入れるから、芝田康忠はのんびりと見物していてくだされ」と広言したという。翌二十一日、信蕃は、芝田勢とともに岩尾城に迫った。この様子を見た岩尾城主岩尾次郎が降伏するとの意向を示したため、信蕃は一日待機した。ところが、案に相違して降伏しなかったため、翌二十二日早朝、依田勢を率いて岩尾城を包囲し、一斉に攻めかかった。信蕃は、馬を馳せて城際に攻め寄せると馬を下り、足軽たちよりも早く塀に取り付き乗り越えようとした。これに負けじと、信蕃の弟依田源八郎信幸も塀を乗り越えようと続いたところへ、城内から鉄炮が一斉に火を噴いたのである。先頭に立っていた信蕃は、臍の下を打ち抜かれて昏倒した。また、弟信幸も急所を打ち抜かれる貫通銃創を受けて倒れた。

依田信蕃墓（長野県佐久市臼田町）　田口城下の蕃松院境内に残る

依田勢は、信蕃・信幸兄弟の首級を取られぬよう二人を城外の陣所まで懸命に運び出し、手当を行った。しかし、信幸はその日の晩に死去し、信蕃も翌二月二十三日未明に逝った（『依田記』『三河物語』「高野山蓮華定院過去帳」等）。徳川家康の苦境を救い、北条氏直の大軍を苦しめた依田信蕃は、あえない最期を遂げたのである。この時、信蕃は三十六歳だったという。なお、戦死したのは依田信蕃・依田伊賀守信幸・依田善九郎信春の三兄弟だったという記録もあるが（『家忠日記増補』）、確実な諸記録を総合すると事実ではあるまい。

依田信蕃・信幸兄弟の戦死で依田勢は動揺したようだが、岩尾城の包囲は解かず、なおも攻撃を続行しようとしたらしい。ここで岩尾次郎は抵抗することを諦め、城を明け渡して関東に出奔したという（『依田記』、なお『家忠日記増補』は京都に逃亡したと記す。また『千曲之真砂』によると、岩尾弾正は上野南牧《なんもく》谷で再起を図ったが数年後に病没したという）。まもなく大道寺政繁も小諸城を徳川方に明け渡し、上野に去った。だが、小諸城の開城がいつであったかははっきりしない。『依田記』等は、岩尾城自落の後のことと記述しているが、二月十四日に上杉景勝が岩井信能《のぶよし》に宛てた書状によれば、北条氏が小諸城を放棄し自落したため、禰津昌綱・望月印月斎一峯《いんげつさいいっぽう》らがこれを占拠し、上杉氏に支援を求めてきたと記されている（『上越』二六六二号）。

このことから、小諸城の自落は二月十四日以前の可能性が高く、最後まで抵抗を続けた岩尾城の降伏が二月二十三日以後と考えるべきであろう。また、禰津・望月氏らが小諸城に入って抵抗を続けようとしたことについては、十分考えられることである。依田信蕃による佐久郡の北条方掃討戦については、『依田記』『乙骨』『三河物語』に概略が記されているに過ぎず、その詳細な経過は判然としないのが実情である。本書では、『依田記』等の記述をもとに祖述したが、検討すべき課題が多いことを指摘しておきたい。

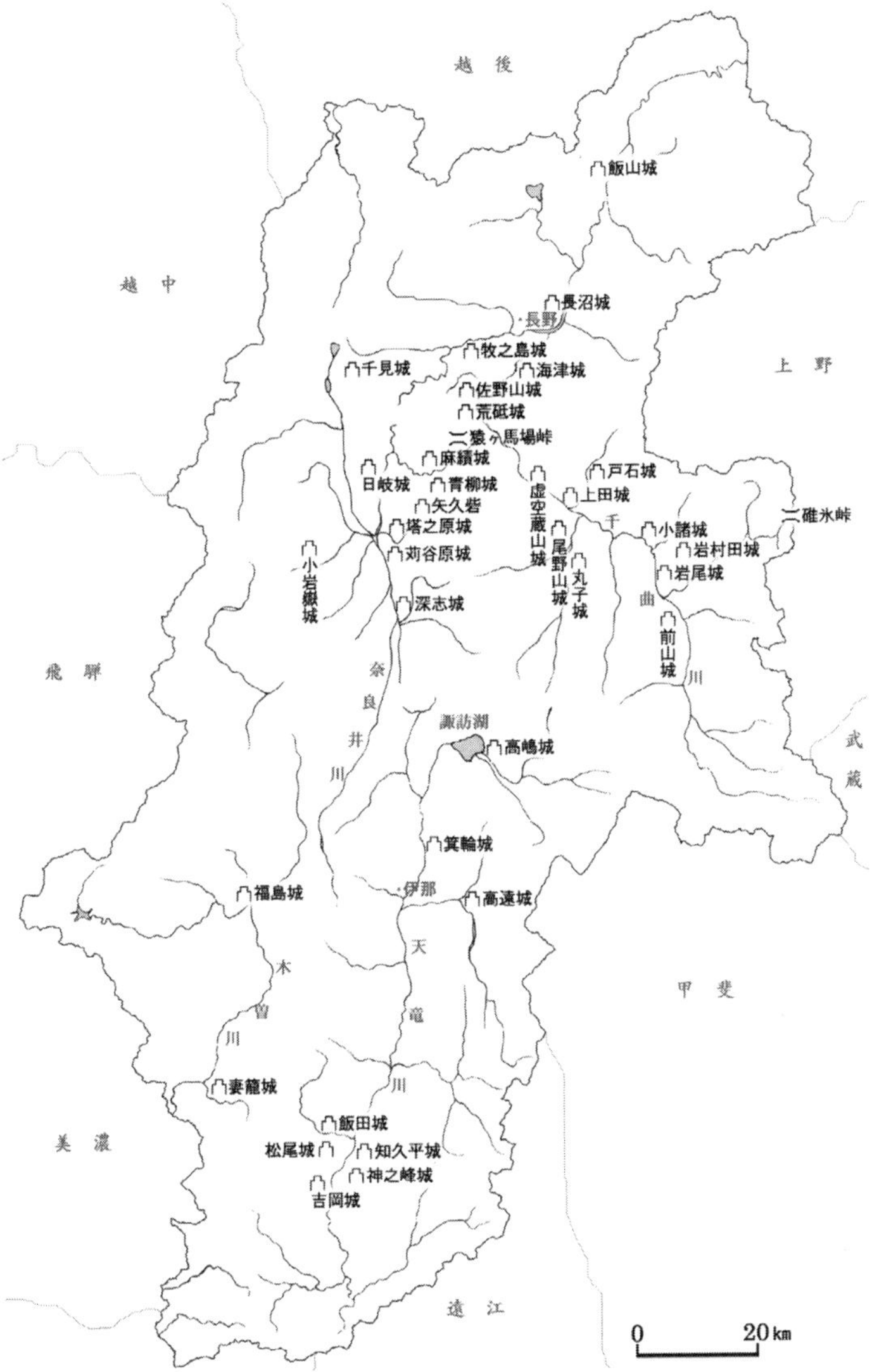
越後
飯山城
越中
長沼城
長野
牧之島城
千見城
海津城
上野
佐野山城
荒砥城
猿ヶ馬場峠
麻績城
戸石城
日岐城
青柳城
虚空蔵山城
上田城
矢久砦
千
碓氷峠
塔之原城
小諸城
岩村田城
小岩嶽城
刈谷原城
尾野山城
丸子城
岩尾城
深志城
曲
前山城
飛騨
奈良井川
川
諏訪湖
高嶋城
武蔵
箕輪城
福島城
伊那
高遠城
天竜川
木曽川
甲斐
妻籠城
飯田城
美濃
松尾城
知久平城
神之峰城
吉岡城
遠江
0
20km

信濃国主要城郭図

筆を戻そう。徳川氏は、依田信蕃の戦死という事態と引き替えに、佐久郡制圧を完了したのであった。信蕃戦死の報を受けた徳川家康は、その死を惜しみ、人質として預かっていた信蕃の二人の男子(竹福丸、福千代)のうち、当時十四歳であった惣領竹福丸に松平の名字と偏諱を与えて、松平源十郎康国(依田康国)と名乗らせ、信蕃の家督を相続させた。だが康国は若年であったため、大久保忠世に後見役を命じている(『依田記』等)。依田康国は、三月二十六日には、従兄弟の依田肥前守信守に判物を与え、芦田衆・小室(小諸)衆・与良《よら》衆・柏木衆・小田井《おたい》衆四七騎を同心衆として預けており、早くも依田家中の立て直しを開始している(『信』⑯二〇)。

## 真田昌幸の勢力拡大

真田昌幸は、天正壬午の乱の期間中、本拠地真田にあって上杉景勝の南下を監視するいっぽう、北条・徳川両氏の争乱の外に身を置き、事態の成り行きを注視していた。そして上杉軍の南下の懸念がないことや、北条軍の甲信経略がはかばかしくないことなどを見抜き、徳川家康に味方する決断を下した。だが、そこに至る前に昌幸は、上野の沼田領、吾妻領を確保するために続々と一族、家臣を送り込み、来たるべき北条軍の襲来に備えさせた。その上で、依田信蕃とともに十月以後、佐久・小県郡の北条方を攻め、上信国境碓氷峠を封鎖し、北条軍本隊の補給路を遮断したのであった。

昌幸は、まず小県郡の禰津昌綱を下したらしく、天正十年閏十二月二十三日に家臣宮下孫兵衛に禰津領で知行を与えている(『信』⑮五四八)。なお禰津氏は、昌綱の伯父禰津松鴎軒常安《しょうようけんじょうあん》とその子信政の系統が徳川氏に仕え、上野国豊岡（群馬県高崎市）で大名となり、昌綱とその弟幸直の系統が真田氏の家臣となっている（寺島隆史・一九八五年）。

真田昌幸は、対北条戦での勝利がほぼ確実な情勢になると、ただちに自らの勢力拡大を画策した。その標的は、昌幸にとって同じ小県郡内の千曲川の対岸にあたる「河南」の地域であった。しかし彼らは昌幸の誘いに応じようとしなかった。昌幸は、諏訪大社上社神長官守矢信真《じんちょうかんもりやのぶまさ》が神領寄進を依頼してきたことへの返書（天正十年十一月十日付）で「当郡の儀境故、悉く妨所の儀に候間、当年のことは申し付け候儀一切叶い難く候」と記しており、小県郡で真田氏に従わぬ者たちが多いことを告白している。しかし同時に昌幸は「如何様来春その落着談合申すべく候」とも記しており、天正十一年春までには決着をつけて神領寄進の相談に乗りたいと述べ、小県郡平定への意欲を鮮明にしていた（『信』⑮五一七）。

明けて天正十一年一月、真田昌幸に対し「河南之者共」が叛乱を起こした。昌幸とともに真田郷にいた加津野昌春は、ただちに事態を徳川家康に報じた。徳川氏は、一月二十四日付で「河南之者共」が徳川方に対して「逆心」したことを確認し、雪が消え次第家康自身が出陣することや昌幸の加勢として伊那衆を派遣することなどを約束している（『信』補遺上六〇二・三）。

閏一月、真田昌幸は小県郡丸子城《まるこ》（上田市）を攻めた。ここは、武田重臣馬場美濃守信春の女婿丸子（依田）三左衛門が籠城しており、昌幸に反抗し続けていた。この事態に「河南之者共」と呼ばれる千曲川左岸の小県郡諸士が、丸子氏の味方に加わり、昌幸の侵攻を阻もうとしていたのである。この「河南之者共」とは、「竹石・丸子・和田・大門・内村・長窪等」に居住する諸士である（『信』補遺上六〇二・三）。このうち、具体的な名前が判明するのは、武石《たけし》（大井）竹葉斎正棟《ちくようさいしょうとう》だけであり、その他の人々についてはまったくわからない。ただ、和田・長窪はいずれも在地の地名を名字としつつも、本姓は大井を称す一族と依田（蘆田）一族（丸子氏は本姓依田）であることは確実で、彼らは真田氏の勢力拡大を嫌ったものと考えられる。つまり武石（大井）氏を始めとする「河南之者共」は、徳川方に反抗していたのではなく、争乱に乗じて勢力拡大を目論む真田昌幸に反抗していたのである。

だが昌幸は、これを徳川への反抗（「逆心」）と喧伝し、家康よりその征討を認められていた。そのため「河南之者共」は上杉氏に援助を求め、屋代左衛門尉秀正が加勢したとする説がある。(4) それを直接証明する史料には恵まれないが、既述のように、二月中旬、北条氏が退去した小諸城を占拠した望月・禰津氏ら佐久・小県国衆は、上杉景勝に支援を要請していた事実があり、この時、景勝は信濃衆を糾合し長沼城（長野市）と海津城の上杉方が指揮を執って、小諸城の後詰めに出陣するよう指示している。実際にこの行動は実現しなかったようであるが、佐久・小県郡の諸士が、徳川方に抵抗すべく、北条氏に替わって上杉氏を頼みとしていたことは事実であるから、真田昌幸の勢力拡大を嫌った「河南之者共」が上杉氏を頼っていたと推定することもあながち間違いではあるまい。

いずれにせよ「河南之者共」による真田への反抗を、徳川への反抗という論理にすり替えた昌幸は、これらを攻撃する正当性を確保し、閏一月下旬に丸子城へと殺到したのであった。昌幸の攻撃により丸子城は陥落し、「河南之者共」も甚大な被害を受け、そのほとんどが降伏ないし滅亡したらしい。

昌幸は、丸子表の合戦で戦功のあった家臣に感状を与えている（『信』⑮五五三～五）。なお、丸子氏は昌幸に従属し、その家臣になったという（『長国寺殿御事績稿』）。こうして真田氏に反抗する「河南」の諸勢力を撃破し、昌幸は単独で小県郡の平定をほぼ実現したのであった。

真田昌幸の小県郡平定は、上杉方を警戒させた。景勝は、真田の勢力が北信濃や筑摩郡に及ぶことを恐れ、天正十一年三月、芋川親正《いもかわちかまさ》に命じて筑摩郡と小県郡の境界に城を築くことを企図した。親正は適当な場所を選定し、絵図などを添えて景勝に報告した。その結果、景勝は、親正が申請してきた大野田砦の再興を承認し、島津左京亮泰忠を援軍として派遣した（『上越』二六八八号）。この大野田（筑北村坂井大野田）とは、麻績・青柳城の東に位置し、坂木や上田方面から麻績・青柳に抜ける八幡峠（一本松峠）を押さえる場所にあたる。大野田付近には複数の城跡が残されており、上杉方が再興した城砦がどれなのかは判然としないが、そのうちおそらく山崎砦（筑北村大字永井字山崎）がそれに相当するのではないかと考えられる(5)。

### 小笠原貞慶の苦悩

天正十年九月、小笠原貞慶は上杉方に属し抵抗を続けていた日岐城を攻略し、勢力を拡大したが、まもなく内憂外患に苦しめられることとなる。日岐氏は貞慶に敗れて越後に逃れ去ったが、青柳城の青柳源太左衛門尉、麻績城の麻績左兵衛はなおも背後の上杉氏を恃んで小笠原氏に抵抗を続けていた。日岐城を攻略した今、貞慶の次なる標的は、麻績・青柳城であった。

会田塚（長野県松本市）　広田寺境内にあり、会田岩下氏滅亡後、慰霊のために立てられたという

　ところが天正十年十一月、会田岩下（海野）衆が上杉方に内通し、矢久砦《やきゅう》（覆盆子《いちご》城・召田城、東筑摩郡四賀村）を構築して上杉勢を引き入れ籠城する事件が起こった（『岩岡家記』等）。会田衆が上杉方に内通したのは、これも真田昌幸の調略によるものとされている（『信府統記』）が、このころ、真田昌幸は北条方から徳川方に転じており上杉方ではないので、これは時期を誤ったものであろう。当初上杉方であった昌幸が会田岩下（海野）衆を調略したのは、小笠原洞雪斎の深志城奪取直前の天正十年六月末から七月初旬のことと思われる。それ以後、会田衆は上杉方として貞慶に反抗を続けていたのであろう。しかしながら、会田岩下（海野）氏の当主は幼年であったと伝えられ[6]、会田衆の指揮は家臣堀内越前守（与三左衛門とも）が執っていたという（『岩岡家記』『二木壽斎記』）。

　貞慶はただちに重臣犬甘久知、二木《ふたつぎ》清左衛門尉、征矢野《そやの》大炊助らを派遣し、十一月三日には会田に侵攻させている。しかし降雪が激しくなり、小笠原軍は苦戦を強いられた。開戦初日から三度の合戦があったといい、一度目は岩岡織部が会田兵を一人生け捕ってこれを甲斐牢人伊藤某に譲り、貞慶に仕官するのを助けるなど余裕の展開を見せていたが、二度目の合戦では積雪のため足場が悪くなり後退を余儀なくされた。だが犬甘衆を始め、旗本衆や仁科衆が加勢し反撃に転じたため、会田衆は総崩れとなり、主将堀内は城の大手の木戸付近で小笠原家臣川窪軍兵衛・青木加賀右衛門の二人に討ち取られたという（『岩岡家記』『二木壽斎記』）。この合戦は、十一月五日のことと推察され、貞慶は犬甘久知の報告で、小笠原軍が勝利をおさめたことを喜んでいる（『信』⑮五一〇）。

しかし矢久砦はなおも抵抗を続けたらしく、小笠原軍は降雪などに阻まれてなかなか一気に砦を攻略できなかった。そこで犬甘は、飛脚で貞慶に鉄炮の玉と火薬の補給を要請した。貞慶はただちに二百発分を発送し、これに応えている（『信』⑮五一〇）。時期は定かでないが、まもなく矢久砦は陥落して会田岩下（海野）氏は滅亡し、上杉方の蜂起は拡大することなく鎮圧された。この時、青柳頼長は貞慶に味方して活躍したらしく、頼長は会田で所領を与えられており、この一部を伊勢神宮御師宇治七郎右衛門尉に寄進している（『信』⑮五三七）。

貞慶が矢久砦を攻略したころ、徳川家康は北条氏直との戦いを優位に進め、都留郡を除く甲斐の制圧をほぼ実現し、信濃佐久郡、伊那郡の計略を優位に進めていた。貞慶も、北条氏の勢力拡大という情勢下にあって、一人徳川方に味方するわけにもいかず、やむなく氏直に属した経緯があった。そのため貞慶は、北条氏に隠れて秘かに徳川方との交渉を続けていた模様である。貞慶が頼りにしていたのは、深志帰還の際に援助を惜しまなかった下伊那の下条頼安である。貞慶は重臣後庁《ごちょう》出羽守久親を通じて、下条頼安と連絡を取り続けていた。ところが天正十年九月、後庁久親は下条頼安と交渉するうちに衝突し、頼安は小笠原重臣溝口美作守貞秀を通じて貞慶に厳重に抗議した。これに驚いた貞慶は、九月二十九日に下条頼安に誓詞を送って後庁久親の失態を詫び、以後も変わらぬ好誼を依頼するなど、徳川方とのパイプを維持するのに必死になっている（『信』⑮四六〇）。後廳久親と下条頼安との交渉の経緯については残念ながら定かでないが、貞慶が徳川方に転じる交渉がなされていたのではないかと思われる。しかしながら、その交渉はなかなか妥結しなかったらしい。こうしているうちに、ついに貞慶は心ならずも徳川方と衝突することとなるのであった。

天正壬午の乱が終結してまもなくの天正十年十一月から翌天正十一年閏一月にかけて、小笠原貞慶は敵の侵入と一揆に苦しめられていたという。これは大名としての権力基盤が安定しない貞慶の足下を脅かすために、上杉方が仕掛けたものといわれているが（『松本市史』）、実際には徳川方の調略であったらしい。『岩岡家記』『笠系大成』によると、天正十年十一月下旬ごろ、伊那口の要衝宮所（上伊那郡辰野町）に上伊那衆が砦を構築して小笠原領への侵攻を企図したという。貞慶はただちに、古幡伊賀守等を派遣してこれを攻略した。ただこの敵が誰なのかは記録されていない。また、十二月上旬には、敵が塩尻に侵攻してきて各所を放火したため、貞慶自らが出馬して反撃した。

この時、先手の箕輪左門（藤沢頼親の孫）は箕輪領に進んで旧臣を募り、さらに高遠城の保科正直を攻めたという。これは保科軍の反撃にあって失敗したが、双方は小野（塩尻市・辰野町）でも衝突し、小笠原軍は辛うじて敵を撃退することに成功した。この時、保科正直方には諏訪頼忠も加勢に加わったとあるから、貞慶を攻めようとした敵とは徳川方の保科正直と諏訪頼忠であったようだ。このように、徳川方の保科・諏訪両氏が北条方の小笠原貞慶を攻めるという構図が出来上がっていたのである。おそらくこれに木曾義昌も加わっていたのであろう。貞慶が日岐城や矢久砦の上杉方と対戦している間に、情勢は大きく変転していたのである。実はこの合戦は、箕輪城の藤沢頼親を高遠城の保科正直が攻撃したため、それを支援すべく小笠原貞慶が動いたことから始まったというのが真相のようである。天正壬午の乱の際に、箕輪城主藤沢頼親は、当初徳川方に属したが、北条氏直の諏訪制圧と徳川方の撤退、一族小笠原貞慶の北条方帰属により北条方に転じていた。

その後、保科正直は、十月二十四日に徳川家康に帰属することとなり、藤沢頼親にも降伏して徳川方となるよう勧告した。しかしこれを頼親が拒否したため、保科正直は箕輪城を攻め、藤沢頼親を自刃させ、孫の藤沢（箕輪）左門を小笠原貞慶のもとへ放逐したのである。こうして貞慶は不本意ながらも、徳川方と対戦する羽目に陥った。

小笠原貞慶と諏訪・保科の対戦は、年を越した天正十一年一月になっても続いた。そこで徳川家康は、一月十二日に甲斐に飛脚を派遣し、甲斐に在国する井伊直政に命じて高遠口に軍勢を派遣するよう指示した（『家康』四七〇）。さらに一月十三日には、穴山衆穂坂常陸介・有泉大学助に家中の人数を招集し、甲府に集まり岡部正綱・平岩親吉の指示に従うよう命じた。家康は、甲信国境の海口（海ノ口）、海尻もしくは新府城のどれかに出陣するので準備するよう申し添えている（『家康』四七〇）。また家康は、甲府の留守居のため、海賊衆小浜景隆、間宮信高を派遣している（『家康』四七一）。

天正十一年一月、井伊直政は保科正直、諏訪頼忠の軍勢とともに熊井原《くまいっぱら》（塩尻市北熊井）に侵攻した。そのため小笠原軍は、大日方《おびなた》源太左衛門・小山佐渡守・岩波平左衛門らを桔梗ケ原（塩尻市）に布陣させて牽制した。徳川方は、高木刑部左衛門麾下の鉄炮衆が小笠原軍を威圧しつつ前進してきたが、小笠原軍は今井（松本市）でこれを撃退した。貞慶自身も軍勢を率いて赤木山（松本市赤木）に布陣し、さらに平田郷（同市平田）に進んで軍議を開いていたところ、徳川軍は駒田（小俣、松本市笹賀）、神戸（同）を放火したという。そこで貞慶は物見を出したところ、徳川方の兵と二子（松本市笹賀）で遭遇し合戦になったというが、これは小競り合いだったらしい（『岩岡家記』『笠系大成』）。

結局、徳川軍と小笠原貞慶軍との全面衝突はなかったが、徳川軍は深志城付近まで攻め込み、城の近辺を放火して貞慶を脅かした。この時、徳川軍を指揮していたのは、鳥居元忠と平岩親吉の甲斐郡主の面々であり、井伊直政はこれに属して小笠原領に侵攻したものらしい。鳥居と平岩は、小笠原貞慶を深追いせず諏訪に撤退し、閏一月下旬には諏訪で金子城（諏訪市）の普請を開始し、さらに高遠城の普請をも行って諏訪、伊那郡の守備を固めている（『新修徳川』①八八）。

ここに至って貞慶は、徳川家康に従属する意志を固めたらしい。貞慶は、息子幸松丸（後の小笠原秀政〈貞政〉）を人質として徳川氏のもとへ差し出すことを決め、家康に申し入れた。これに応えて家康は二月十日に貞慶に使者を派遣して鷹などを贈り、小笠原氏と徳川方との「境目」（勢力圏の境界）画定に同意するとともに従属を承認した（『信』⑮五六八）。

しかし徳川軍の深志侵攻は、小笠原家中に深刻な動揺をもたらした。これをきっかけに、小笠原重臣古厩《ふるまや》因幡守盛勝・平三時盛父子、塔原海野三河守、赤沢式部少輔経康が貞慶に謀叛を起こそうと画策を始めた。ところが貞慶は事前にこれを察知し、機先を制して彼らを一網打尽にしたのである。

二月十二日、小笠原貞慶は苅谷原《かりやはら》城主赤沢式部少輔経康を謀叛露見の廉《かど》で切腹させ、苅谷原城には一族小笠原出雲守頼貞を派遣して接収した（『信』⑮五六八）。さらに二月十三日子刻（午前零時ごろ）、貞慶は出仕して来ていた古厩因幡守盛勝、塔原海野三河守両人と家臣ら二十人余りを松本城内で誅殺し、さらに仁科へ兵を差し向けて道心、今井四郎次郎らを討ち取った。しかし古厩盛勝の子平三時盛はすんでのところを逃れ、行方をくらませた（『信』⑮五七〇）。貞慶はこれらの事実を重臣犬甘久知に書状で知らせ、仁科の仕置きなどが済む二月二十日までは番替衆の派遣を控えると報じている。

貞慶はなおも追究の手を緩めず、二月十六日には逃亡していた古厩時盛を安曇郡細野郷（北安曇郡松川村細野）で発見して殺害し、仁科衆沢渡《さわたり》九八郎盛忠を捕縛した。仁科衆の動きを封じるため、貞慶は重臣細萱《ほそかや》河内守を派遣している（『信』⑮五七二）。沢渡盛忠は、その後小笠原氏によって厳重な尋問と調査がなされたが、結局謀叛に荷担した事実はないことが判明し、五月には家臣への復帰が許され（『信』⑮五七五）、沢渡の相続を安堵されたばかりか、今後「佞人《ねいじん》」による讒言があろうと盛忠を大切に扱うとの誓詞まで与えられている（『信』⑯五六・七）。

小岩嶽城跡（長野県安曇野市）　城跡入口に復元された城門

赤沢、古厩、塔原海野三氏誅殺後、貞慶が調査させたところによれば、塔原海野氏の居城塔之原城（安曇野市）には兵粮はまったく備蓄されておらず、すべて古厩小屋（小岩嶽《こいわだけ》城、安曇野市）に移されていたという。小岩嶽城に残されていた膨大な兵粮は、貞慶によって松本城に移され、城には火が放たれた。事実関係を知った貞慶は「彼是もってよき時分に成敗を加え」たと胸を撫で下ろしている（『信』⑮五七二）。まさに間一髪で古厩・塔原海野・赤沢氏のクーデターは貞慶によって鎮圧されたのであった。塔之原城とその周辺の塔原海野氏の旧領はことごとく貞慶の直轄領に編入された（『信』⑯七二）。

こうしたクーデター鎮圧の余塵が燻るなか、貞慶の子幸松丸は人質として三河の家康の元へ送り届けられた。二月二十二日、貞慶が犬甘久知に送った書状で彼は「とかく二腹を切候共、家康御前一すし《筋》より外、当方ニハ覚悟無之候」と記し、悲壮な決意を吐露している（『信』⑮五七三）。貞慶は、場合によっては家康より切腹を命じられるかもしれないと思っていたようだ。だがそれは杞憂に終わり、家康は彼の帰属を許し、その後貞慶へ手厚い援助を行っていくのである。

ところで貞慶は、天正十年末に不安定ながらも旧領回復をほぼ達成すると、その年の冬に家臣平林弥右衛門尉を使者として会津に派遣し、老父長時を松本に引き取ろうとした。平林を迎えた長時は非常に喜んだが、老いた身で寒気厳しいなか遠路信濃に戻るのは難儀なので、三月に入り暖かくなったら迎えにきてほしいと伝言した。そこで貞慶は、翌天正十一年三月上旬に再び平林を会津に派遣し、長時を迎えに行かせたのである。

しかし会津に到着した平林は、衝撃の事実を知り呆然と立ちすくんだという。信濃への帰還を心待ちにしていた小笠原長時は、すでに去る天正十一年二月二十五日に死去していたのである。享年六十五歳（異説もある）。しかもそれは、家臣坂西《ばんざい》某により弑逆されてのことであったという。『二木壽斎記』によれば、長時は気随気儘な性分で家臣に対する振る舞いも我意が多く、信濃守護のころも家臣団との折り合いが悪く、そのため武田信玄にしてやられたという。この性分は老境になってもなおることがなかったといい、このため長年付き従ってきた家臣坂西某はこれを深く恨んでおり、ついに長時とその妻（側室と伝わる。法名梅室春香）、息女三人を暗殺してしまったのだという（「豊前豊津小笠原家譜」「異本塔寺長帳」『笠系大成』『信府統記』）。長時を手にかけた坂西某は、その場で同じく長時家臣三崎某によって誅殺されたと伝わる（『信府統記』）。長時の遺骸は、会津の鶏山寺に葬られた。法名麒翁正麟、院号長時院。現在も墓所が残されている。

長時横死を知った平林は空しく松本に帰り、主君貞慶に復命した。貞慶は父の死を知って慟哭し、しばらくは寝食を断つほどの悲嘆ぶりであったという。貞慶は松本の少林寺を父の法名麒翁正麟にちなんで正麟寺と改めさせて菩提寺と定め、冥福を祈念する法要を執行したと伝わる（「豊前豊津小笠原家譜」等）。

### 家康の甲斐出陣と諏訪・佐久・小県郡の平定

真田昌幸による小県郡平定戦が続くなか、徳川家康は再び甲斐に出陣し、昌幸を支援して佐久・小県郡の平定と、諏訪頼忠の帰属確定を企図した。家康は、三月十日に昌幸に書状を送り、佐久・小県郡でなおも反抗する残徒を討つべく、近日出陣すると報じている（『信』⑯五）。また時期をほぼ同じくして、家康重臣芝田康忠が諏訪高嶋城に入城し、諏訪郡主に就任した（『信』⑯二五）。この結果諏訪頼忠は、芝田氏の軍事指揮下に組み込まれることとなったのである。ただし、芝田康忠が入城したのが徳川軍によって普請が実施されていた金子城（諏訪市）の可能性も否定できない。

ところで、家康は今回の出陣の目的に、北信濃の上杉景勝領の奪取をも秘かに含めていた。昌幸に近日の出陣を伝えてまもなくの三月十四日、家康は北信濃衆屋代左衛門尉秀正に次のような判物を送っている（『信』⑯八）。

信州更科郡之事

右此度、当方へ対され一味あるべきの由申し越し候間、則彼郡の儀、領掌せしむところ相違あるべからず、弥この旨を以て忠信を励まるべきものなり、よって件の如し

天正十一年

三月十四日　　家康（花押）

屋代左衛門尉殿

この家康判物は、全文一筆でしかも家康直筆という極めて珍しいものとされている[7]。屋代秀正は、これまで何度も登場してきた北信濃の有力国衆で、当時は上杉景勝に帰属していた。ところが屋代秀正は、秘かに家康に内通を申し出、その調整がなったことから、更級一郡を与えるという条件が家康直筆の文書で示されたわけである。屋代秀正は、川中島の関門にあたる荒砥・屋代城（千曲市）などを保持する有力国衆で、川中島衆の重要な構成員であり、当時は海津城外曲輪に詰めていた。

これは、武田時代以来の慣例であろう。景勝は、屋代秀正を重視し、知行を加増したばかりか、更

級郡大須賀《おおすが》小次郎（村上義清旧臣）、窪村新左衛門尉（麻績の土豪）等を同心衆として預け、真田、小笠原両氏への押えを任せ、さらに小県・佐久郡の北条、徳川両氏に属す諸士への調略を委ねていた（『上越』二四八五・六〇・六一・二五二七号）。

これほど景勝に重用されたにもかかわらず、屋代秀正は、徳川方に転じる決意をしていたのである。だが残念なことに、その理由は定かでない。それでは、屋代秀正は、いつ頃から徳川方と接触していたのであろうか。そのことを示す史料が残されている。

急度申せしめ候、よって真田安房守此方へ一味せしめ候間、其方より彼館へ行等、諸事遠慮故候、其段即ち景勝へも巨細申し理り候、然らば敵の儀今節討ち果たすべく候間、御心安かるべく候、なお後信の時を期せしめ候、恐々謹言

九月十九日（天正十年）　家康（花押）

八代（屋代）左衛門尉殿

この文書は密書形式のもので、現在知られているものでこの形式の家康文書はわずか三通しかないと指摘されている(8)。このことから、屋代秀正は、上杉景勝に従属していながら、かなり早い段階から家康と誼を通じており、家康も彼に注目し、彼との交渉を大切にしていたと推察される。自筆の密書を記すということは、相手を重視していることの表れである。秀正は、北条氏と手切れして徳川方に転じた真田昌幸に対し、上杉方が攻撃することについて、わざと手を抜いていたようだ。この文書によれば、家康は真田を攻撃せぬよう上杉景勝に申し入れ、了解を取り付けていたらしい。つまり家康

は、上杉氏と対北条という意味で利害が一致していたわけで、相互不可侵を約束していたようである。その焦点だったのが真田だったわけである。

それにしても、景勝が真田攻めを実施するには、真田と領域を接して正対する屋代秀正の協力が不可欠であった。その秀正が、家康に協力すべく真田攻撃を何かと理由をつけて景勝に諫言していたのであれば、徳川方にとって上杉領からの脅威が軽減されることになり、極めて好都合だといえる。

ところで、屋代秀正は、天正十年八月十二日に家康方として佐久郡で孤軍奮闘する依田信蕃に対し、盛んに誘いの手を伸ばしてもいるので、調略をしつつ徳川方と連絡を取っていたと推察される。秀正は、上杉と徳川を天秤に掛けながら、情勢を窺っていたのであろう。家康は、こうした経緯から、知行宛行を約束し、秀正を誘ったのである。しかし秀正は、その後もしばらく上杉方に身を置き続け、家康と秘かに密書のやり取りをするのであった。これは家康の画策と思われ、上杉方の動きを探るために屋代秀正をそのまま間諜として上杉方に留めたのであろう。秀正が、一族を連れて上杉領を脱走し、徳川方に寝返るのは、天正十二年四月一日のことである。

筆を戻そう。家康が出陣することは、まもなく上杉景勝の察知するところとなった。上杉氏にとって、徳川氏は敵対関係にあるわけではなく、むしろ天正十年末から翌十一年二月にかけての間に両氏は交渉を持ち、和睦していた可能性が高い。それは、天正十一年二月十九日に、上野の北條芳林が上杉一族上條《じょうじょう》宜順《ぎじゅん》に宛てた書状に「貴府・家康御甚深被仰合、信州過半被属御手之由」とあることから判断される（『上越』二六六七号）。先に、家康が九月十九日付の屋代秀正宛書状において、景勝に真田昌幸を攻撃せぬよう申し入れ、了承されたとあるのは、このことを指していると考えられ、徳川・上杉の和睦は天正十年九月中旬頃と見てよかろう。

こうして景勝は、家康の申し入れにより和睦を結んでいたが、十月二十九日に徳川氏が北条氏と同盟を結んだことから、徳川氏を警戒するようになったらしい。いっぽうの家康も、最大の脅威であった北条氏を撃退し、さらに同盟成立に漕ぎ着けた以上、上杉景勝との和睦継続にこだわる理由はなくなっていた。家康が景勝と和睦を結んだのは、北条氏直の補給路を遮断するため、真田昌幸が依田信蕃や芝田康忠、甲斐衆に協力して佐久・小県郡の北条方を攻撃させるべく、背後を確保する必要に迫られていたからである。それがなくなった以上、家康が新発田重家の謀叛や、越中の佐々成政らの脅威に苦しみ、信濃での基盤が安定しない上杉景勝を攻め、信濃全域の制圧に乗り出そうと考えても不思議ではなかった。こうして家康は、景勝との和睦を続けながらも、秘かに屋代秀正の調略を行っていたわけである。

いっぽうの上杉景勝も、怨敵北条氏と和睦・同盟を結んだ徳川方の動向に神経を尖らせており、家康出陣の情報を察知すると、四月十二日に、更級郡牧之島城に在城する芋川親正には、もし味方に徳川方からの調略が及ぶようであればただちに出陣して、上杉興亡の一戦を行うつもりであると伝え、さらに同日、飯山城代岩井信能には、徳川軍への警戒のため、虚空蔵山城《こくぞうやまじょう》（上田市・坂城町）に北信濃の兵力を集中配備させるよう命じ、自身もまもなく出馬する予定であると述べている（『上越』二七二三・四号）。こうしている間にも、徳川方の真田昌幸は、虚空蔵山城と指呼の間にある尼ケ淵に築城を開始した。これに上杉方は神経を尖らせ、景勝は徳川方との交戦を覚悟するのである。

ところで、徳川家康がいつ浜松城を出陣し、甲府に到着したかは明らかになっていない。家康は、三月十九日に北条氏に対して、駿河・甲斐見回りのため出陣すると伝えており（『家康』八一三）、三月二十一日には、下伊那衆神之峰城主知久頼氏に「佐久・小県之逆心之奴原為成敗、人数差遣」すので、弟の知久弥次郎頼龍《よりたつ》を物主として来たる四月一日・二日までに軍勢を新府城まで派遣するよう指示している（『家康』四八八・九）。その後、家康が甲斐衆に知行安堵状を発給し始めるのが、三月二十八日からであるので、この直前に甲府に入ったと見てよかろう。家康は、甲府に到着すると、甲斐衆への知行安堵状を精力的に発給するなど、甲斐の仕置に専心した（『家康』四六〇～四九一等）。

また家康は、三月二十八日に諏訪高嶋城主諏訪頼忠に、諏訪郡を安堵する判物を与えている（『家康』四九二）。『当代記』によれば、四月になると、甲府の家康のもとへ、小笠原貞慶・諏訪頼忠・保科正直・真田昌幸ら信濃諸士が出仕したという。上杉方を頼ろうとしていた禰津・望月氏ら佐久・小県郡の諸士もその動きを止めたらしく、これにより、徳川方に抵抗を続ける勢力は従属するか、ほぼ一掃され、家康の佐久・小県・諏訪・筑摩・安曇・伊那郡平定は完了した。

すぐにでも家康が全軍を率いて佐久・小県郡に入り、上杉領国を攻めるという上杉方の予想は裏切られた。北信濃衆で、上杉方の市川信房は、四月十四日に直江兼続に書状を送り、家康が甲府に在陣しているとのことだが、懸念された虚空蔵山城への攻撃はその気配すらないと報じている（『上越』二七三一号）。だが、それが嵐の前の静けさであることは、まもなく明らかとなる。

## 知久氏の内紛

ここで筆を転じてそのころの信濃国伊那衆の動向に向けよう。下伊那郡神之峰城主知久頼氏の権力基盤は、天正壬午の乱の最中から極めて不安定であった。それは北条軍の別働隊が下伊那に侵攻してきた際に、重臣伴野半右衛門が謀叛を起こしたことでもわかる。前著『天正壬午の乱』（学研パブリッシング・二〇一一年）でも述べたように、知久頼氏の神之峰城復帰は自力ではなく、織田信長の後援で初めて実現したのであり、頼氏の父知久頼元が武田信玄に滅ぼされてから、二十八年余の空白は埋めようがないほど大きかったといえよう。知久頼氏は、徳川・北条両氏の和睦後、家康の指示により佐久郡に転戦して依田信蕃を支援した後に伊那に帰還した。神之峰城に戻った知久頼氏は、天正十一年一月に伴野半右衛門謀叛の際に戦死した平沢藤左衛門尉の遺跡を安堵するなど領域の仕置に着手するが、またもや家臣の謀叛に直面する。

天正十一年一月下旬ごろ、頼氏は譜代の家臣三石左近助の謀叛が発覚したため、家臣吉沢新助を三石の本拠知久平に派遣してこれを成敗させた（『清和源氏知久氏之伝記』、三石の謀叛と成敗については、『清和源氏知久氏之伝記』『知久家軍記書』が天正十二年と記しているが、知久頼氏は天正十一年二月七日付で三石亀太郎に父左近助の遺跡を安堵していることから、実際には天正十一年一月下旬頃に発覚したと考えられる）。

しかし、三石左近助の謀叛とは具体的にどのようなものであったのかについては明らかでない。可能性として、天正壬午の乱の際に北条方に与したことが詮議の結果発覚したのかもしれない。記して後考を待ちたいと思う。頼氏は、天正十一年二月七日、三石成敗に功績があった吉沢新助に知行を与え（『信』⑮五六〇）、三石左近助の息子亀太郎を許し、その名跡を継がせ、成人するまでは叔父平沢道性に後見を命じている（同前）。

だが事件はこれだけに止まらなかった。今度は、知久領の今田（飯田市）に勢力を張る井上氏を中心とする「今田四騎」の謀叛が発覚したのである。この今田四騎の謀叛についても、時期がはっきりせず、天正十一年説（『知久神峯床山城記録』）と同十二年説（『清和源氏知久氏之伝記』『知久家軍記書』）が対立している。しかも、今

神之峰城跡（長野県飯田市）

田四騎の謀叛の内容についても、三石左近助の場合と同じく真相がはっきりしていない。

ところが『清和源氏知久氏之伝記』によれば、今田四騎は知久頼氏より勘当されたため、家康家臣平岩親吉に縋って頼氏に赦免されたといい、頼氏が神之峰城に帰還した際に出仕したが、まもなく逐電したという。これが事実とすれば、頼氏が神之峰城に帰還したのが天正十一年一月頃のことであるから、これも三石左近助の謀叛発覚とほぼ同時期のことと推定できるのである。この場合、謀叛というよりも、北条戦で甲斐に在陣している時に、主君頼氏の命令に従わなかったため勘当されたのではなかろうか。そして伊那帰陣後、今田四騎の人々は徳川氏の取り成しで再び頼氏に出仕したものの衝

突し、逐電したのではないかと思われる。これに怒った頼氏は、一族知久右馬助と吉沢新助を派遣し、今田四騎の人々と一族四十余人を捕らえ、知久沢で処刑したという（『清和源氏知久氏之伝記』等）。

このように、知久頼氏には求心力がなく、家臣との関係がうまくいっていなかった。そのため、軍令違反や北条氏からの勧誘などによる反逆の動きが絶えなかったのである。頼氏はこうした事態に直面しながらも、未然にこれらを鎮圧し、天正十一年二月には家臣や寺院に知行安堵状を交付して慰撫につとめている（『信』⑮五六三、五七七）。

しかし頼氏には、腰を据えて領内の仕置を行う余裕が与えられなかった。帰陣してまもなくの天正十一年三月二十一日、頼氏は徳川家康より佐久・小県郡平定（真田昌幸支援）のため、知久頼龍を物主とした軍勢を新府城に至急派遣するよう命じられたからである（『家康』四八八）。知久衆は他の伊那衆とともに、まもなく上田城の普請にも参加している。

知久頼氏は、天正十一年六月一日に、従五位下に叙任され大和守の受領を称したらしい（『信』補遺上六一八）。これは朝廷より命じられた文永寺の再興（武田信玄によって放火され、以後寺勢が衰えていた）の実施と引き替えに与えられたものであろう。頼氏は八月に文永寺（飯田市）の再建に着手している（『信』⑯九一）。また八月に入ると、知久領の寺社領安堵などを積極的に実施しており（『信』⑯八六）、領主として知久領の仕置が徐々にではあるが動き始めていた様子が窺われる。いっぽうで、同じ下伊那では天正十一年六月と九月に、松尾城主小笠原信嶺と吉岡城主下条頼安との間で、二度に及ぶ合戦があった。知久領に接する二つの大きな勢力による軍事衝突に、知久頼氏は関与した形跡がない。頼氏は、紛争に介入するゆとりなどなく、知久領の維持と安定、家中の掌握に必死だったのであろう。だが知久頼氏の知久領支配も長くは続かなかった。頼氏の運命は、翌天正十二年に暗転することとなる。

## 下条氏と松尾小笠原氏の対立

天正壬午の乱が終結し、信濃の反徳川方の掃討戦が終了すると、伊那では国衆同士の争いが勃発する。激しく対立したのは、吉岡城主下条牛千代・頼安と松尾城主小笠原信嶺であった。両氏は、天正十一年六月と九月の二度にわたって合戦に及んだという。

その原因について『下条記』は、下条家中の弱体化につけ込んで松尾小笠原信嶺が攻め込んだことにあると記している。同書によれば下条頼安は、幼主牛千代を奉じて下条家中を取り仕切っていたが、天正壬午の乱終結後、吉岡城に落ち着くと、武田氏滅亡時に下条信氏・信正父子に謀叛を起こした不忠人の詮議を厳しく実施し、多くを誅殺したといい、身の危険を感じて逃亡した者も少なくなかったといわれる。特に多くの誅殺者を出したのは、下条九兵衛尉氏長の拠点阿知原《あちはら》(下條村)の家臣であったという。ところが阿知原は、松尾小笠原氏に対抗する境目の拠点でもあったので、下条氏長とその麾下の誅殺や逐電によって警備が極めて手薄になる結果を招いた。

これを好機と見た松尾小笠原信嶺は、天正十一年六月上旬に吉岡城攻撃を企図した。これを察知した下条頼安は機先を制すべく軍勢を招集し、下瀬《しもぜ》峠に出陣した。その兵力は五、六〇〇人ほどであったという。これに対して小笠原信嶺は、軍勢一〇〇〇人を率いて二重峠に布陣し、下条勢と対峙した。双方は激しく衝突し、下条勢は小笠原勢を撃破したが、追撃中に伏兵に襲われ一転して苦戦に陥った。そこへ吉岡より加勢が到着したため、下条勢は勢いを盛り返し、小笠原勢を押し返して阿知原峠まで追撃したという。これを下伊那では「下瀬ノ二重合戦」と呼んでいる。

その後、天正十一年九月上旬、捲土重来を期して小笠原信嶺が再び吉岡城を攻めようとしているとの情報に接した下条頼安は、今度も機先を制すべく軍勢を招集して下川路《しもかわじ》の大明神原（飯田市）に出陣した。下条勢は、下川路で苅田を実施したため、郷人が集まってきて下条勢に襲いかかった。そのため頼安は加勢を派遣し、郷人等を上川路まで追撃したところ、開善寺の山陰に伏兵を配備していた小笠原勢に襲われ苦境に陥った。そこで下条頼安は、加勢に駆けつけた家臣村松太郎左衛門らに救われ、血路を開き、伊豆木《いずき》の高松峠を経て、小松原峠に逃れた。そこへ吉岡よりさらなる加勢が到着し、敗残兵も暫時集まってきたため、小笠原勢もそれ以上の攻撃を諦めて撤退した。この合戦は「下川路ノ大明神原合戦」と呼ばれている。

開善寺（長野県飯田市）　松尾小笠原氏の菩提寺。当時の住職は信嶺と下条頼安の和睦斡旋に奔走した

この二度に及ぶ合戦で、下条氏は下条氏長一派の粛清で弱体化し寡兵ではあったが、多勢の小笠原勢と互角以上の戦いを展開し、下条領のうち一ケ村も奪われることがなかった。こうし

て両氏の合戦は引き分けに終わった。

それでは、下条・小笠原両氏はなぜ軍事衝突を起こしたのであろうか。下条氏の内紛に乗じて小笠原氏が合戦を仕掛けようとしたといっても、その背景には何があったのか。その点は天正壬午の乱の際に、徳川家康が実施した両氏に対する待遇や所領充行政策の差に根ざしていると考えられる。

拙著『天正壬午の乱』で詳しく述べたように、徳川家康が甲斐・信濃に侵攻し、北条氏直と対峙した際に最も大きな援助を与え、またその期待に応えたのが下条頼安であった。下条氏は、伊那衆の調略を実施しただけでなく、深志城回復を目指す小笠原貞慶をも家康の指示で後援し、見事これを成功させている。また北条氏の勢力が拡大するなか、飯田城に奥平信昌らと籠城して、小笠原貞慶、諏訪頼忠とは違い最後まで徳川氏に忠節を尽くした。これに対して、小笠原信嶺は織田家臣毛利長秀の謀殺を逃れるため木曾義昌のもとへ逃亡しており、松尾城復帰に時間がかかり、下条頼安に大きく水を開けられることとなった。この時期、下条頼安は伊那における徳川方の盟主的存在だったのである。

こうした実績と忠節が認められ、徳川家康は下条頼安に天正十年八月十二日付で、信濃伊那郡全域（但し松尾小笠原信嶺領と知久頼氏領を除く）を「手柄次第」で与えるとの朱印状を与えた（『家康』三四一）。これは、家康が下条頼安の自力による勢力拡大を認めたことを示したものである。これにより、伊那の国衆における下条氏の勢力は松尾小笠原氏を遙かに凌ぐものに成長する可能性を保証された。実際に、天正壬午の乱において、下条頼安がどれほど自力で所領を切り取ることができたかは定かでないが、これが下条氏と他の国衆、特に松尾小笠原氏との紛争を不可避なものにしたのではなかろうか。
それに加えて、松尾小笠原氏と下条氏は、室町末期以来不仲で知られていた。明応二年（一四九三）一月、鈴岡《すずおか》小笠原氏の当主政秀が、勢力拡大を目論む松尾小笠原定基《さだもと》に謀殺された。この時、政秀の妻女と家臣らは、府中小笠原氏より譲られた家伝の文書等を携えて、当時の下条氏当主下条時氏《ときうじ》（頼安の祖父）のもとへ逃れた。時氏はこれを庇護し、府中小笠原長棟《ながむね》と結んで定基を撃退した。その後、政秀の妻女が下条氏のもとで客死すると、重代の文書などは時氏に譲り渡された。これを知った松尾小笠原定基は、時氏と和睦し、その後友好を深めるために饗応したいと欺き、彼を松尾城に招き謀殺したのである。この宿怨は、両氏が武田氏に従属している間は表面化しなかったが、永く燻っていたといわれる。

『下条記』によると、下条氏と小笠原氏の合戦に心を痛めた文永寺（下条氏の祈願寺）と開善寺（松尾小笠原氏の菩提寺）の住職が話し合い、両氏に和睦の斡旋を行った。その条件は、下条頼安に小笠原信嶺の息女を嫁がせ、縁組みをするというものであった。両寺の熱心な周旋を両氏も了承し、和睦交渉は順調に進んで合意に達し、天正十一年十二月、信嶺息女は下条頼安のもとへ輿入れした。

頼安は、明けて天正十二年一月二十日に舅信嶺のもとに年頭の挨拶のため松尾城に赴いた。ところが信嶺は、頼安が松尾城に伺候してきたところを斬殺した。頼安は享年二十九歳であった。まさに松尾城を舞台に頼安の祖父時氏と同じ暗殺劇が繰り返されたわけである。武田氏に従属していた時代には下火になっていた両氏の宿怨が、天正壬午の乱という混乱の中で、所領問題や勢力争いを契機に再燃したのであろう。騙し討ちにあった下条方は切歯扼腕して悔しがったが、勇将頼安を失い、幼主下条牛千代丸はまだ十歳であったため弔い合戦に踏み切る力はなかったという。こうして、徳川氏を支え天正壬午の乱において下伊那郡維持に大きな役割を果たした下条氏の衰退は決定的となった。

ところで、領国下の国衆同士の合戦という異例の事態に、徳川氏はまったく介入した形跡がない。それどころか、小笠原信嶺は処罰すらされていない。これらの事実は、家康が両氏の合戦や下条頼安謀殺を黙認していたことを示すものではなかろうか。両氏が戦うことで、国衆の力が削がれれば、それだけ徳川氏にとって有利になるからである。家康の意図が何であったかについては今のところ不明としか言いようがない。記して後考をまちたい。

## 2　上杉景勝の南下と信濃

### 真田昌幸の上田築城

天正十一年三月下旬、佐久・小県郡の反徳川勢力掃討のため、徳川家康が甲府に出陣してきたことを察知した北信濃の上杉方にはにわかに緊張が走った。上杉方は、徳川家康の真の狙いは、上杉・徳川両勢力の境目にあたる虚空蔵山城ではないかと疑い警戒を強めていた。徳川方の加津野昌春（真田昌幸の弟）は、三月十五日にその疑念を晴らすべく陳弁の書状を長沼城代島津忠直に送ったが、それからまもなくの三月二十一日、真田昌幸が虚空蔵山城に不意打ちを仕掛けたのである。この合戦で、上杉方は北信濃衆駒沢主税助が戦死するなど甚大な被害を受けた模様であるが、辛うじて真田軍を撃退し、城の確保に成功した。上杉方の室賀源七郎満俊が書き残した覚書（天正十八年二月十六日付「室賀満俊覚書」、小林計一郎・一九八四年、寺島隆史・二〇一〇年②参照）によれば、満俊は虚空蔵山城に在番していたらしく、その麓の秋和（上田市）で真田軍と戦ったというが、その時指揮していたのは、なんと「真田隠岐守」（加津野昌春）であったと明記されている。上杉方を安心させるかのような書状を送りながら、加津野昌春は徳川方真田昌幸軍の指揮官として活動していたことがわかる。

虚空蔵山城攻防戦が行なわれた同じ三月二十一日に家康は、下伊那の知久頼氏・頼龍に対し四月一日か二日までに知久衆を新府城に派遣するよう動員を命じた（『信』⑯四二）。また同じころ小笠原貞

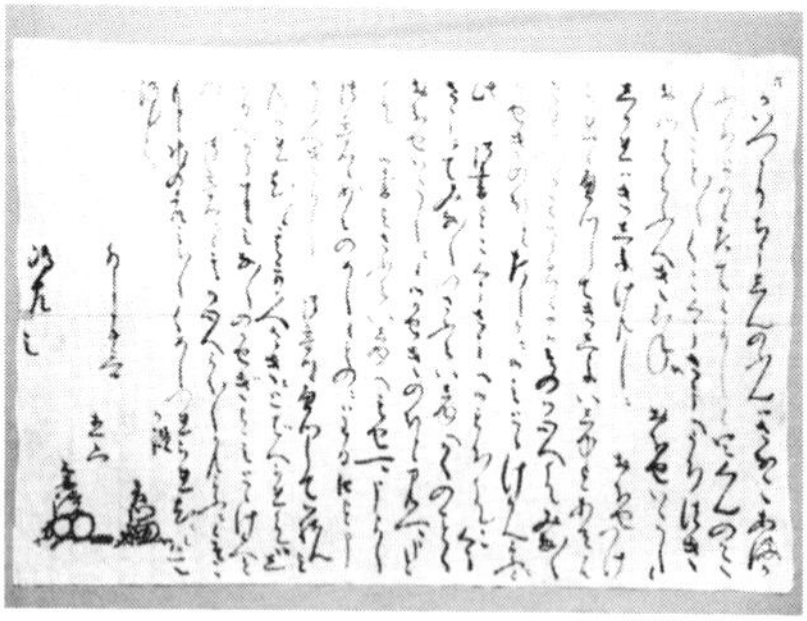

4月13日直江兼続・狩野彦伯書状（埼玉県石垣文書、『上越』2728号）真田昌幸の上田築城を察知した上杉方は北信濃衆を動員して攻撃する決意であった

慶を始め、諏訪頼忠・真田昌幸・保科正直が甲府に趣いて家康に出仕し、臣従の礼を取ったとされる（『当』）。この時、家康と彼らとの間で、今後の上杉対策が相談されたとみられる。その内容は、その後の徳川方の動きから類推すると、上杉・徳川両氏の境目の仕置、具体的には虚空蔵山城に対抗する新たな拠点の構築と、それを封じるべく動き出すことが予想される上杉軍を牽制する軍事作戦であったと推察される。

四月十二日、上杉景勝は徳川家康が甲府に出陣した真意は、虚空蔵山城の攻略にあると推定し、飯山城代岩井信能に上倉元春を主将とした援軍を送るよう命じ、景勝自身もまもなく出陣すると報じた（『上越』二七二四号）。しかし景勝自身の出陣はなかなか思うに任せなかった。越中佐々成政との対立が再燃していたからである。まもなく景勝のもとに、海津城から重大な情報がもたらされた。真田昌幸が「海士淵」（尼ケ淵《あまがふち》）を取り立て、築城を始めたというのである。その場所は、北国街道を押さえる要衝であり、また虚空蔵山城とは指呼の間にあるところである。もし築城が成就しここに徳川軍が集結すれば、境目の虚空蔵山城はもちろん北信濃の上杉領は重大な脅威を受けることとなる。景勝は、ただちに北信濃四郡の上杉方を糾合し、築城を行っている真田昌幸を追い払うよう指示した（『上越』二七二七・八号）。

この時に真田昌幸が築城を始めたのが後の上田城である。ここはもと小泉氏の拠点海士渕城があった古城跡であったが、昌幸はそれを大規模に拡張、改修した。ところで、上田城築城の経緯に関しては不思議な記録が数多く残されている。それは、上田城は家康から昌幸が下賜された城であるというものである。「徳川実紀」「創業記考異」「御庫本三河記」などによれば、家康は天正十一年八月二十四日、甲府に出陣して仕置を実施したが、その際に信州上田城を真田昌幸に与えたと明記されている。昌幸が上田城を家康から賜ったというのはこの他に『寛政譜』にもみられる。

これらの記述を総合すると、上田城はこれまで真田昌幸が独力で築城したものといわれてきたが、もともと真田昌幸の持ち城ではなく、家康直轄の城だったものを、後に下賜されたと想定される。このことは近年寺島隆史氏の研究によって明確にされた[9]。寺島氏の指摘するように、上田城の築城は徳川重臣大久保忠世の指揮の下、伊那の下条頼安らが動員されて実施されていた（『信』⑯四二）。このことは、上田城がもともと対上杉を目的とした徳川氏の戦略拠点として築かれたものであり、真田昌幸の本拠地としてではないことを示している。

上田城跡（長野県上田市）　上田城は真田昌幸配流後に改修されており、現存する遺構や建物はすべて後世のものである

しかしその後、昌幸は上田城が真田領に立地することなどからその拝領を願い出て許されたのであろう。上田城は、沼田・

吾妻領放棄を促すべく、家康が昌幸に恩を売るために下賜したとする説もある（寺島隆史・二〇一〇年②）。昌幸は、徳川氏の力を借りて、まんまと戸石城、松尾城と並ぶ城郭を手に入れることに成功したのである。だが、徳川軍による上田築城は敵前での普請であり、極めて危険な工事であった。実際に上田築城を重視した上杉景勝は、これを妨害し攻め潰すべく長沼城に在城する島津泰忠を検使に任じて北信濃四郡の将卒を動員させ、虚空蔵山城に続々と集結させていた。このため上田築城に邁進する徳川軍と真田昌幸は重大な危機に立たされた。しかし虚空蔵山城に集結した上杉軍が徳川・真田軍に襲いかかることはなかった。なぜなら上杉軍は突如踵を巡らし、麻績城に転進したからである。

## 麻績城攻防戦

北信濃の上杉軍が虚空蔵山城に集結を始めていたころ、松本の小笠原貞慶は上杉方の拠点麻績城を奪取すべく軍勢を招集した。これは上田築城中の徳川・真田軍を支援するための上杉軍牽制という意味もあったであろう。この作戦は、四月に甲府の家康のもとへ出仕した際に指示されたものであったと考えられる。だが小笠原家中ではこの作戦を危ぶみ反対する意見が多く、貞慶に出陣を見合わせるよう諫言する家臣もいたという（『岩岡家記』『笠系大成』等）。だが貞慶の決意は固く、四月中旬ごろに麻績城に向けて出陣した。

貞慶出陣を知った上杉方の島津泰忠は、ただちに軍勢を虚空蔵山城から転進させ、麻績城救援に向かったのである。そして四月十九日未刻（午後二時頃）、麻績で小笠原貞慶軍と上杉軍が衝突した。北信濃四郡に動員をかけて編制された上杉軍は大軍であったため、小笠原貞慶軍はなすすべなく総崩れとなった。これを見た青柳城の青柳源太左衛門尉も打って出て、小笠原軍の側面を突いたことから、混乱は激しくなり多くの犠牲者が出たという（『岩岡家記』『笠系大成』）。しかも上杉軍は五、六里に及ぶ執拗な追撃戦を行ったため、小笠原軍は二千人が戦死する大損害を受け（『上越』二七四〇・一号）、貞慶自身も立峠まで逃れたものの、殿軍《しんがり》三溝三右衛門らが戦死したことに衝撃を受け、絶望のあまりそこで自刃しようとして二木六右衛門に留められ、命からがら松本城に落ち延びたという。その時、貞慶に付き従っていたのはわずか三〇騎ほどだったと伝わる（『岩岡家記』『笠系大成』等）。この合戦には、虚空蔵山城に在番していた北信濃衆室賀満俊も従軍しており、小笠原軍を撃破して高名をあげたという（「室賀満俊覚書」）。

越後の上杉景勝、直江兼続らは、徳川軍と上杉軍との衝突が時間の問題であると考えていたので、事態の成り行きを「汗を握って」見守っていた。そこへ四月二十一日に島津泰忠より麻績において小笠原貞慶軍を撃破したとの捷報と首帳がもたらされたため、春日山城は歓喜に涌いたという。だが上杉方は、勝利に酔って不覚を取ることがないよう現場の引き締めを指示した（『上越』二七四五号）。それは長沼城代島津忠直も十分承知しており、現地で指揮を執る一族島津泰忠に対して四月二十日付で書状を送り、

麻績城跡（長野県麻績村）　戦国最末期まで上杉・小笠原両氏の争奪戦の舞台となった

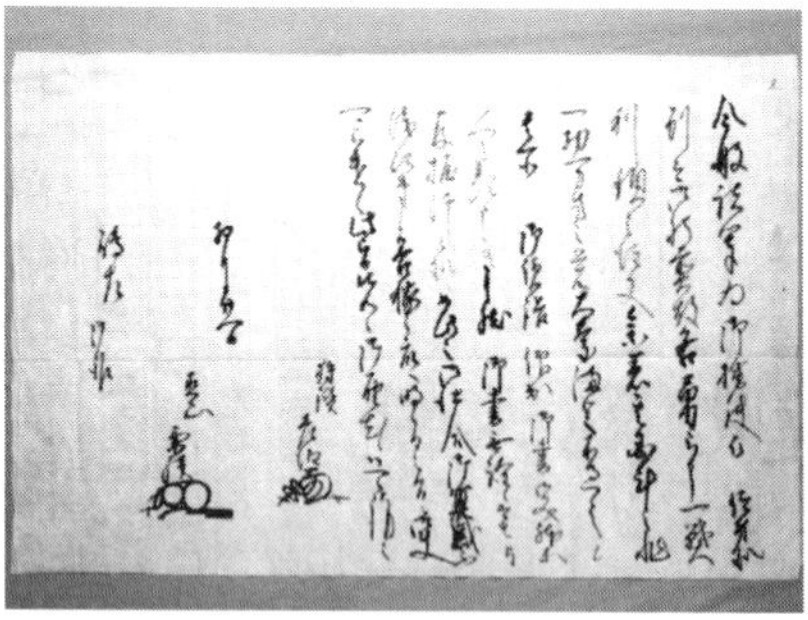

4月21日直江兼続・狩野彦伯書状（埼玉県石垣文書、『上越』2745号）麻績合戦の勝利で春日山は歓喜に包まれていると報じている

深志まで攻めたいという気持ちはよくわかるが、そこへ通じる会田口は難所でもあるので早々に帰陣するように諭し、「このような勝利を得た時は、先ず九分で収めるのが得策だ」と諭している（『上越』二七四一号）。

こうして上杉軍は、小笠原貞慶軍追撃を中止し、四月二十四日には麻績城から川中島方面へ撤退した。景勝は、四月二十二日に麻績合戦に参加した北信濃衆芋川親正・島津泰忠・屋代秀正や、信濃に派遣されていた家臣板屋《いたや》光胤《みつたね》らに書状を送り、その戦功を讃えた（『上越』二七四六～五〇号）。なお、景勝が北信濃衆を撤退させたのは、新発田重家攻めのために背後を固めておく必要から、虚空蔵山城へ再度集結させるためであった（『上越』二七五五・六号）。これは景勝が大敗した小笠原貞慶が再度麻績に攻め寄せてくることはないと判断し、防衛の重点を再び虚空蔵山城に置いたためであろう。

上杉景勝は、島津泰忠に虚空蔵山城在番を命じると、四月二十八日には小笠原貞慶対策のため虚空蔵山城に派遣していた家臣丸田掃部助俊次を芋川親正の守る牧之島城に配備し、仁科衆への調略などを行わせた（『上越』二七五九号）。また二十九日には信越国境根知《ねち》城（新潟県糸魚川市）に在番する西方房家にも、仁科方面への侵攻を指示している（『上越』二七六〇号）。西方房家の任務は、小笠原攻略の拠点としての城砦（「寄居取出」）の構築にあったらしい。房家は小笠原方の妨害に遭いながらも、これを成功させている（『上越』二八四五号、ただしその城がどこなのかは明らかでない）。

上杉方は、五月十二日に安曇郡仁科表で小笠原方と交戦したらしい（『上越』二七六〇号）。これは牧之島城を出陣した芋川親正の軍勢であり、仁科表の各所を放火し小笠原方二百余人を討ち取り、その首帳を上杉景勝に届けた（『上越』二七八二号）。これに対して小笠原軍も反撃に転じ、牧之島城に向けて軍勢を派遣したが芋川親正に阻まれ撤退を余儀なくされている（『上越』二七九一号）。

だが小笠原方は、上杉方の仁科（日岐）盛直が籠もり、なおも抵抗を続ける日岐大城の城内に調略の手を伸ばし、籠城衆の中から味方を募ることに成功した。彼らは八月、城内で叛乱を起こし、小笠原方を引き入れようとしたため、敵わぬとみた仁科盛直は一族らを連れて城を脱出し、上杉氏のもとへ亡命した（『上越』二八三四号）。景勝は盛直を支援すべく出陣の準備中だと彼に報じたものの結局実現せず、深志城から日岐城―日岐大城―眠峠を経て、麻績・青柳方面や大岡、牧之島方面へ通じる関門が小笠原氏の手中に落ちたのである。

これ以後、上杉氏と小笠原氏は勢力圏の境目（おもに麻績、青柳、千見城）でしばしば軍事衝突を繰り返すこととなる。両氏の対決は、正面衝突は回避されたもののなお暴発の危機をはらむ上杉景勝と徳川家康との対立の縮図であり、代理戦争に他ならなかった。北信濃衆は上杉氏を、小笠原貞慶は徳川氏を後ろ楯として激しい境目の争奪戦に突入していった。

## 3　秀吉、「織田政権」の再編を目指す

### 「信州郡割」問題

天正壬午の乱終結後、「上方忩劇《かみがたそうげき》」をとりあえず収拾し、織田信雄を擁立して「織田政権」の再編を果たした宿老羽柴秀吉は、翌天正十一年に賤ヶ岳の合戦を挟んで東国に関する二つの施策の実現を目指して動いた。一つは「信州郡割」を上杉景勝と徳川家康に要請したことであり、もう一つは「関東惣無事」実現について家康を通じ北条氏に求めたことである。まずここでは「信州郡割」について紹介しよう。

秀吉は、天正十一年二月、信長以来敵対関係にあった上杉景勝との関係改善に向けて動き出した。これに対し景勝も、越中佐々成政や越後新発田重家に対抗すべく前向きに対応したようであり、織田信雄のもとへ景勝書状がもたらされ、秀吉主導による織田・上杉両氏の同盟が成立した（『上越』二六五五～七号）。この結果、天正壬午の乱において上杉氏が制圧した北信濃は、上杉領国として追認されることとなった。

これを受けて秀吉は、「織田政権」宿老としての立場から、東国大名との関係の再編に取りかかるわけである。その中で登場したのが、「信州郡割」であった。秀吉は、賤ヶ岳の合戦勝利後の八月十六日、家臣石田左吉（三成）・増田仁右衛門（長盛）を通じて、上杉重臣直江兼続・狩野秀治に対し、

五ヶ条に及ぶ覚書を提示したが、その冒頭には次のように記されていた[10]（『上越』二九六六号）。

一信州郡割之事、秀吉御異見可被申付而、家康与御間柄、景勝様弥可被御入魂之段、尤奉存候事

ここで秀吉は、上杉景勝に「信州郡割」（勢力圏画定作業）を勧告し、その仲裁にあたることを申し入れた。その相手はいうまでもなく、信濃に勢力を伸ばした徳川家康である。

当時、信濃ではこれに先立つ三月から五月にかけて、上杉・徳川両氏の勢力圏境目において大規模な合戦が展開されていた。それは真田昌幸の上田築城と虚空蔵山城攻撃であり、また小笠原貞慶の麻績城攻撃である。このうち、真田は徳川軍の援助を受けて上田築城に成功したが、貞慶は上杉軍の反撃を受けて惨敗を喫している。この結果、上杉・徳川間は交戦状態にあったが、その後小康状態となっていた。その理由は定かでなかったが、秀吉家臣連署条目が天正十一年八月のものであることが確定されたことにより、家康と景勝はその後、和睦を取り結んでいたことが判明した。秀吉はこれを受けて、「信州郡割」を勧告したわけである。だが実際には、形式的にせよ徳川氏は「織田政権」下の同盟国かつ分国大名という立場であるので、「信州郡割」とは秀吉の側からいえば、上杉氏と織田領国（実効支配は分国大名徳川氏）との勢力圏画定に他ならなかった。それは天正壬午の乱以来の、信濃の戦後処理という一面があったのである。

秀吉は、敵国であった上杉景勝との同盟を実現しつつも、上杉氏が反北条であることに配慮して、徳川と北条の関係はともかく「織田政権」としては北条氏と好誼を結ぶことはないと言明した。その上で、景勝と家康との間には遺恨はないはずだから、「信州郡割」を実施して欲しいと求めたのであ

る。確かに景勝と家康は、相互に軍事衝突の危険性を回避する努力をしつつ、上杉氏は北信濃制圧を、徳川氏は佐久・小県郡の制圧を当初は目指していた。だがいっぽうで、両氏は軍事衝突の火種を抱えていた。それは、上杉・徳川両氏の勢力圏の境目にいた真田昌幸と小笠原貞慶であった。

秀吉が主導する「織田政権」も、内部抗争の火種（織田信孝・柴田勝家と織田信雄・羽柴秀吉）が燻っていたから、東国の安定を必要としていた。それ故の、織田（信雄・秀吉）・上杉同盟だったわけである。家康も上杉氏との戦闘は回避したかった模様で、加津野昌春（真田昌幸の実弟）が三月十五日に上杉家臣島津忠直に宛てた書状にも、徳川軍の佐久・小県郡出陣は上杉領侵攻を意図したものではないとの弁明に終始していた（『信』⑯一四）。だが家康の意図が仮にそうであったとしても、境目の真田昌幸と小笠原貞慶は必ずしもそうは考えていなかったようだ。

真田昌幸は、上杉氏の圧力に対抗すべく徳川軍の支援を得て上田築城を開始する。これが上杉氏を逆に刺激することとなり、北信濃の上杉軍が真田攻めのため動き出すのである。この情勢に乗じて小笠原貞慶も、麻績・青柳城奪回のための軍事行動に出た。この結果、軍事衝突が相次いで発生したのである。その後、家康が北条方諸城の掃討作戦のため佐久・小県郡に出陣すると主張しながら、結局それを実現させなかったのは、自身の出馬が上杉方をより一層刺激することを考慮したためではなかったかと思われる。

この結果、家康と景勝は五月以後、七月までの間に和睦を結んだのであろう。しかし、秀吉が求めた「信州郡割」は、翌年に秀吉と織田信雄・徳川家康の対立（小牧・長久手の合戦）により破綻し、この時点では成立しなかったのである。なお、上杉景勝と徳川家康が天正十年から同十一年初旬まで同盟を締結していたとの説があるが（竹井英文・二〇〇九年②）、関係史料を博捜してもその事実は認められない。あくまで両氏は、勢力の接点たる小県郡での軍事衝突を避けるためにしばしば申し入れをし、和睦していた程度に過ぎないと思われる。

### 賤ヶ岳の合戦と佐々成政の降伏

清洲会議を主導し「織田政権」の中心的地位を確保しつつあった宿老羽柴秀吉に対し、同じ宿老の柴田勝家は不満を募らせ反秀吉の諸将を結集し、その撃滅を画策し始めた。「織田政権」内部の分裂はもはや不可避となったのである。

こうした情勢下にあって、上杉景勝は羽柴秀吉に接近する。その理由はいうまでもなく、上杉氏にとって最大の脅威である柴田勝家ら北陸勢と対抗するためである。実は本能寺の変直後から柴田勝家は上杉景勝との和睦を模索しており、また毛利輝元のもとに身を寄せていた前室町将軍足利義昭も景勝に勝家との提携を促し、京都帰還に協力させようとしていた(11)。

だが景勝は、宿敵柴田勝家と提携する気はさらさらなく、天正十年冬、勝家と羽柴秀吉の衝突が始まると、越中を守る須田満親を通じて秀吉との交渉を開始し（『上越』二六五三号）、翌天正十一年一月に使者を派遣して秀吉に提携を求める書状と起請文を手交した。これを受け取った秀吉は、織田信雄に報告し許可を得た上で景勝に自らの血判を据えた起請文を送った（『上越』二六五五号）。

こうして「織田政権」（信雄・秀吉）と景勝の連携が成立したのである。両者の合意の詳細は明らかでないが、柴田勝家と秀吉が合戦に突入したら、景勝は秀吉支援のため越中に出兵することが重要な柱であったことは間違いない。そしてまもなく、羽柴秀吉と柴田勝家の軍事衝突が始まるのである。そしてこの同盟成立により、天正壬午の乱の際に北信濃の旧織田領国を景勝が制圧した行動（反織田の軍事行動）は不問に付され、上杉領として追認されることとなったのである。

さて、「織田政権」内部の抗争の前哨戦は、天正十年十二月、三法師を引き渡さぬ岐阜城主織田信孝を清洲会議の合意違反と指弾し、秀吉が近江国に出陣したことに始まる。これには勝家も手が出せず、長浜城主柴田勝豊は恭順の意志を示した。これを受け、織田信雄・秀吉はさらに美濃に侵攻して岐阜城主織田信孝を降伏させた。

ところが翌天正十一年一月、柴田勝家は伊勢国滝川一益と結び、一益は挙兵して秀吉方の亀山城などを攻略した。しかし秀吉は、三月三日に亀山城に籠城する滝川一益をたちまち降伏させた。味方の不振に危機感を抱いた柴田勝家は、前田利家ら北陸勢を率いて深雪を冒し近江に出陣し、賤ヶ岳一帯に布陣した。これに呼応するように、四月、秀吉に降伏していた織田信孝が岐阜で挙兵した。秀吉は信孝攻略のため美濃に向かうが、揖斐川の氾濫に阻まれ動きがとれなかった。ところが同じ頃、賤ヶ岳の秀吉方と柴田方で戦闘が勃発したためこれを知った秀吉は、急遽北近江に取って返し、四月二十一日に柴田勝家軍を撃破した。いわゆる賤ヶ岳の合戦である。秀吉は、柴田方の背後を衝くため、三月十七日に上杉重臣須田満親に書状を送り、上杉軍の越中出兵を要請した（『上越』二七〇一号）。

しかし賤ヶ岳で柴田方と羽柴方が対陣し、さらに美濃・伊勢で合戦が勃発した時、上杉景勝は到底秀吉の要請に応えられる状態ではなかった。既述のように、三月二十一日から四月二十四日にかけて、信濃では真田昌幸と小笠原貞慶の攻勢に直面し、景勝は春日山城を動くことができなかったからである。しかも越中佐々成政と結んだ新発田重家の攻勢も活発化し、そちらへ援軍を差し向けることにも追われていた。それればかりか、勝家と秀吉の軍事衝突が始まると、柴田方の佐々成政が逆に越中の上杉方諸城に攻勢を仕掛けてきたのである。

景勝はこの攻勢にまったく対処できず、三月末にはせっかく回復した越中魚津城と、富山城侵攻の拠点と位置づけていた小出城を攻略され、須田満親・有沢図書助らは越後に退去せざるを得なくなった。景勝は、小笠原貞慶攻略のため信濃安曇郡への計略を担当していた根知城主西方房家に命じて、糸魚川に新城を築かせ、そこに越中牢人衆を配備し、すべての補給を根知城から行わせる手配をするだけで精一杯であった（『上越』二七二九号）。むしろ佐々成政の方が意気軒昂であり、飛騨の諸氏を味方につけることにも成功し、さらに新発田重家と連携して越後に攻め入り、落水（糸魚川市）などを放火してまわり、上杉への押さえとして荒城を築きここに軍勢を配備している（『上越』二七九二・三号）。このように景勝は、秀吉支援のため越中に出陣するとの約束を果たせなかった。

いっぽうの秀吉は、敗走する勝家を追って越前に乱入し、四月二十四日北ノ庄城でこれを滅ぼした。また織田信孝も兄信雄に追い詰められ、同二十九日に尾張国野間大御堂寺で自刃した。ただ一人、柴田方として残った佐々成政は、勝家が滅亡し秀吉軍が接近したとの情報を受けると、抵抗を諦めて降伏した。秀吉は、成政の所領を安堵し、越後上杉氏との取次役を命じた。柴田勝家滅亡後の四月二十九日、金沢に在陣していた秀吉は景勝重臣直江兼続・狩野秀治に書状を送り、勝家と秀吉が戦端を開いた際には越中に攻め入るとの約束だったのに果たされなかったことを厳しく批判した。その上で起請文を交換して成立した羽柴と上杉の協定は反古されたものと見なすと述べている。

だが秀吉は、佐々成政対策もあって、これを挟撃するためにも上杉との修好は重要であると考え、再度の友好関係樹立を促している（『上越』二七六一号）。これに対して景勝は、六月に家臣大石元綱を上洛させ、秀吉との交渉を再開させた。この結果、秀吉と景勝は再び手を結ぶことで合意したのである（『上越』二八〇〇〜四号）。

しかしながら、景勝と佐々成政の対立は収まらず、成政は七月になると景勝が新発田重家攻めに出陣した隙を衝き、西浜筋に出陣して春日山城を攻め取ろうとした。これに驚いた景勝は、信濃飯山城代岩井信能に命じて市川信房・島津忠直・須田信正ら北信濃衆を急遽防戦に向かわせている（『上越』二八〇五・六号等）。その手当ての効果もあってか、成政は軍勢を引き揚げたようである。その後、景勝は重臣狩野秀治らを十二月に上洛させ、秀吉と協議させており、ほぼ同じ頃、佐々成政も秀吉の命により上洛している。これは双方の停戦を命じる意味もあったのではなかろうか。これ以後、両氏の対立はしばらく止み、上杉景勝は西からの脅威より解放されたのである。

なお秀吉は、柴田勝家・織田信孝らと対立している最中にあって、上杉景勝ばかりでなく佐竹義重・宇都宮国綱ら関東の諸将とも連絡を取り、好誼を結ぶ誘いをかけている。これは将来、関東の北条氏と対抗するための布石であろう。

**秀吉、家康に関東惣無事の実現を求める**

「信州郡割」を徳川・上杉両氏に提案した三ヶ月後、羽柴秀吉は徳川家康に関東の「惣無事」（停戦）の実現を北条氏に求めるよう申し入れた。これを受けて家康は、十一月十五日に書状をもってこれを北条氏政に伝達した。

関東惣無事之儀付而、従羽柴方如此申来候、其趣先書申入候間、只今朝比奈弥太郎《泰勝》為持、為御披見進之候、好々被遂御勘弁、御報可示預候、此通氏直江も可申達候処、御在陣之儀候之条、不能其儀候、様子御陣江被付届、可然候様専要候、委細弥太郎口上申含候、恐々謹言

十一月十五日　　　家康（花押）

北条左京大夫《氏政》殿

この書状は、家康が羽柴秀吉から「関東惣無事」を実現するよう北条氏に申し入れられたしとの要請に応じて伝達したものであるが、これが研究史上豊臣政権の「関東・奥両国惣無事令」の初令に相当すると指摘されてきた。すなわち、この書状を画期として、戦国期の「国分」から豊臣政権による近世的支配原理たる「惣無事令」が形成されていったというのである。

戦国大名間の和睦や同盟締結時に実施される「国分」は、大名間の勢力圏画定とその地域への軍事行動に対しての不干渉を約束するものであった。そのため、「国分」＝領国の確定とはならず、実際

には大名の領土と規定された地域の中小領主層にとっては頭ごなしに大名間がいわば勝手に締結した約束事であって、到底承伏しかねる場合もあった。だからこそ大名は、「国分」（国切之約諾）によって勝ち得た領土の実現を目指して、これに反対する中小領主層との対決（自力次第、手柄次第、切取次第）を避けて通れなかったわけである。

これに対して、豊臣秀吉は天正十四年十一月に、九州国分令とほぼ時を同じくして東国にも「惣無事」を指示し、さらに翌天正十五年十二月に「関東・奥両国惣無事」を発令して戦乱の抑止に本格的に乗り出したといわれる。この一連の平和回復を目指した秀吉の命令は「惣無事令」（豊臣平和令）と呼ばれ、その基調のもと天下統一が推進されたといわれてきた[12]。

この「惣無事令」とは「豊臣政権による職権的な広域平和令であり、戦国の大名領主間の交戦から百姓間の喧嘩刃傷にわたる諸階層の中世的な自力救済権の行使を体制的に否定し、豊臣政権による領土高権の掌握をふくむ紛争解決のための最終的裁判権の独占を以てこれに代置し、軍事力集中と行使を公儀の平和の強制と平和侵害の回復の目的にのみ限定しようとする政策」と規定されている。

豊臣政権による「惣無事」とは、戦いを展開する当事者の大名領主に対して、①停戦命令（私闘禁令）を発し、②領土の現状固定（領土拡大行動の凍結）、③当事者双方からの主張の聴取、④しかる後の裁定（豊臣政権による認定可能な勢力圏の提示）、⑤豊臣政権による境目（勢力圏）の画定、⑥以後の戦闘禁止（広域平和の実現）、⑦決定に従わない場合には制裁（豊臣政権による軍事力行使）、という一連の作業によって実現され、この政策方針によって天下統一が達成されたといわれている。

戦国期の「国分」と豊臣政権の「惣無事」による領土画定にどのような差異があるかといえば、前者が中世以来の法慣習を踏まえつつも、画定された領土の実現のためには、自前の軍事力で切り取る（自力次第・手柄次第）しかなく、さらに当事者間の約束違反は双方の再戦として現出し、永続的な担保を期待しうる背景が存在しなかったところに特徴がある。ところが豊臣政権の惣無事は、停戦後の裁定如何では、自力で獲得していた「当知行」であっても没収され、旧中小領主層へ返還されることもあった。そしてその実現は、豊臣政権そのものによって担保されており、極めて強力な保証となっていた。

ところで、秀吉が戦国大名たちに対してこのような停戦命令と「惣無事」を命じることができた根拠とは何であったのか。

「惣無事令」実現の過程を追っていくと、秀吉は天下の関白職にもとづく「惣無事令」の下で、戦国大名たちの戦争は「私之儀」（私の宿意・遺恨・私闘）であり「越度」であるとみなしており、「天下之儀」のもとに戦国の戦いを「私之儀」として封殺しようという論理（停戦令・私闘禁令）が繰り返し提示されている。もちろん藤木久志氏は、「惣無事令の権限根拠としては、ひろくは勅諚・綸命・叡慮など天皇が明示的にあげられるが、また同時に領主階級に向かっては「被得上意候者共之為」と強調され、さらに「天下之為」「為国之旁」とも力説されたように、いわば統治権的支配と主従制的支配の両側面を合わせて惣無事令の根拠は成り立っていたと考えられ、一義的に天皇のみに関白政権の惣無事令の根拠を求めるのは適切ではない」とし、この両側面を強化するために秀吉が「清華成」「公家成」「諸大夫成」などの昇進呼称を創設した武家官位制の導入と、「羽柴」姓（後に豊臣姓）下賜などを両輪とする大名編制の整備を精力的に実施したと推測している。

このため「惣無事令」の重要な根拠は、秀吉の関白任官と、上杉景勝・徳川家康らの相次ぐ上洛（豊臣政権への臣従＝列島の主要な大名を主従制的支配下に置いた事実）とし、その時期を天正十四年以後とすることとなったわけである。「惣無事令」の発令を支える「豊臣政権による職権的な広域平和令」「豊臣政権による領土高権の掌握をふくむ紛争解決のための最終的裁判権の独占」とは右のような事態を想定しているわけである。

さて、それでは冒頭に掲げた徳川家康書状はいつのものなのか。藤木氏は、右のような前提に立脚しているが故に、十一月十五日付北条氏政宛徳川家康書状の年代比定において、その上限を天正十四年に設定せざるを得なかった。ところがこの文書は、竹井英文・佐々木倫朗氏の近業により天正十一年十一月のものであることが確定されたのである。このため家康書状は「東国惣無事令」の初令とみなすことはできなくなり、さらにこの文書を起点、根拠とした東国政治史には再考が必要となった（竹井英文・二〇〇九年①、佐々木倫朗・二〇〇九年）。なお筆者自身は、豊臣政権による「惣無事令」の存在を想定することはできなくなったものの、秀吉が「惣無事」という論理に基づき天下統一を実施していったという事態そのものは「惣無事」政策として有効であると考えている。

さてそれでは、なぜ天正十一年十一月に秀吉は、家康を通じて北条氏に「惣無事」の実現を要請したのであろうか。またその「惣無事」とは何か。このことは竹井英文氏の研究に詳しいが、秀吉が求めたのは「信長如御在世之時候各惣無事」であった。武田氏滅亡後、関東に進出した織田政権は、北条氏に圧力を加え、武田領国侵攻によって氏政が制圧していた駿河東部や上野国から退去させたばかりか、北条氏に本拠を奪われていた下野国小山秀綱の本領を返還させ、祇園城を明け渡させていた。さらに、関東の諸勢力は続々と織田政権への従属を表明し、奥羽の諸大名もそれに倣うようになっていた。また織田政権は、敵対する上杉景勝に援軍を送ったとして会津葦名氏を詰問しており、戦国大名独自の判断による軍事行動をその統制下に置こうという意図を露わにしていた。

織田政権が東国・奥羽の諸大名を編制しようとした根拠は、「天下之儀」であったとされ、これは後の豊臣政権にも引き継がれる論理である。しかも織田政権が掲げたその論理には重大な内容が含まれていた。信長は、武田勝頼を攻める際に朝廷を動かし「東夷」「朝敵」打倒の論理を用いていた。つまり織田政権への敵対は「天下」に仇なす「朝敵」と指弾されることに繋がったわけである[13]。

しかし本能寺の変により、織田政権主導による東国・奥羽の新秩序は崩壊した。だが織田政権そのものの枠組みは依然として生きていたわけであり、天正壬午の乱は北条氏の侵攻を受けた織田領国を、「織田政権」を担っていた分国大名徳川家康がその承認のもとで確保すべく対抗した戦争という一面を持っていた。家康が甲斐侵攻に先立って、清洲会議終了後の宿老羽柴秀吉に了承を求めたのも、「織田政権」という枠組みが生きていたからに他ならない。秀吉も織田家督を継いだ三法師を支える宿老としての立場から、家康に発言をしていたわけであり、後に天正壬午の乱に際して北条の大軍相手に苦戦、奮闘する家康に対して、援軍を送ることで宿老柴田勝家・羽柴秀吉らが一致していたのは、信長・信忠父子亡き後も「織田政権」が生きていたからに他ならない。

だが「織田政権」内部での政争が激化（「上方忩劇」）し、援軍派遣が中止となったため、織田信雄・信孝兄弟は家康に和睦を勧告したのである。これを受けて天正十年十月に、徳川・北条両氏が和睦し、領土画定と婚姻により同盟を結ぶこととなった。まもなく、織田家督は信雄が相続し、秀吉・丹羽長秀・池田恒興らがこれを支える宿老となる。これに反発した織田信孝・柴田勝家らを、秀吉は天正十一年四月、賤ヶ岳の合戦で撃破し滅ぼすに至った。この結果、織田信雄を頂点に秀吉が支える「織田政権」が再編成されたのである。そして「織田政権」内部の抗争が終結し、上方が安定したことを受けて、秀吉が「織田政権」の宿老として「信長如御在世之時候各惣無事」の再現を北条氏に求めたのが、十一月の家康書状だと考えられるのである。

この場合の「惣無事」とは、天正壬午の乱以後の北条氏の勢力拡大停止（＝反北条の諸勢力への攻撃停止）を求めるものであって、信長生存時の領土回復を目指すものではないと推察される。しかも、この十一月に先立つ十月二十五日に秀吉は、甲斐から帰国したばかりの家康に書状を送り、家康が関東の「無事」を実現したいと秀吉方に伝達してきていたがそれがなされていないと述べ、もしその実現を阻む者（「何角延引有之仁」）がいたら、秀吉は家康と談合してこれを打倒する用意があると記していた。この場合の仮想敵国は北条氏に他ならない。そして秀吉と家康が目指した関東の「無事」とは「上様御在世之御時」のそれであると明記されている（『大日』第十一編之五―二〇二）。家康は、秀吉の（すなわち織田信雄を家督と奉戴する「織田政権」の）強い意志を受けて、これを北条氏政・氏直父子に伝えたと推察される(14)。

　この「惣無事」要請にあたって秀吉が家康を仲介役にしたのは、彼と北条氏が同盟と姻戚関係にあったために他ならない。だが当時の秀吉、家康ともに、「織田政権」を背景にしながらも北条氏に「惣無事」を強制するだけの力量に欠けていた。後に北条氏は、豊臣政権の「惣無事」要請にも激しく抵抗したほどであるから、まだ権力が安定しない信長後の「織田政権」ではなおさら実効性に乏しく、北条氏に足下を見られていたといえるだろう。この結果、「織田政権」宿老羽柴秀吉が、家康を通じて要請した「惣無事」は北条氏に無視されついに実現せず、これは戦国時代の大詰めまで持ち越されることとなる。

## 東西争乱圏外下の飛騨情勢

　本能寺の変後、織田領国内部で相次いで発生した東西二つの争乱（天正壬午の乱と賤ヶ岳の合戦）の圏外にあった国が存在した。それは飛騨である。飛騨は、戦国期に武田・上杉両氏が飛騨国衆の中から味方を募って角逐し合い、その後台頭してきた織田氏が横槍を入れるなど、複雑な情勢を呈した国だった。この飛騨が、後に東国戦国史上重要な意味を担わされる時が来るわけであるが、それに至るまでの前提となる情勢の推移を紹介しよう。

　飛騨にはいくつかの国衆が割拠していたが、中でも最も勢力が大きかったのは、桜洞城《さくらぼら》（岐阜県下呂市）に拠点を置く三木《みつぎ》良頼・自綱である。これに次ぐ勢力で、三木氏と宿怨の関係にあったのが吉城郡江馬館、高原諏訪城（飛騨市）を拠点とする江馬時盛・輝盛父子であった(15)。この他に、吉城郡洞城（飛騨市）に拠る麻生野《あそうの》慶盛（江馬一族）、同郡高堂城、田中城（高山市）に拠る広瀬宗城、同郡小鷹利城（飛騨市）の牛丸綱親、大野郡帰雲城（白川村）に拠る内ヶ島氏理、同郡尾崎城（高山市）の塩屋（塩谷）筑前守などが勢力を張っていた。

戦国期に三木父子と江馬輝盛は上杉謙信と結び、江馬時盛、麻生野氏、広瀬氏らは武田信玄と結んで鎬を削り、飛騨の争乱はさながら上杉・武田の代理戦争の様相を呈していた。武田氏にとって飛騨は、反上杉で武田氏の有力な味方であった越中一向一揆との連携のためには重要な回廊であり、上杉氏にとっては武田と越中との連携を遮断する要所であった。しかしこの構図は必ずしも固定的なものではなく、江馬輝盛は永禄八年に実弟円城寺を武田氏のもとに人質に出しており（後に彼は還俗して江馬右馬丞と称し、武田氏の足軽大将に抜擢され、天正九年高天神城で戦死）、両属的な立場を保持していたようである。

境目の国衆は、近隣の有力大名に対しそれぞれに音信や贈答品を送り、人質を提出することで融和と中立的立場を保とうとしていた。こうした動きは飛騨国衆には一般的で、三木氏や江馬氏などは武田氏に一時的に服属しつつも、上杉氏とも連絡を取ったり、織田氏と連携を計るなど両属の立場を利用してその時々の大名間の抗争を切り抜けつつ、勢力の拡大を図っていたのであった。

その後、織田信長が台頭してくると、三木自綱は信長にも接近している。ところが元亀三年、武田信玄は西上作戦を開始する直前に、木曾義昌を通じて飛騨国衆の調略に乗り出した。この結果、江馬輝盛と三木自綱は武田氏に従属したが、元亀四年四月に信玄死去の情報を掴むと、自綱は九月には離反している。これを知った武田勝頼は激怒し、飛騨出兵の意向を飛騨国衆鍋山豊後守（三木自綱の弟）に伝えているが（『戦武』一九六二号）、これは実現には至らなかった（なお江馬輝盛は、この間も上杉謙信と連絡を取り合っており、信玄死去の噂を上杉に最初に報じたのも江馬氏である。なお輝盛もまもなく武田氏から離反し、上杉氏に帰属したらしい）。

その後も飛騨国衆は、武田・上杉・織田三氏の間で揺れ動き続ける。天正七年七月十八日、武田勝頼は、仁科盛信を通じて服属を申し出てきた飛騨国衆河上富信の受け入れを表明した（『戦武』三一四一号）。河上氏は、江馬輝盛の家臣であるため、輝盛は武田氏に靡いたと思われる。このころ輝盛の宿敵三木自綱は、織田信長と昵懇であったことから、これに対抗しようとしたと推察される。すでに前年に上杉謙信が死去し、御館の乱で上杉氏の凋落が顕著であったことから、輝盛は上杉氏から武田氏に転じたのであろう。しかも当時、武田勝頼は上杉景勝と甲越同盟を締結していたから、輝盛としても後ろ楯として甲越同盟を頼むほかなかったと思われる。同年、江馬兄弟は武田氏の飛騨平定の先鋒として活動しており、勝頼は実弟仁科盛信に江馬兄弟を飛騨口計略のために派遣したと報じている（『戦武』三二九九号）。ここに見える江馬兄弟とは、江馬輝盛と右馬丞と見られ、勝頼が江馬兄弟をして攻撃させたのは、三木自綱であったと推察される。しかしまもなく情勢は大きく動く。

天正十年一月、木曾義昌が武田勝頼に謀叛を起こし、これを契機に織田信長は武田攻めを開始する。この時信長は、飛騨口より金森長近率いる軍勢を信濃に侵攻させた。飛騨国衆の動向については判然としないところが多いが、三木自綱はこれに従軍したのではないかとみられる。さらに江馬輝盛も、勝頼が滅亡したのと同じ三月十一日付で織田家臣矢部善九郎に書状を送り、織田氏に従属する意向を伝えている（『飛州志』第九）。大国武田氏滅亡とともに、飛騨も織田氏の支配下に入ったと見て良かろう。ところが情勢は本能寺の変でさらに一変する。

織田氏の圧力が去り、武田氏はすでになく、上杉氏の影響力も低下した飛騨では、三木自綱と江馬輝盛が自立と国内統一を目指した争いを再燃させた。十月二十七日、三木自綱は古川・小島・牛丸氏ら飛騨衆を糾合して輝盛との決戦に臨み、これを荒木八日町（岐阜県高山市）で壊滅させ、ついに輝盛を討ち取った。輝盛の死により、江馬氏は事実上滅亡した。勢いに乗った三木自綱は、この頃、「上辺」（「織田政権」）との断交を宣言し自立を目論みるのである。

翌天正十一年一月、三木自綱は実弟鍋山豊後守を滅ぼし、さらに牛丸氏を追放して急激に勢力を伸ばしたのである。そのいっぽうで、自綱は越中佐々成政と結び、秀吉と対立する柴田勝家・佐々らの側に立った。[16] しかし、柴田勝家と羽柴秀吉の決戦が近江国賤ヶ岳一帯で行われ、勝家が四月二十四日に敗亡すると、柴田方の佐々成政も秀吉に降伏し、越中を安堵された。この時、勝家・佐々方の三木自綱に対して秀吉が軍勢を派遣することはなかったが、成政は秀吉に「飛騨取次」を命じられた。このことは、成政が秀吉に三木氏を始めとする飛騨衆を帰属させるよう指示されたことを意味している。三木自綱は、成政とともに織田信雄に帰属することを了承し、秀吉が主導する「織田政権」に復帰した（『上越』二七九三号）。その上で、同年九月には広瀬宗城を高堂城に攻め、これを滅亡させて飛騨をほぼ統一したのである。

こうして三木氏は、天正壬午の乱や賤ヶ岳の戦いの影響をともにほとんど受けることなく、むしろ周辺諸国がこれらの争乱に足を取られ、飛騨を省みる余裕を失っている間隙に乗じて、ライバルを次々と滅亡させ、飛騨をほぼ手中に収めることに成功したわけである。飛騨の争乱に、周辺諸国が全く介入しなかったのは、各地の混乱も甚だしく介入の余地がなかったこともあろうが、飛騨そのものの戦略的重要性が乏しかったこともその理由であろう。しかし情勢の変転により、飛騨は要所と認識されるようになる。特にそれを認識していたのは、羽柴秀吉であった。秀吉の飛騨攻めは、天正十三年に実施されるが、彼の目標は反秀吉の立場を鮮明にした三木打倒だけではなかった。秀吉は、自綱の向こうに徳川家康を見ていたのである。

# 4　上野をめぐる争乱

## 北条軍の上野侵攻と諸勢力の動向

北条氏は、本能寺の変後、滝川一益を撃破すると上野国において一挙に優位に立った。しかしそれは相対的にであって決してその支配を確立させたわけではなかった。氏直は、上野全域の平定よりも補給路だけを確保して、一刻も早く信濃に侵攻し領土拡大を行いたいとの強い意向を示していた。そこで北条軍は、白井長尾氏、高山氏、安中氏、大戸浦野氏などを自分の麾下に組み込むと、七月十二日には碓氷峠を越えて信濃佐久郡へと進軍していった。

だが上野国には、北条氏の権益を脅かし、自己の勢力を拡大しようと謀る人物がいた。それは厩橋《まやばし》城主北條芳林《きたじょうほうりん》、信濃の真田昌幸、越後上杉景勝の三人であった。彼らは北条軍が信濃に入ると、独自の動きを展開するようになる。

まず北條芳林の動向から紹介しよう。芳林は、滝川没落直後から上野各地の国衆への働きかけに着手し、厩橋城を拠点とする反北条勢力の糾合を実現しようと謀った。これに最も早く応じたのが、甘楽郡丹生（富岡市）の後閑下野守で、七月一日に厩橋に参陣すると連絡している（『上越』二四三八号）。まもなく芳林は厩橋に隣接する惣社領を攻略し、後閑下野守、群馬郡の武士富里佐渡守に惣社で知行を与えると明記した知行宛行状を発給している（『群』三二五一・二号、『上越』二四五四・五号）。これらは、芳林が独自に味方を募り領土拡大に動いていたことを推測させる。

そして芳林は、八月二十日に軍勢を率いて今村城（伊勢崎市）主那波顕宗を攻撃した。那波氏は懸命に防戦し、芳林を撃退することに成功した。厩橋衆撃退の報告を受けた氏直は幸先がいいと喜び、那波顕宗を賞している（『戦北』二四〇二号）。芳林は那波氏を攻略できなかったものの、引き続き味方を募る工作を積極的に行い、曽我式部や内藤外記（箕輪城代内藤昌月の子、当時は保渡田城〈群馬町〉の城主）もこれに呼応する姿勢を見せ始めた（『上越』二五六九・七〇号、『大日』十一編一―二七）。さらに芳林は、長尾憲景（白井長尾氏）が復帰したばかりの白井城攻撃を開始し、長尾氏と激戦を展開している。だがここでも芳林は白井城奪取を実現できなかった。

厩橋城跡（群馬県前橋市）　近世にはいると大改修が施され前橋城として利用された。現在は群馬県庁の敷地になっている

北条氏は、芳林の動向に神経を尖らせ、小田原城にいた北条氏政（御隠居様）は氏直と同陣していた重臣石巻康敬に書状を送り、敵（北條芳林であろう）が侵攻してきたら、長尾顕長（足利長尾氏）・由良国繁らを館林に急行させるよう命じたが、石巻からも人数を割いて援軍を派遣するよう命じている（『戦北』二四二〇号）。しかし芳林は、積極的な攻勢に出ることなくしばらく厩橋城で情勢の推移を窺っていた模様であるが、北条方は十月十四日に女淵衆が芳林方に攻撃を仕掛けたらしく、厩橋周辺で両勢力の戦闘が始まったようである（『戦北』二四三二

号)。芳林が再び蠢動を始めるのは、天正十一年春からである。

次に真田昌幸の動向を紹介しよう。昌幸は滝川一益没落後、北条氏直への帰属を表明した。昌幸が北条氏に正式に帰属したのは天正十年七月九日のことである。だが昌幸は、かつて武田勝頼より支配を委ねられた上野国沼田・吾妻領を我がものにしようと虎視眈々とねらっており、北条氏に従属しながらもいち早く次の手を打っていた。昌幸は草津の土豪湯本三郎右衛門尉を上野の吾妻城(岩櫃城)に派遣し、明城同然であった要衝を確保することに成功した(『信』⑮二五八)。さらに七月二十六日には、家臣丸山土佐守綱茂と恩田伊賀守に上野国向発知《むかいほっち》(沼田市)で知行を与え、上野に家臣を駐留させる態勢作りを着々と進めた(『信』⑮二三六)。

岩櫃城跡(群馬県東吾妻町) 武田氏が重視し、後に真田昌幸の拠点の一つとなった堅城

この時点で、北条氏直は真田の動きにさほど注意を払っておらず、九月晦日には重臣大道寺政繁をして大戸《おおど》城(東吾妻町)主浦野(大戸)民部右衛門尉を松井田城(安中市)に移動させ、背後を固めるよう指示している(『戦北』二四一三号)。しかしまもなく真田昌幸の動きがおかしいことに北条氏は気づく。このころ昌幸は、佐久郡で孤軍奮闘していた依田信蕃や、実弟加津野昌春の説得工作に応じ、北条氏と断交し徳川家康に味方する決意を固めていた。昌幸は徳川方に転じたことが公になるのは、十月十日のことである。

昌幸は、十月十四日に湯本三郎右衛門を羽根尾城に移動させ（『信』⑮四八五）、信濃小県郡真田郷と岩櫃城を結ぶ補給路を確保させると、家臣折田軍兵衛には上野尻高領で知行を与えている（『信』⑮四八八）。これにより昌幸は、真田郷―鳥居峠―羽根尾城―岩櫃城―尻高城（高山村）を結び沼田領へ至るラインを確保することに成功したのであった。また昌幸は、徳川家康より九月二十八日付の知行宛行状を拝領し、上野国では箕輪領の給与を約束された。このためこれ以後昌幸は、家臣等の知行宛行状に「箕輪表」を確保したら知行を与えると明記し始め、攻撃目標を箕輪城に定めていく。

また越後上杉景勝は、信濃に侵攻し始めた北条軍の背後を攪乱すべく、七月七日に浦野能登守に近年上杉氏が与えた知行を安堵し、さらに上野国を制圧したら本領を安堵すると約束した（『上越』二四四七号）。浦野能登守は、大戸浦野氏の出身と見られ、北条氏を嫌って上杉景勝のもとへ亡命していたと考えられる。また景勝は、信濃飯山城代岩井信能に命じて、大戸浦野民部と秘かに連絡を取り、上杉氏のもとへ亡命していた羽尾源六郎を吾妻郡に帰還させるべく調整を行わせていた。

浦野民部は、湯原図書とともに吾妻郡の羽尾旧領での根回しをほぼ終え、岩井信能に調整はうまくいったことを報じている。信能はこれを喜び、浦野民部に対して今後も引き続き上杉氏に忠節を尽くすよう求めた（『上越』二五五九号）。ここに登場する浦野民部とは、大戸浦野氏の大戸（浦野）民部右衛門尉（大戸真楽斎の子）である。当時、大戸浦野氏は、当主大戸真楽斎（大戸入道）・民部右衛門尉父子が北条方として活動していることが確認できるが、実は上杉氏とも秘かに連絡を取っており、情勢次第では上杉方に転じる用意があったことが窺われる。大戸浦野氏は、当時北条方となっていた真

上野国内主要城郭図

田昌幸の勢力拡大を挫くべく、昌幸に滅ぼされた羽尾氏の挙兵に向けた手引きを行っていたと考えられる。

　こうした動きに対して、北条氏も上野の赤見山城守、原主水佑・弥市郎兄弟らを従属させ（『戦北』二三七六・八六・八七・九二号、二四九六・七号）、上野に残留させた重臣石巻康敬や信濃小諸城に配備した大道寺政繁に領域の治安維持と補給路の確保を任せている。北条氏直は、真田昌幸が徳川氏に内通し逆心したことを受けて、十月二十二日に上野大戸城の大戸真楽斎に岩櫃城を攻撃するよう命じた（『戦北』二四三三号）。また真田昌幸と依田信蕃の活動により、補給路を分断され始めたことに危機感を募らせ、猪俣邦憲に信濃佐久の内山城と補給路確保を指示した（『戦北』二四三八号）。だが北条軍の補給路は、真田・依田が碓氷峠を完全に封鎖したことで分断され、次第に甲斐若神子に在陣することが困難になっていった。

　氏直は事態打開のため、上野の北条軍を動かし、真田方の沼田城への攻撃を実行させた。北条軍の侵攻を知った沼田城の真田方は、十月二十七日に津久田で北条軍を迎撃したが敗退したらしい（『戦北』二四四三〜五号）。勢いに乗った北条軍は、翌二十八日、真田方の森下城（利根郡昭和村）を攻めてこれを攻略した（『戦北』二四九六・七号等）。これにより、北条軍は沼田城まであと六キロにまで迫ったのである。このように、上野の北条方は、沼田の真田方を城に追い込んだものの、堅城沼田を攻略することはできなかった。

いっぽう北条氏直は、十月二十九日に徳川家康と和睦し、甲斐・信濃から手を引くことを決めた。そして戦略の重点を上野制圧に振り向けることとしたのである。

### 「関左御静謐」への期待

甲斐から撤退した北条氏直は、いったん小田原に帰り、戦後処理を行った。天正十年十一月には氏政・氏直父子はそれぞれ甲信に出陣した上野国貫前神社の一宮氏豊を慰労し、また再出仕した白井長尾憲景（一井斎）に今後の忠節を命じ、また沼田表の合戦で戦功のあった諸士に感状を与えるなど、上野の安定化に力を入れ始めた（『戦北』二四四三〜五・八・九号等）。また小諸城に大道寺政繁を配置したことで手薄になった松井田城に倉賀野淡路守家吉を移動させ（『戦北』二四四一号）、さらに閏十二月には北條芳林一族北條長門入道を味方に誘い、その申請を受けて原中尾郷を与え、沼田城の真田攻めに参陣する約束を取り付けていた（『戦北』二四六六号）。芳林方の切り崩しが成功したのであろう。

こうした準備を経て、北条氏政・氏直父子は、天正十一年一月、上野に出陣し白井城に在陣した。これに先立ち、北条氏は長尾憲景に依頼して中山城（高山村）主中山氏の調略を行い、これを北条方

中山城跡（群馬県高山村）　真田領の岩櫃城と沼田城を結ぶ中継拠点として重視された

に付けることに成功した。氏政はこれを喜び憲景を賞し、中山城に北条軍を入れて普請を実施させている（『戦北』二四七六号、『上越』二六六七号）。これにより北条氏は、真田昌幸の領域のうち沼田―岩櫃間に大いなる楔を打つことを成しとげた。

この時、北条父子は、厩橋城の北條芳林・弥五郎父子に対してどちらかが参陣するよう求めた。当時北條芳林は、上杉景勝重臣直江兼続より「関東御越山」（関東侵攻）の予定であるので味方するようにとの誘いを受けていた。芳林は北条氏を快く思っていなかったし、上杉氏の越山を信じていたため、参陣要請を拒否し、北条氏に「手切」（断交）を通告した。北条軍来襲を予想していた芳林は、千余人を従え厩橋城に籠城した。

果たして北条軍は、一月十七日から氏政自身が指揮を執り、利根川の西にある石倉城（前橋市）を拠点に芳林を攻め立てた。だが、利根川に阻まれ思うに任せず、付近の郷村を破壊しただけで空しく時日を過ごした。芳林方は、太田三楽斎・梶原政景父子より佐竹義重・結城晴朝・宇都宮国綱が後詰めのため佐野・皆川方面に出陣したとの知らせを受けて意気軒昂であり、新田境の城五、六ヶ所も堅い守りで北条軍を寄せ付けなかった。このため北条軍は、二月上旬には北條芳林攻略を諦めて撤退した。

北条氏は、上野在陣中に後閑・和田氏らの所領安堵を実施し、また真田方となっていた尻高氏の一族尻高源次郎を調略して中山城に配備するなど、体制固めを急いだ（『戦北』二四八二～四・七、八号）。これにより沼田城は、いっそう孤立化の度合いを深めた。さらに北条氏は三月初旬には、武蔵・西上野の北条方に動員をかけ、沼田へ侵攻する準備を整え始めた。これを知った芳林は三月九日、景勝重臣上條宜順に書状を送り、このままでは沼田城の真田方ともども攻め滅ぼされてしまうと強い危機感を表明し、越後上田庄にいる上杉軍御先衆を三国峠に派遣してくれるよう懇願した（『上越』二六九一号）。上杉景勝は、同日、芳林に北条方へ降伏せぬよう働きかけるのが精一杯で、新発田重家対策のため越山することはおろか援軍派遣すらできなかった（『上越』二六九〇号）。

芳林はなおも三月二十八日に、景勝重臣直江兼続に覚書を送り、関東諸将との協議事項を報じ、重ねて景勝の越山を要請した。その中で芳林は、①景勝の越山がなければ、関東情勢は上杉氏にとって極めて不利になること、②もし景勝が越山すれば、佐竹義重・宇都宮国綱が出陣し上杉軍と合流する用意があること、③真田昌幸も北条氏と敵対しており、沼田城との協力も見込めること、④由良国繁・里見義頼とも秘かに北条打倒の協議を行っていること、⑤芳林領の大胡《おおご》・山上・赤堀城の防衛は万全であること、などを書き連ね、景勝が越後上田に到着したら、芳林自身が出迎えに参上するのでなんとか関東出兵を実現して欲しいと求めている（『上越』二七一一号）。景勝もまた、必ず越山するので芳林・弥五郎父子に忠節を尽くすよう求めて、関東出兵の意志を伝え続けている（『上越』二七三二号）。

この時、北條芳林を含めた関東の反北条勢力には、上杉氏だけが唯一の頼みの綱だった。織田領国崩壊後、上杉氏が北信濃平定をほぼ終了したとの情報を得ていた北條芳林は、「（北信濃を平定したうえは）早速御越山を遂げられ、当表へ御出馬においては、関左御静謐、謙信様御仕置御相違あるべからず候、愚老こと、一度貴国を守り奉り走り廻るべきの由、逼塞せしめ候」と上杉重臣上条宜順に申し送っている（『上越』二六六七号）。また佐竹義重も景勝に「幾廻りも申すことながら、関東御越山ねがうところに候、幾許謙信御悶えの儀に候へば、この度御発向諸家中と相談し涯分馳走せしむべく候条、八州静謐疑いあるべからず候」（四月一日付）と述べている（『上越』二七一八号）。

ここからはっきりわかることは、上杉景勝が越山し関東に侵攻してくることに大きな期待が寄せられていることである。人々の狙いはもちろん肥大化する北条氏の勢力を押さえ込み、彼らの領土の保全を実現することであり、それを実現しうる実力と正当性を持つのは上杉氏だけだと認識していた。

それは関東管領上杉氏を継承し、「南蛮」（北条氏のこと、文書に北条氏を指す用語として登場する「南衆」とはこの略称）を打倒する正当性を持つのは、上杉謙信だけだとの認識があったからである。しかし謙信はそれを実現しえないまま死去し、関東は北条氏の勢力拡大を押さえ込むことが難しくなっていた。芳林らが掲げた「関左御静謐」とは、上杉景勝が謙信の故事に倣って関東侵攻に踏み切り、北条氏を押さえ込んで関東の反北条勢力を保護すること、すなわち「上杉による平和」の実現に他ならなかった。

このように関東諸将は矢継ぎ早に景勝に越山を求め、景勝もまた養父謙信の顰《ひそ》みに倣って関東越山を念願していた。しかし同じ四月、北信濃において徳川方の真田昌幸が虚空蔵山城への攻撃を、また小笠原貞慶が青柳・麻績城攻撃のために侵攻を開始したことから、北信濃で上杉・徳川の合戦が勃発したのである。しかも当時の上杉氏は、越中佐々成政や新発田重家とも交戦状態であり、到底関東に出兵する余裕はなかった。こうして上杉景勝は、関東諸将の期待を一身に集めながら、ついに越山することができなかったのである。

### 北条氏、上野で優位に立つ

厩橋城主北條《きたじょう》芳林は、上杉景勝に越山を要請したものの、上杉軍が一向に関東に出陣する気配を見せぬばかりか、新発田重家攻略のために軍勢を増派しているとの情報に接し大いに落胆した。その間にも北条氏政・氏直の軍勢は、沼田城攻撃を行ないつつ、別働隊が北條領の女淵城《おなぶち》（前橋市）を制圧し、厩橋城と新田方面との連絡遮断を行った。それでもなお芳林は希望を捨てず、四月五日には佐竹義重が後詰めに出陣するとの情報を持参した使者を派遣してきたことを喜び、佐竹の動き次第では上杉景勝も越山してくることになっていると義重に書き送った。しかし景勝越山予定という事実はなく、「新田境目通路断絶」という事態に危機感を募らせた芳林の方便であろう（『上越』二七二二号）。

まもなく女淵城を奪取した北条軍は、大胡城攻めに着手し、七月三日には沼田と厩橋を結ぶ要衝五覧田城（みどり市）を攻略し、北條領を完全に包囲、封鎖した。芳林は懸命に抵抗を続けたが、期待していた上杉景勝の越山はおろか、佐竹・結城・宇都宮らの援軍も到着せず孤立無援となり、天正十一年九月十八日、ついに厩橋城を北条軍に明け渡し、大胡城へ退去した。またそれに伴って家督を息子弥五郎高広に譲り渡している。北条氏に隠居を迫られたのであろう。

北條芳林降伏と厩橋落城により、上野情勢は北条氏優位となった。このため、吾妻・沼田領の真田方は北条氏の攻撃を一身に受けることとなった。当時、真田昌幸は、六月に沼田城将として一族矢沢綱頼を派遣し、金子美濃守ら沼田衆の統括に当たらせていたが（『信』⑯六六）、北条軍の激しい攻勢に直面し、沼田城は危機的情勢にあった。これを知った上杉景勝は、七月十五日に矢沢綱頼に上杉帰属を促した（『上越』二八一七号）。このため矢沢綱頼・金子美濃守らは、まもなく上杉景勝に従属することと引き替えに援助を求める決断を下した（『上越』二八二〇号）。

女淵城跡（群馬県前橋市）

これは北條芳林・弥五郎父子の働きかけによるものらしく、景勝はこれを歓迎している。ただかつての沼田城主藤田信吉は不満であったようで、矢沢と金子を成敗すべしと主張していたようだ。この時、真田昌幸と上杉景勝は敵対関係にあり、北信濃で対峙していた。それにも関わらず、真田一族矢沢綱頼が上杉氏と結ぶ選択をしたのは、沼田城防衛のためのやむを得ない処置だったのだろうし、その後綱頼が真田昌幸に指弾されていないところを見ると、昌幸も了承してのことだったと思われる。

戦国時代において、後詰めを受けられない城は、去就の自由が認められていたからである。沼田の真田方は、九月十一日に津久田（赤城町）に出撃し、北条軍と交戦した（『戦北』二八五七号）。これは白井方面から沼田へ北上しようとした北条方を、真田方が迎え撃ったのであろう。この戦闘を最後に、北条軍の沼田攻めは一時停滞する。

それは、十一月下旬、北条方であった上野国衆由良国繁・長尾顕景が謀叛を起こし、二十七日に北条方の上野国小泉城主富岡氏を攻めるという事態が起こったからである。これを契機に、佐竹・宇都宮・佐野氏らの反北条勢力と、北条氏との間で下野国南部と東上野を舞台に激しい攻防戦が展開されることとなる。なかでも天正十二年五月から七月まで行われた沼尻合戦は、この北条氏と佐竹・宇都宮氏らの命運をかけた合戦であったばかりでなく、徳川家康と連携する北条氏と、羽柴秀吉・上杉景勝と連携する反北条勢力が、遠く尾張・三河の小牧・長久手合戦で対峙する家康と秀吉双方の戦局を有利にすべき使命をも担っていた点で、重要な合戦であった。この合戦は紆余曲折の末、北条軍が戦局を優位に進めたうえで和睦している(17)。

だがこの一連の合戦は、真田昌幸にとっては僥倖であった。佐竹氏らの動きに規制され、北条軍による吾妻・沼田領攻撃が中断されたのである。天正十二年一月、真田昌幸は謀略をもって上野白井城の北条方を吾妻郡の谷筋へ誘い込み、これを撃破した（『信』⑯一二五・六）。さらに三月には、南雲（渋川市）で真田軍は北条方と交戦している（『信』⑯一三五）。北条軍の圧力が減ったことを好機として、真田方の反撃が開始されたのである。

これに対し北条氏は、二月、岩櫃城に対抗する要衝大戸城に北条氏邦自身が赴き、松井田城領の人足を動員して城普請を実施している（『戦北』二六二〇号）。ここで注目されるのは、北条氏が大戸城を接収し直轄管理していることと、それと符号するように大戸城主大戸浦野氏が史料から姿を消すことである。事実関係は明らかでないが、このころ大戸浦野氏は没落したと推定されている[18]。それ以前は、北条方として真田攻略に動いていた大戸浦野氏が突如として姿を消すのは、既述のように大戸浦野氏が、上杉氏とも秘かに連絡を取り、真田攻略のため羽尾源六郎挙兵の手引きを行っていたことが原因であろうとみられ、これらの事実を察知され北条氏に滅ぼされたか、真田氏に敗れて没落したかのどちらかであろう。

同じ頃、上野国衆瀬下豊後守が上杉氏に内通して北条方より離反しており（『上越』三〇三五号）、優位にたったはずの北条陣営に綻びが見え始めている。いずれにせよ、大戸浦野氏の没落は真田氏の吾妻領維持にとって有利に働いたと思われる。

その後、上杉景勝の庇護下にあった羽尾《はねお》源六郎が、北信濃衆須田信正・市川信房の援助のもと吾妻郡に潜入し、丸岩城（長野原町）を乗っ取って挙兵したが（三月二十六日）、まもなく真田方によって鎮圧されたと見られ、昌幸は北条、上杉両氏よりの攻撃を凌ぎ、危機を乗り切ったのである。

# 第二章 「織田政権」の崩壊と信濃の情勢

真田昌幸画像（長野県・上田市立博物館蔵）

## 1　小牧・長久手合戦の勃発とその余波

### 小牧・長久手合戦の勃発と「織田政権」の崩壊

天正十二年三月六日、織田信雄は長島城内で重臣岡田重孝・津川義冬・浅田田宮丸（長時）を成敗した。彼らが羽柴秀吉に内通していたというのが理由である。これは秀吉に対する信雄の宣戦布告に他ならなかった。信雄は三重臣成敗と同時に、土佐長宗我部元親らに呼びかけ、秀吉打倒を企図した。すでに信雄は、徳川家康に対して秀吉との対決を伝え支援を取り付けていた。この結果、織田・徳川連合軍と宿老羽柴秀吉の対決という構図が出来上がったのである。[19] 巷間伝えるところによると、信雄の挙兵は秀吉の挑発によるものとされているが、今日では根拠なしとして否定されている。[20] それではなぜ、織田信雄は秀吉打倒に踏み切ったのであろうか。

織田信雄は、天正十年十月、秀吉・丹羽長秀らにより三法師に代わる織田家督に擁立され、名目上は父織田信長の後継者と位置づけられた。そのため翌天正十一年に、岐阜城の織田信孝が柴田勝家・滝川一益と結んで、信雄・秀吉と対立した際に、秀吉は彼らのことを「信雄様に対して謀叛を起こした」と喧伝し出兵を正当化している。このことは、「織田政権」は信雄を頂点に形式上は存続しており、それを支えるべき信孝・柴田・滝川が謀叛を企図して政権運営を妨害しているというのが信雄を支える秀吉の論理であった。徳川家康も織田家当主が信雄であることを承認しており、信長以来の同盟者としてこれを支えることが自身の軍事行動の正当性にも繋がることであったことから、天正十一年一月十八日に星崎（愛知県名古屋市）で信雄と会見し織田・徳川同盟を確認しあったのである。

しかし天下の趨勢は、「織田政権」が形式的に存在しているとはいえ、明智光秀を打倒して名声を高め、さらにその遺領を含めた畿内全域をほぼ掌中にした宿老羽柴秀吉に傾いていた。だが秀吉は主家織田家を奉戴しつつ、権力の簒奪をどのように進めるかで苦心していたようだ。賤ヶ岳の合戦で、織田信孝を自刃させ、柴田勝家を滅亡に追い込み、滝川一益を屈服させることに成功した秀吉は、それでもなお織田信雄を奉戴しつつ政権運営を行う方針を堅持していた。ところが、天正十一年六月下旬ごろより、秀吉はその路線を変更し、自身が織田信雄に代わって信長の後継者として政権を掌握することを目指すようになる。

では秀吉の「織田政権」からの離脱と自立を、なぜ同じ宿老の丹羽長秀以下、信長以来の家臣らが容認したのであろうか。それは天正十一年六月二日に、京都大徳寺で執行された信長一周忌が要因とされる。この一周忌は秀吉が主催したものであったが、織田家当主の信雄は出席しなかった。秀吉・丹羽長秀らに擁立された当主である以上、出席するのが順当のはずなのに信雄はそれを行わなかった。これが織田信雄の威信を失墜させ、多くの信長旧臣層の離反を招いたのである。

秀吉はこれを契機に、織田信雄を安土城から退去させ、彼の分国（尾張・伊勢・伊賀）に封じ込めた。安土在城は、信長後継者としての象徴的意味合いがあったから、秀吉と信長旧臣層はその地位にそぐわない信雄を見限ったのである。この結果、信雄を支えていた秀吉が次に政権運営者として歴史の表舞台に出てくることになったわけである。

これに連動して、信雄重臣津川・岡田・浅田や滝川雄利は秀吉に人質を提出し、両属の関係を保持した。このことは、秀吉死後の豊臣政権において、諸大名が徳川家康と豊臣秀頼双方に出仕し、人質を提出した様相と酷似している。これを信雄が快く思うはずがない。そこへ秀吉から、天正十二年二月、和泉・紀伊両国へ出陣し根来寺と雑賀惣国一揆を打倒すべく出陣するので、織田信雄も参陣するよう要請がなされた。これは、和泉・紀州攻めに織田家当主の軍勢を参陣させることで、信雄が信長に代わる秀吉の政権運営を容認しその指揮下に入ったことを天下に印象づけようとしたと推察される。そして当初信雄は、この要請に応じ、家臣水野勝成・吉村氏吉らに出陣命令を出している。

しかしそれは擬態であったようだ。安土城在城の解除＝信長後継者としての地位を奪われ、三カ国の大名へと転落した織田信雄は同盟国徳川家康の協力を取り付けた上で、三重臣の成敗に踏み切ったのである。彼らは秀吉に近く、信雄の挙兵に賛同しないと考えたのであろう。だが三重臣殺害と信雄の挙兵は、秀吉の軍事行動を正当化する結果となった。なぜなら織田家督を相続させたにもかかわらず、自らの振る舞いによりそれを反故にしてしまった織田信雄が理不尽にも秀吉を討つという暴挙に出たため、自衛のために兵を動かさざるを得なくなったと主張できるからである。

信雄の挙兵と家康の荷担により、秀吉の著しい自立化ですでに形骸化していた「織田政権」は、名実ともに完全に崩壊したのである。小牧・長久手の合戦とは、それを象徴する戦いであったといえる。

この合戦そのものは、秀吉が当初は戦局を優位に進めた。美濃の森長可・池田勝入（恒興）らが秀吉方となり、三月十三日に尾張犬山城を奪取した。これに対し信雄と家康は清洲城で合流して小牧山を制圧し、三月下旬に秀吉が大軍を率いて楽田に本陣を構え、双方が陣城や防塁を築いて対峙した。これ以後、戦線は膠着する。これを打破し、特に信雄を支える家康を攪乱すべく、秀吉は別働隊を編制し秘かに徳川本拠の三河岡崎侵攻を企図した。これが成功すれば、三河防衛のため家康は引き揚げざるを得なくなり、信雄も孤立するばかりか、分断された織田・徳川両軍を各個撃破することも可能となる。

秀吉は、四月七日、甥三好秀次を主将に森長可・池田勝入・堀秀政らの軍勢を楽田から秘かに出陣させた。だがこの動きは徳川方の察知するところとなり、家康は小牧山から小幡城に入りさらに三好軍を追跡した。後方から徳川軍が迫っていることを全く知らなかった三好軍は、九日早朝に長久手で徳川軍の奇襲攻撃を受け、森長可・池田勝入らが戦死するなどの大敗を喫した。家康は、三好軍を撃破するとすばやく小幡城に撤収し、小牧山に帰還した。これには秀吉もなすすべなく、両軍は再び対峙する睨み合いとなった。

ところでこの合戦の際に、秀吉方と織田・徳川方双方は、ともに自陣営の作戦を有利にすべく、各地の勢力に働きかけて味方に引き入れ、相手方の後方を攪乱することに全力を傾けた。例えば織田・徳川方が、越中佐々成政、四国長宗我部氏、根来寺衆徒・雑賀一揆などと結んで秀吉方の背後を衝こうとしたことなどがそれである。これに対し秀吉は、佐々成政対策として越後上杉景勝、北条氏政・氏直には佐竹義重ら関東諸将などを充てて対抗し、相手の意図を封じ込めた。

さらに秀吉は、小牧に布陣する家康の背後を攪乱すべく、信濃に眼をつけていた。ここの勢力を味方につけ、信濃を攪乱すれば家康の心胆を寒からしめることが可能となる。かくて秀吉の調略の手は、信濃に伸びてきたのである。

### 木曾義昌、秀吉に内通す

徳川家康が軍勢を率いて小牧山で羽柴秀吉方との対決を開始した天正十二年三月下旬ごろ、信濃の木曾義昌が突如秀吉の調略に応じて羽柴方に転じるという重大事態が発生した。

しかし義昌は、三月十五日に三河在陣中の酒井忠次に書状を送り、「聞くところによると家康が三河方面へ出陣したとのことであるが、どのような作戦によるものでしょうか。心許なく思っています。何分遠距離なので確かなことがわからないのです。ご教示いただければと思います」と綴っている(『愛知』⑫三〇三号)。ところが義昌は同じ頃、秘かに秀吉方の毛利秀頼のもとへ重臣山村三郎左衛門尉良候《たかとき》を派遣し、接触を図っていた。秀吉は三月二十六日に山村良候へ書状を送り、義昌帰属の功績を賞している(『信』⑯一四一)。

義昌と秀吉の直接の連絡は、三月二十七日が確認される最初である。義昌はこの日秀吉に書状を送り、これに秀吉は二十九日付で返書を送っていることが確認できるからである(『信』⑯一四三)。この日秀吉は、義昌が羽柴方に転じたことを確認した。いっぽうの義昌も、徳川方が攻めてきても険阻な木曾谷を足場にすれば大したことはないと自信を示し、秀吉もそれに賛同している。

そして秀吉が、味方に対し木曾義昌の帰属を明らかにするのは、管見の限り三月二十六日が初見である。この日秀吉は、常陸佐竹義重に書状を送り、木曾義昌が味方になったので、上杉景勝ともども緊密な連絡を取り合い、作戦を実施することが重要であると申し送っている（『愛知』⑫三四一号）。そして秀吉は四月十一日に、池田勝入、森長可が岩崎城を攻略したことを義昌に報じている（『信』⑯一四四）。このように見てみると、木曾義昌が秀吉方に転じたのが、三月下旬であることは間違いなかろう。

ところで義昌の動向を追ってみると、天正十二年二月より極めて不自然な動きをしていることに気づく。まず二月二十六日に千村孫八郎に扶持を与え軍役勤仕を厳命し、王滝氏らに蔵米を与えている（『信』⑯一三二）。さらに徳川氏離反直後の四月二日には、木曾の黒沢郷に平仮名で記された条目を与え、義昌の動員に応じ戦功を上げれば、①一人につき二〇俵を扶持する、②中間《ちゅうげん》（武士の下人、奉公人）ならば倅者《かせもの》（侍身分）とし、百姓ならば中間とする、③高名（手柄）を上げれば耕作や年貢上納を免除する、④戦場での功績に応じて褒美は望み次第に与える、と約束した（『信』⑯一四九）。

同日付で義昌は、児野《ちごの》・田沢《たざわ》・矢白木（社木《やしろぎ》）・上塩淵（塩渕《しょうぶち》）・越畑《こいはた》・上平・板敷野《いたじきの》大屋の諸郷（いずれも木曾福島町）にも印判状を与え、参陣し本意（木曾谷の防衛）が果たされれば、一人に三〇俵を与え、高名を上げたら中間として召し使うと布告していた（『信』⑯一五〇）。これらは、徳川方より攻撃されることを予想した義昌が、木曾谷防衛のため、郷人らを軍役に動員しようと躍起になっていたことを窺わせる。

それではなぜ義昌は、家康を見限って秀吉に内通したのであろうか。このことを直接説明する史料には恵まれていない。しかし、その原因を推測することは可能である。木曾義昌が、天正十一年七月二十三日に家臣三村勝親、酒井彦右衛門尉に与えた知行宛行状には「両郡本意之上、可加恩者也」「両郡本意之上、壱所可加恩者也」と明記されている（『信』⑯七四）。ここに登場する「両郡」とは、かつて織田信長に与えられた筑摩・安曇郡のことを指しており、義昌はその回復に執念を燃やしていたことがわかる。

ここで最も重要なことは、天正壬午の乱の最中、木曾義昌は織田信雄・信孝兄弟の指示に従って、北条氏直に味方することを中止し、家康に帰属することを決断した。さらに手元に握っていた佐久・小県郡諸士の人質を徳川方に引き渡すことにも応じ、それと引き替えに織田信長より拝領した筑摩・安曇郡の安堵と、伊那郡箕輪領の給与を家康に約束させた事実である。ところが、乱の終了後、確かに箕輪領は木曾義昌に与えられたが、筑摩・安曇郡は小笠原貞慶が確保し、結局約束は履行されないままとなっていた。義昌と小笠原貞慶は宿怨の間柄であり、筑摩・安曇郡をめぐって再三に及ぶ合戦を繰り返していた。だが故地の維持を宿願とする小笠原貞慶を破ることができず、義昌は家康による知行宛行の履行を待つよりほかなかった。

しかしそれはいつまでたっても実現されず、これが義昌の家康への不満となっていたと考えられる。そこへ、家康の背後を攪乱したい秀吉の手が及んだのであろう。家康が発行した約束手形の不履行をめぐる憤懣、これこそ義昌謀叛の原因と思われる。

当時、信濃では松尾城主小笠原信嶺、吉岡城主下条牛千代は家康本隊とともに三河に出陣しており、酒井忠次とともに小牧城に在陣していた（『寛永伝』）。信濃に残留していた徳川方は、真田昌幸、依田康国、小笠原貞慶、諏訪頼忠、保科正直、知久頼氏、松岡貞利、春近衆（飯島氏ら）であり、諏訪郡には芝田康忠、佐久郡小諸城には大久保忠世、伊那には菅沼定利が国衆の統括にあたっていた。このうち小笠原貞慶は秀吉方の上杉景勝を牽制すべく麻績・青柳城を攻略中であった。このため、木曾義昌が秀吉に内通したことは由々しきことであった。特に信濃の伊那衆は、松尾小笠原信嶺と吉岡下条頼安の所領争論が、頼安謀殺という血腥《ちなまぐさ》い結末で収まったばかりであり、それが義昌謀叛で再燃する恐れもあった。また美濃・信濃国境でも、徳川方の美濃遠山氏と秀吉方の森忠政の合戦も始まっており、義昌の動き次第では信濃は混乱に陥る可能性があったのである。

## 菅沼定利の伊那入部と知久氏の滅亡

徳川家康は、木曾義昌謀叛を察知すると、ただちに木曾郡に隣接する伊那郡にその余波が及ばぬよう奥三河の山家三方衆《やまがさんぽうしゅう》出身の菅沼小大膳定利《すがぬまこだいぜんさだとし》を派遣した。伊那郡における菅沼定利の行動が確認できるのは、天正十二年八月からである。まず菅沼定利は、木曾義昌の所領であった上伊那郡の箕輪領を接収して管轄下に置き、さらに家康からの指示により、小笠原貞慶の木曾侵攻を支援すべく伊那衆を率いて木曾に出陣する準備を急いだ。また菅沼定利は、家康の指示を受けて、伊那郡知久平の地に城普請を開始し、木曾攻めに出陣しない伊那衆をこれに動員したのである（『信』⑯八八五）。こうし

知久頼氏の位牌（静岡県浜松市引佐町・龍潭寺蔵）　諸記録によると知久頼氏は龍潭寺に葬られたとあるが墓所は現存しない。位牌が今も安置されている

て築城されたのが知久平城（飯田市）であり、後に飯田城に移る天正十五年ごろまでここを拠点に、菅沼定利は伊那郡の統治を実施することとなる。

菅沼定利の伊那入部と知久平築城と時期をほぼ同じくして、神之峰城主知久頼氏が家康に浜松城まで呼び出され、十一月頃突如切腹させられた。知久頼氏自刃については、天正十二年説（『清和源氏知久氏之伝記』『知久家軍記書』『知久御家古今記』）と同十三年説（『寛政譜』『知久神峯床山城記録』『知久家系譜』）が対立している（なお死没日は十一月十四日であるという）。このことを探る手がかりとして、頼氏発給文書の検討が必要である。天正十年に始まった知久頼氏による支配文書が、天正十一年八月を最後に管見されなくなり、代わって天正十二年十二月二十七日を初見に、菅沼定利による元知久家臣平沢氏への知行宛行状（『信』⑯二三〇）等の、知久領への支配文書が見られるようになる（吉田ゆり子・二〇〇〇年、柴裕之・二〇〇五年）。このことから、知久頼氏の没落は天正十二年十一月頃と推察され、くしくも十一月十四日死去という記録と符合する。

ところで、なぜ知久頼氏は自害に追い込まれたのであろうか。このことを直接説明する史料に恵まれていない。しかしながら、天正十二年三月下旬の木曾義昌の謀叛に示される、秀吉による信濃国衆への調略という事実を見ると、知久頼氏は木曾義昌と同調して秀吉方への内通が疑われたのではなかろうか。その契機として、やはり菅沼定利による知久平築城が挙げられよう。この動きが、知久頼氏を刺激したのではなかろうか。もとより求心力の不足から家臣団の統率に悩まされていた頼氏にとって、知久領の一部を接収して築城を始めた家康家臣菅沼定利の動きは自らを排除するように思えたのであろう。そこで木曾義昌と同じく秀吉と秘かに結ぼうとしたのではないだろうか。頼氏の自害を、菅沼定利との対立に結びつけて推測する論考は数多く、定説となっている観すらあり、しかもその背後には家康の知久滅亡の意図があったのではないかとする推察もある。(21)

浜松で自害に追い込まれた知久頼氏は享年四十五歳であったという。遺体は井伊谷の龍潭寺に葬られたが（『寛政譜』等）、墓所は現存せず、わずかに位牌だけが伝えられている。家康はまだ六歳であった頼氏の息子万亀（後の知久則直）を菅沼定利に預け、知久頼龍ら重臣層を定利の指揮下に置いた。事実上、知久氏は自立した国衆としての地位を失ったのである。そして彼らは、菅沼定利に臣従の礼をとること余儀なくされた。しかし、菅沼定利の万亀と知久旧臣に対する扱いは尊大かつ傍若無人であったと伝えられ、その目に余る所行に耐えきれず家老知久右馬助は「この怨み、いつか必ず晴らすぞ」と呟いたという。不幸にもこれは菅沼定利の聞き及ぶところとなり、知久右馬助は後日茶会に招かれた飯田城内で謀殺されたという（『清和源氏知久氏之伝記』『知久神峯床山城記録』等）。

身の危険を感じた頼氏未亡人木寺ノ宮（貴寺ノ宮とも書く）は、万亀を抱いて遠江に落ち延び、大久保忠世を頼り、菅沼定利の非違を家康に訴えたという。家康は、菅沼の所行については不問に付したが、木寺ノ宮と万亀母子に三十人扶持を与え大久保に預けた。その後、万亀は大久保忠世に従って小田原城に移り、天正十九年（一五八一）に家康が小田原城に宿泊した際に、忠世の取り成しで小姓に抜擢され、後に旗本に取り立てられ知久伊左衛門尉則直と名乗り、関ヶ原の合戦や大坂の陣にも参加し、慶長六年（一六〇一）に伊那郡の故地で三千石を与えられ阿島（喬木村）に陣屋を設け、幕末まで続いた（『寛政譜』他）。

知久頼氏の自刃と万亀の伊那退去により、知久氏は事実上滅亡し、その家臣団も菅沼定利の配下となり、天正十八年の関東転封の際には多くが上野国吉井（高崎市）に移ったという。だが、頼氏の弟知久弥次郎頼龍は致仕して牢人となり、則直の阿島拝領を知ると家臣となったが、後に再び伊那を去って美濃国竹井で死去したという。また菅沼定利に謀殺された知久右馬助の子次郎左衛門は、当時まだ幼かったため、知行地の百姓に背負われて駿府に逃れ、そこで僧侶となっていた叔父に匿われたといい、後に長じて阿島の知久則直に仕えたと伝わる（『清和源氏知久氏之伝記』『知久神峯床山城記録』等）。

# 2 信濃における代理戦争

### 小笠原貞慶、動き出す

天正十二年二月晦日、小笠原貞慶は仁科衆渋田見伊勢守らと細萱河内守長知の軍勢を水内郡鬼無里《きなさ》（長野市）に侵攻させ、ここを守る上杉方を撃破し千見城を攻略した（『信』⑯一一三二）。この攻勢は不意打ちであったらしく、上杉方はこれにまったく対処できなかった。実は、小笠原軍主力はこのころ青柳城を攻撃すべく侵攻中であり、千見城主大日方《おびなた》佐渡守もその対応のため青柳方面に出陣中であった。大日方佐渡守は、この後、千見城を奪われたばかりか、青柳城に攻め込んできた小笠原軍を無傷で取り逃がしたため上杉景勝から譴責されており、去就が疑われていた形跡がある（『上越』二八九九号）。

三月二日から三日にかけて貞慶は犬甘久知等に千見城の普請を実施させ、沢渡盛忠・征矢野大炊助・二木八右衛門・丸山将監・古畑加介・野村次郎太夫・穂刈太郎左衛門・岩岡織部らを城番として派遣し、渋田見とともに上杉方の押さえとした（『信』⑯一一三三、『岩岡家記』）。この作戦は、上杉方の芋川親正が守る要衝牧之島城を牽制し、青柳城攻撃を有利にするためのものであったらしい。

だが小笠原軍の青柳城攻撃は、上杉方の抵抗にあって成就しなかった。しかし上杉方は、青柳城防衛のために警戒すべき切所（難所）を難なく小笠原軍に突破されたばかりか、ほとんど無傷で撤退さ

丸岩城跡（群馬県長野原町）　羽尾源六郎はここで打倒真田を目指し挙兵したが、味方の支援もなく没落したと推定される

せてしまうという失態を冒し、景勝の怒りを買った。景勝は、青柳方面を守っていた信濃衆大日方佐渡守を厳しく詰問し、原因調査のため検使金子中務丞と海津城より案内者を派遣すると通知している（『上越』二八九九号）。

千見城、鬼無里を攻略した仁科衆を主力とする小笠原軍は、三月下旬頃牧之島城を攻めるために進軍を開始した。これに対し芋川親正は反撃に転じ、小笠原軍を撃退することに成功した。景勝は三月二十八日付で芋川親正の戦功を賞している（『上越』二九〇五号）。また牧之島城方面の上杉軍は、勢いに乗じて千見城に殺到し、これを奪回したらしい。四月一日、上杉重臣直江兼続は、北信濃衆須田信正（福島城主）に書状を送り、真田氏牽制のため羽尾源六郎を味方にしたことを賞すとともに（後述）、羽尾への支援は別途手配するので、須田に千見城に在城するよう依頼している（『上越』二九一〇号）。さらに翌四月二日には、景勝が葛山衆に書状を送り、千見城在番を指示していることから、上杉方の千見城奪回が確認できる（『上越』二九一三号）。

この時景勝が最も恐れたのは、小笠原貞慶の軍事行動に呼応して真田昌幸が虚空蔵山城を始めとする川中島方面へ侵攻することであった。そこで景勝は、真田昌幸を牽制するために北信濃衆須田信正・市川信房に命じて、上杉方で庇護していたもと上野国の武士羽尾源六郎を故地である上野吾妻郡に潜入させ、真田領を攪乱しようと謀った。この作戦は成功し、三月二十六日に羽尾源六郎は丸岩城（群馬県長野原町）を乗っ取ったのである（『上越』二九〇六号）。この羽尾源六郎とは、吾妻郡の国衆羽尾氏の出身で、羽尾道雲入道幸全の子であり、天正九年に真田昌幸によって誅殺された海野長門守幸光・能登守輝幸の甥とされている（『加沢記』『羽尾記』等）。

景勝はこれを喜び、飯山城代岩井信能に羽尾支援を指示している。羽尾源六郎は、真田家臣湯本三郎左衛門尉を調略しようと謀り、須田信正に上杉景勝より知行宛行を約束する朱印状を交付してもらうよう依頼した。須田信正はただちにこれを景勝に申請し、重臣直江兼続は朱印状を作成して須田に渡している（『上越』二九一〇号）。湯本三郎左衛門尉は、既述のように真田昌幸の指示により上野国吾妻郡の岩櫃城を確保しここに在城していた。羽尾は岩櫃城の奪取を狙っていたのである。しかしこれは成功しなかったらしい。またこれを最後に、羽尾源六郎の動向も史料から姿を消し[22]、あれほど積極的であった上杉景勝の支援も途絶えてしまうのである。それは上杉氏を震撼させる事件が勃発したからである。

### 屋代秀正の出奔と小笠原貞慶の攻勢

小笠原貞慶は、三月下旬に鬼無里方面から仁科衆等を牧之島城に向けて侵攻させ、芋川親正と戦わせた。その間、貞慶は再びもう一軍を青柳城攻撃に向かわせたのである。小笠原軍は、三月二十八日に青柳城を攻め二の曲輪まで攻め入り多数の上杉方を討ち取った（『家康』五八四）。景勝はもちろん、

屋代秀正墓（山梨県北杜市）勝永寺境内に残る。秀正は晩年勝永と称し、甲斐国内で知行地を与えられ、元和九年（一六二三）に死去。付近に屋敷跡も残されている（写真提供：半田実氏）

北信濃の上杉方は小笠原貞慶の攻勢に対処するため、そちらに注意を向けた。その直後、北信濃の上杉方で異変が起こった。

　四月一日、川中島の海津城に在城していた屋代左衛門尉秀正が一族を引き連れて出奔し、徳川方へ転じたのである。これにはともに上杉方に付いていた室賀源七郎満俊も同調したらしい（「室賀満俊覚書」）。屋代秀正・室賀満俊は本領山田（千曲市上山田）の荒砥城と佐野山城に籠城し、塩崎六郎次郎のようにこれに呼応する者も現れた。天正十一年三月以来、徳川家康と内通の密約を結びながらもなお上杉方に身を起き続けていた屋代秀正がいよいよ本性を現したのである。

　上杉方の動揺は激しかった。景勝はただちに海津城を確保すべく飯山城代岩井信能と北信濃衆市川信房を派遣し、さらに越後から安田能元を援軍として差し向けた（『上越』二九〇九号）。また四月二日には、牧之島城将芋川親正に屋代出奔に動揺することなく忠節を尽くすよう求め、北信濃衆清野・寺尾・西条・綱島・大室・綿内保科氏ら屋代秀正と同僚であった川中島衆にも釘を刺し、葛山衆にも同様の書状を与えている（『上越』二九一一～三号）。また家臣上倉元春・岩井信能にも配下の北信濃衆への監視と仕置を抜かりなく行うよう命じ、特に福島城主須田信正の動向に注意するよう指示し（『上越』二九一四号、信正は後に謀叛露見で成敗されるが、このころから疑われていたらしい）、景勝自身も四月五日には急遽信濃へ出陣することを決めた（『上越』二九一五号）。新発田重家の蠢動が心配であったが、信濃の情勢は一刻を争う事態だったからだ。

こうした一連の動きを眺めてみると、小笠原貞慶の上杉方攻撃と屋代秀正の出奔は連動しているように見受けられる。折しもこのころ、徳川家康は織田信雄を支援して尾張に出陣し、秀吉方と交戦状態にあった。秀吉が木曾義昌を調略して信濃の徳川方の動揺を誘い、家康の背後を脅かそうとしたのと同じく、家康もまた秀吉方の上杉氏を動揺させようとしたのではなかろうか。貞慶の攻勢は家康の要請に応じた作戦の可能性が高く、さらにこれに呼応する形で、埋伏させておいた屋代秀正を蜂起させたのであろう。場合によっては、上杉方の北信濃衆も徳川方に続々と寝返る可能性もあった。それは後に景勝が北信濃衆を厳しく詮議し、内通者を数多く炙り出していることからも窺われる。

もう一つ、小笠原貞慶の軍事行動が家康の要請によるとの推測を裏付ける出来事がある。貞慶は四月一日、木曾郡贄川《にえかわ》の領主贄川又兵衛の忠信を賞し、「奈良井一跡」等を充行う約束をしている（『信』⑯一四八）。この贄川氏は木曾氏の家臣であり、それを貞慶が調略しているということは、秀吉方に転じた木曾義昌を貞慶が攻撃しようと画策していたことを示している。これは明らかに家康の要請によるものであろう。

さて屋代秀正の出奔と荒砥城籠城による大混乱のため、上野吾妻郡丸岩城を占拠した羽尾源六郎は当てにしていた上杉氏からの支援がなくなり全く孤立してしまった。彼のその後は明らかでない。真田昌幸によって滅ぼされてしまったか、上杉氏のもとへ逃亡したのであろう。

いっぽう、荒砥城と佐野山城に籠城した屋代秀正・室賀満俊・塩崎六郎次郎らは上杉方から寝返る味方を募ろうとしたが、意外にも応じる者が少なく、また徳川方も援軍を送ってはこなかったため、上杉方の攻撃にさらされた。抵抗叶わずとみた屋代秀正らは、四月八日夜に城を捨てて徳川領に逃亡した（『上越』二九一八・九号）。上杉方は、塩崎に禁制を出しその地域の制圧を完了した（『上越』二九二八号）。屋代秀正らがその後どこに身を置いたかについて、これまではっきりしなかったが、近年発見された「屋代秀正覚書」により虚空蔵山城を占拠しここに籠城したことが明らかになった。徳川家康は、四月十二日付で屋代秀正に書状を送り、徳川方に帰属したことを賞し、真田昌幸・依田康国と協議して上杉に備えるよう命じている（『上越』二九一七号）。その後の様相は同時代の上杉、徳川方の文書からは明らかにならないが、「室賀満俊覚書」によると、上杉景勝が虚空蔵山城に攻め寄せ、これを室賀満俊は屋代秀正・室賀兵部大夫正武とともに弓、鉄炮で防いだとあり、これは天正十二年四月の出奔直後の攻防戦を記していると考えられる（虚空蔵山城で屋代秀正・室賀満俊と室賀正武ら一族が共同で対上杉作戦を実行した時期は、室賀正武の死〈天正十二年七月頃〉をもとに考えれば、天正十二年四月〜五月以外にない）。この戦闘は相当の激戦だったようで、虚空蔵山城では鉄炮の弾薬を使い果たし、弓矢で懸命の防戦をしたといい、上杉軍と屋代・室賀方の攻防戦は十八度に及んだという。城方の激しい抵抗に、上杉軍は奪われた虚空蔵山城の奪回を諦め、荒砥城・佐野山城等を境目の城として警固を厳重にし撤退したらしい。

だがこの好機にもかかわらず、さしもの真田昌幸も羽尾源六郎の丸岩城占領に対処するため、屋代の支援はできなかったようだ。家康は、五月十九日に小諸城に在城していた家臣大久保忠世に対し、屋代秀正・室賀兵部大夫正武（屋代秀正の兄）・塩崎六郎次郎の身柄を保護し、上杉領との境目に彼らを配備するよう命じている（『信』⑯五九）。

さて小笠原貞慶軍は、北信濃の上杉方が荒砥城・佐野山城に籠城する屋代秀正、塩崎六郎次郎を攻めている間に、三度青柳城を攻撃した。四月四日のことである（『家康』五八四）。こうした攻勢により、ついに青柳源太左衛門尉と麻績左兵衛は小笠原氏に降った。宿願であった青柳城と麻績城は貞慶の手中に落ちたのである。麻麻績・青柳城の小笠原帰属については、屋代秀正の謀叛に呼応して麻績左兵衛が徳川氏に寝返った結果だとする記録もあり、屋代出奔と小笠原軍の麻績・青柳侵攻などが連動していた可能性は高い（「景勝一代略記」『越佐史料』⑥四三九）。なお青柳源太左衛門尉は川中島に逃げ帰ったと伝えられ、「文禄三年定納員数目録」に上杉家臣として記録されている。[23]

青柳城跡（長野県筑北村）　青柳城跡と青柳氏館跡（現清長寺）

このころになると、北信濃では上杉方を見限って小笠原貞慶を始め徳川方に身を投じる者も現れたらしく、四月十六日付の犬甘久知宛小笠原貞慶書状によると、長沼より逃げてきた五人の武士から上杉方は無人で手薄であるとの情報を掴んでいる（『信』⑯一五九）。貞慶は上杉方の周章狼狽ぶりと、青柳・麻績制圧をもって当初の目的は達したと考え、軍勢を転じて家康の要請通り宿敵木曾義昌攻めに踏み切ることを決意するのである。

　貞慶は、牧之島城の芋川親正攻略作戦を中止し、制圧した領域を確保することを家臣等に指示し、さらに、四月十六日から十九日にかけて筑摩・更級郡の上杉領境目における小笠原方の配備を決め、通達を出している。まず、更級郡笹久尾（笹久砦、更級郡大岡村笹久）を拠点と定め、ここに仁科衆等を配備することとした。また青柳頼長に対し上杉軍襲来の合図を出したらただちに笹久尾に集結し、木曾侵攻中の貞慶に飛脚を寄越すよう厳命した。さらに、睡《ねむり》峠（眠峠、東筑摩郡生坂村）に陣所を構築し、犬甘久知、二木清三、征矢野大炊助に在陣するよう指示した（『信』⑯一五八〜一六〇）。

　貞慶は、四月十九日には上杉景勝が海津城に在城している事実を掴んでいるが、笹久尾と眠峠を固めるよう再度指示しただけで、さほど緊張していない。いっぽう、小牧に在陣する徳川家康も、四月二十三日付で貞慶に書状を送り、上杉景勝がやってきたようだがさしたることもないであろうとの見通しを示していた（『信』⑯一六四、『家康』五八五・八八四）。

　だが大方の予想に反して景勝は自ら軍勢を率いて青柳・麻績城に向けて進み、四月二十七日に麻績城を攻め落とした。ところが、意外なことにそこを確保もせずに撤退した（『上越』二七六二号）。景勝がせっかく奪回した麻績城を確保しなかったのは、去就の定かでない北信濃衆を率いて、険阻な山岳地帯の只中で長期在陣することが不安だったからではなかろうか。この時、麻績左兵衛は捕らえられ、後に処刑されたと伝えられるが（『景勝一代記』『菅窺武鑑』）、その子は家督相続を許され、同じく麻績左兵衛と称したといわれる（『麻績村誌』上巻）。

麻績城陥落を知った貞慶は、四月二十七日に、家臣溝口貞秀、犬甘久知のもとへ援軍として日岐盛武・宇留賀与兵衛を派遣している（『信』⑯一七六）。貞慶は、上杉軍が勢いに乗って松本方面へと進出してくると考えていたらしく、安曇郡の森要害（森城、大町市）の普請を強化させたほか、仁科衆が上杉方に内通するかもしれないので監視を怠らぬよう家臣細萱河内守・渋田見伊勢守に命じ、さらに二木九左衛門尉・同六右衛門尉満正を横目として派遣している。

しかし貞慶は、麻績城を確保もせず、景勝が突然あたかも「敗軍」のように撤退したことに驚き、犬甘らを麻績・青柳まで進ませ、猿ケ馬場峠と八幡峠（一本松峠）に兵を差し向けて上杉方が残した陣屋を焼き払わせ、ここを固め、様子を探らせるよう指示している（『信』⑯一六九）。だが、上杉軍本隊が程なく本当に撤退したことが明らかとなり、貞慶の懸念は杞憂に終わった。こうして麻績・青柳城は、小笠原貞慶が奪回に成功したのである。だが憤懣やるかたない貞慶は、真田昌幸や佐久衆と協議し、必ず川中島に攻め入り敗戦の恥辱を雪ぐことを誓った（『信』⑯一六九）。

貞慶は、五月に青柳頼長を青柳城に復帰させ、さらに麻績をも与えたらしい。頼長は、七月に「今度麻績之地入手」したことを記念し、桑山の宝林坊に寺領を寄進している（『信』⑯一九八）。

上杉方は、直江兼続が四月二十五日に北信濃衆大日方佐渡守に書状を送り、景勝とともに信濃に出

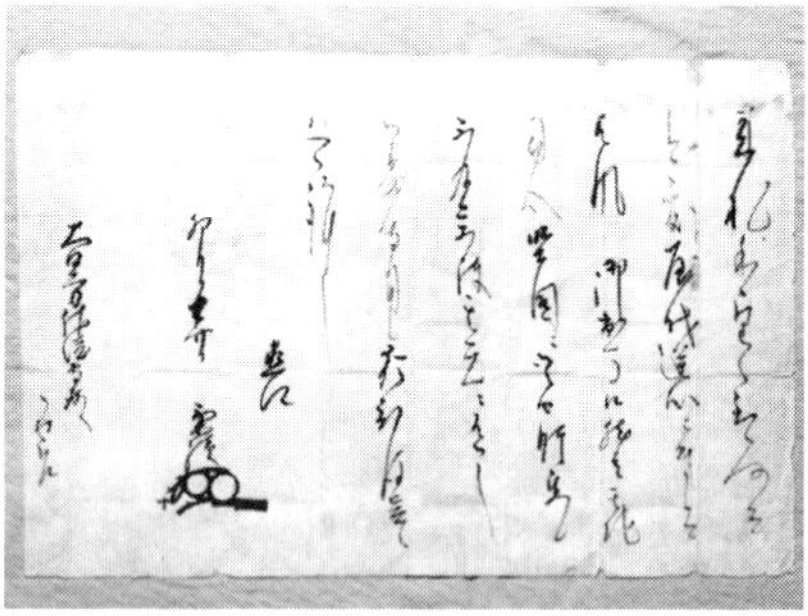

4月24日直江兼続書状（長野県大日方文書、『上越』2923号）大日方佐渡守に千見城の警固を命じたもの

馬したことを報じ、千見城の警固を万全にするよう命じ（『上越』二九二三号）、川中島四郡支配体制の再整備を行っていた。景勝と兼続は、五月中旬まで海津城に在城し、屋代秀正出奔に関する調査を実施した。その結果、海津城代村上（山浦）源五景国は屋代叛逆の失態と責任を問われ、城代を解任され越後に帰還させられることとなった。山浦氏の名跡と所領は安堵されたが、その家臣の多くは追放されたという。また海津城の将卒にも厳しい詮議が及び、内通を疑われた者は処刑されたり追放されている（『上越』二九三二～四号）。こうして村上義清以来、信濃帰還を宿願にしてきた村上氏は再び没落したのである。景国の後任として、景勝は一族上條宜順を海津城代に指名し、五月十三日に城に着任させている（『上越』二九三一～四号他）。

景勝は、小笠原貞慶や真田昌幸・依田康国への警戒のため、稲荷山城（千曲市稲荷山）に北信濃衆保科（綿内）豊後守、松田民部助盛直（日岐盛直、貞慶のため日岐城を追放された）らを在城させた（『上越』二九二七・八号）。さらに日岐盛直を更級八幡宮社家で国衆でもある松田氏の名跡を相続させ、盛直の子孫三郎に仁科氏の惣領職を相続させている（『上越』二九四八・九号）。これらはいずれも小笠原氏に対抗するための処置といえよう。こうして北信濃の仕置を終えた景勝は、五月二十三日に村上景国らを伴って春日山城に帰還した（『上越』二九四一・二号）。景勝は北信濃の支配体制再編をするのがやっとで、小笠原方と戦端を開くことはついになかったのである。

景勝はこのように緊迫した情勢下で、秀吉との関係をより緊密にすべく、前年より要請を受けていた人質を進上することを決め、六月、上条宜順の三男義真（景勝の甥）を上方へ送ることにした。上条義真は、叔父景勝の養子となり、その上で秀吉のもとへと送られていった。景勝はこれを賞し、義真の父上条宜順に軍役と領内での諸役を免除することを決めた（『上越』二九四六号）。

また徳川領に退避した屋代秀正らも、虚空蔵山城に在城し家康と連絡を取りながら反攻の機会を窺っていたようであるが、ついに動くことはなかった（『新修徳川』②九四、『家康』六一二・七）。なお、小笠原貞慶は、小牧・長久手の合戦に連動して、八月初旬に稲荷山城や青木島（長野市）を攻撃し、北信濃の上杉方の動揺を誘おうとしたが、小田切氏らの奮戦により撃退され失敗した（『上越』二九六一号）。この結果、貞慶は八月十八日、家臣日岐盛武・細萱河内守に大岡城（砦山城、長野市大岡）の仕置きを堅固にしつつ、牧之島城への調略を強化するよう命じ、それ以上の攻勢を自重した（『信』⑯二〇五）。この結果、この小競り合いを最後に、小牧・長久手合戦に連動する北信濃の争乱は沈静化していったのである。

### 徳川方の木曾攻め

天正十二年三月下旬、秀吉の誘いに応じて徳川方を離反した木曾義昌は、信濃の徳川方に攻め込まれることを予想し、領内に動員を呼びかけるなど兵力の確保に躍起になっていた。『木曾考』によると、秀吉は信濃の徳川方が信濃路を経由して美濃に侵攻してくることを恐れ、木曾義昌に命じて木曾路を塞ぎ、伊那口、妻籠口を押さえるための拠点として、妻籠城（長野県南木曽町）を築城させたという。義昌は、ここに重臣山村良勝《たかかつ》ら三〇〇騎を配備した。また秀吉は、不測の事態が生じた際には、援軍として美濃金山城主森右近大夫忠政（長可の弟）を派遣する手筈を調えた。

いっぽう四月一日、小笠原貞慶は秘かに木曾義昌家臣贄川又兵衛を調略し、「奈良井一跡」等を充行う約束をしたうえで味方に引き入れることに成功した（『信』⑯一四八）。それでは何故、贄川氏は小笠原氏の調略に応じたのであろうか。この事情について『木曾考』は次のように記している。贄川に在番していた奈良井治部少輔は、故あって木曾義昌と対立して成敗された。このため、奈良井氏と関係が深かった贄川又兵衛、贄川監物、千村《ちむら》丹波守らは義昌を恨み逆心を企て、小笠原貞慶に内通したという。これを好機とみた貞慶は、贄川又兵衛に判物を与え、木曾谷侵攻を企図した。これが前記の四月一日付の文書であるという。

五月十三日、小笠原貞慶率いる軍勢が鳥居峠に攻め寄せた。いっぽう伊那の徳川方も木曾義昌を攻めるべく動員を開始した（『信』補遺上六三五）。しかしこの時の合戦は、鳥居峠で木曾軍が小笠原軍を防ぎきったらしい。義昌は六月二十四日に秀吉へ戦闘の詳報を伝えた。その際に秀吉は「抑去月十三日至其谷敵雖罷出候、即失利引退由承候、御手前堅固被仰付候故、如此と存候」と述べていることからも、小笠原軍撃退が確認できる。秀吉も、加勢については東美濃の森忠政を妻籠へ派遣するよう命じたと義昌に伝えている（『愛知』⑫五八四号）。

小笠原貞慶の侵攻を辛うじて凌いだ木曾義昌であったが、息をつく間もなく、今度は伊那の徳川方が妻籠城に向けて侵攻を始めた。八月五日、徳川家康は高遠城主保科正直に書状を送り、伊那郡知久平城代菅沼定利の指図に従い木曾へ出陣するよう命じた（『信』⑯二〇〇）。

家康の命令を受けた伊那の菅沼小大膳定利は、信濃国衆の招集につとめ諏訪頼忠・保科正直等を率いて妻籠城に向けて侵攻を開始した。その時期についての確実な史料に恵まれないが、家康の木曾攻め指示が八月五日であることは確実であり、また家康が木曾攻めの動員に漏れた者には知久平城の普請を実施するよう菅沼定利に命じたのが八月二十日であること（『信』補遺上五八五）、さらに『寛永伝』の保科正直伝によれば妻籠城攻撃は九月とされていることなどから、菅沼定利の軍勢招集には意外に時間がかかり、実際に攻め込んだのは九月だったと推定される。

しかし妻籠城攻防戦についての史料は乏しく、『木曾考』等の後世の編纂物に頼る以外にない。ここではその記述をもとに攻防戦の模様を紹介しよう。菅沼定利率いる徳川方は、妻籠城は寡兵だろうから、すぐに落とせると侮り攻め寄せた。だが案に相違して城兵の士気は旺盛で、城内より鉄砲が間断なく放たれ、大木や大石が投げ降されたため、徳川軍は甚大な被害を受けて後退した。その後、徳川方の信濃衆は、城を包囲するばかりで決定打を欠いた。

妻籠城の様子を案じた木曾義昌は、家臣西尾丹波守を派遣して様子を探らせた。西尾は、義昌に偵察を命じられたその日の寅刻（午前四時頃）に福島を発ち、その晩の戌刻（午後八時頃）に帰ってきたという。往復二十二里に及ぶ距離を馬を繰って走り詰めた西尾に、義昌はもちろん木曾家中の人々は感心しきりであったという。西尾は、妻籠城の士気が旺盛で、人馬ともに壮健であると報告し、義昌を喜ばせた。

これに対して、力攻めの不利を悟った徳川方の信濃衆は、渡島村《わたしま》（南木曽町）の人々を味方に引き入れ、さらに山口郷（元長野県木曽郡山口村、現岐阜県中津川市山口）の土豪牧野弥右衛門を調略した。この結果、渡島の郷民によって木曾から妻籠城に兵糧や弾薬を搬入する補給路が遮断され、さらに牧野の働きかけで、田立《ただち》（南木曽町）、渡島の郷民が城の水の手を破壊した。このため妻籠城はたちまち飲用水や弾薬、兵糧が欠乏し始め、籠城衆は徐々に追いつめられた。そればかりか徳川方に通じた郷民たちは、妻籠城の弱点に徳川方を引き入れようと動き始めた。

これを知った森忠政は、ただちに後詰めに出陣しようとした。妻籠城の山村良勝は、森忠政の救援を謝絶し、敵陣に切って出ようとした。これを木曾衆の中関大隅守が必死に押しとどめ、水が乏しくとも山間に溜まった水で凌げようし、糧道を断たれていても敵の油断を見計らって封鎖を一時的に突破することもできよう。とにかく籠城するほうが有利であると説得した。これを山村も了承し、突出策は中止され、籠城戦が続いた。だがついに城中の弾薬も尽き、木曾衆は進退窮まった。

そこで城兵の一人竹中小左衛門が進み出て、夜中に城を脱出し、味方に応援を頼むことを願い出た。山村がこれを許すと、竹中小左衛門は夜中に城を秘かに抜け出し、谷を下って木曾川のほとりに脱出することに成功した。だが河川の流れは速く、しかも竹中が到着したところは、俗に「牛が淵」（妻籠城跡近くの木曾川に伝承地がある）と呼ばれる最も深い場所であった。しかし竹中はこともなげに着物を脱ぐと、牛が淵を泳ぎ渡り、対岸に上がると川伝いに歩いて三留野《みどの》（南木曽町）にたどり着いた。ここは木曾氏の領域であり、味方の地であったため、竹中はここに駐留する木曾衆に城の様子を報じ、支援を求めた。そこで木曾衆は、竹中の案内のもと、水泳に長けた者を三十人ほど選抜し、髻に玉薬（火薬）を結びつけ、木曽川を渡らせて城に届けさせた。

竹中が味方と玉薬とともに帰還したことを知った山村は大いに喜び、早速玉薬を城兵に分配して、攻め寄せてくる敵に向かって鉄砲を撃たせた。竹中小左衛門の活躍は、天正三年の長篠合戦で長篠城を脱出して織田信長・徳川家康に救援を乞うた鳥居強右衛門尉を彷彿とさせる。

さて、すでに妻籠城はまともな抵抗もできないと思っていた徳川方の信濃衆は、城兵の一斉射撃で二、三〇騎がたちまち撃ちたおされ驚愕した。妻籠城は弱っているとみせかけていたのだと思うようになり、さらに美濃の森忠政が救援に来るとの情報に接したため、徳川方は退却することを決めた。菅沼定利は、妻籠城が弱体化したように見せかけたのは、内通すると近づいてきた付近の村々と実は共謀していたからだと恨み、退却した後にあらためて村もろとも攻め潰すと怒りをぶちまけたという。

徳川方が退却することを知った与川村（南木曽町）小典庵（古典庵）の僧は、郷民に指示して紙で拵えた旗を数十本を持たせ、野頭（野尻〈大桑村〉のことか）の原久左衛門とともに柴山の峰に掲げさせて狼煙を揚げさせた。さらに夜になると、山中のあちこちで篝火を焚かせた。これを見た徳川方は狼狽し、福島より木曾義昌が後詰めに来たと思いこみ、さらに森忠政の援軍が到着したら、敵に包囲されて退却できなくなると考え、すぐさま撤退を開始した。

そこで妻籠城の山村良勝は、城兵の一部を先回りさせ、蘭《あららぎ》の山路（木曾峠に抜ける山道）に伏せさせたうえで、島崎監物、島崎与次右衛門、島崎忠左衛門、島崎彦四郎、丸山久右衛門、林六郎左衛門ら多数の城兵には追撃を命じた。伏兵のいることを知らない菅沼らは、追撃してくる城兵に気を取られ、まったく防備せずに山道にさしかかった。伏兵は一斉に菅沼軍に襲いかかり、追撃してきた妻籠城兵とともにこれを大いに破った。また与川の郷民も武器を持って妻籠兵に加勢した。このため、菅沼軍は多数の犠牲者を出し敗退したという。これが世にいう「妻籠合戦」である。秀吉は、戦後、籠城してよく菅沼軍の攻撃を支えた山村良勝の戦功を賞し感状を与えたという。

以上が『木曾考』が記す妻籠城攻防戦である。なお『寛永伝』『譜牒余録』によると、この合戦で保科正直が殿軍をつとめて奮戦し、総崩れを防いだと記されている。

いっぽう菅沼定利に呼応して、小笠原貞慶も再度木曾谷に侵攻を開始した。今度の侵攻は、完全なる奇襲攻撃であったらしく、木曾義昌は苦戦に陥ったという。

その模様を同じく『木曾考』をもとに紹介しよう。そもそも松本方面から木曾谷に向けて敵が攻め寄せて来た場合、贄川、奈良井の鳥居峠、宮腰の山吹の三ヶ所で狼煙を順々に揚げて、木曾谷の味方に知らせ、この狼煙を確認した福島の火燃山で鐘を撞く手筈になっていた。ところが、贄川を守備する贄川又兵衛が小笠原貞慶に内通したため、最初の狼煙が上がらず、木曾衆は不意を衝かれた格好になったのだった。なお火燃山に据え付けられていた鐘は、興禅寺の鐘だと伝わる。

こうして贄川又兵衛、監物、千村丹波守らが小笠原軍を木曾谷に引き入れたため、貞慶は無傷で贄川を通過した。贄川、奈良井に駐留していた木曾衆は、小笠原軍の突然の来襲に驚き、急ぎ薮原に急報して菅、荻曽の味方と合流して鳥居峠に布陣し、ここで小笠原軍の侵攻を食い止めようとはかり、薮原で味方の参集を待った。さらに福島の木曾義昌に後詰めを依頼した。だがあまりに突然のことであったため、義昌の出陣は遅れ、味方の薮原結集も思うに任せず、小笠原軍は無傷のまま鳥居峠を越えた。ようやく義昌が宮腰まで出陣してきたところで、小笠原軍が攻め寄せてきたため、寡兵の木曾衆はたちまち撃破されてしまった。

木曾軍は、妻籠城攻防戦を切り抜けたばかりの山村良勝を殿軍にして撤退し始めたが、上田縫殿らが戦死、上田庄左衛門は負傷し殿軍は壊滅した。小笠原軍は、義昌を追って福島に乱入し、木曾氏館に火を放ち、城下を焦土とした。義昌夫人（武田信玄の息女真龍院殿）らは、家中の妻子らとともに王滝（王滝村）に逃れ、義昌は菅地に布陣して反撃の準備を整えた。

贄川又兵衛の案内で福島に乱入した小笠原軍は、古橋で木曾軍と激戦を展開し、双方とも犠牲者が続出した。しかし奇襲攻撃を受けて態勢が整わなかった木曾軍に甚大な被害が出た模様で、義昌家臣原玄蕃が戦死している。なお、小笠原方についた贄川又兵衛は、「意慶坂」というところで流れ弾に当たって戦死したという。木曾軍が懸命に小笠原軍を支えている間に、ようやく木曾谷の村々が義昌に味方するため続々と福島に参集してきた。

貞慶は長駆を経た遠征であったことや、木曾に入って戦い詰めであったこと、さらにすでに多数の犠牲者が出ていたこともあって、ここを潮時と考え、全軍に撤退を命じた。これをみた木曾軍は、貞慶を追って桔梗原で一戦を交え、ついにこれを撃破して深志城に追い込んだ。多数の兵を失っていた貞慶は、深志城を支えることができず、木曾軍の荻原主水が城内に乱入してきたため、城を脱出して身を隠したという。木曾義昌は、荻原主水を深志城代に任じたが、まもなく小笠原貞慶に味方する一揆が蜂起し、深志城を包囲したため、やむなく開城して木曾に帰ったという。

『木曾考』が記す小笠原軍と木曾軍の攻防戦については、確実な史料で裏づけられないため全面的に信頼することはできないが、木曾義昌が福島城下まで攻め込まれ苦戦に陥ったものの、辛うじてこれを退けたことは事実である。義昌は籠城を余儀なくされ、落城寸前まで追いつめられた（『信』⑯二一二）。『岩岡家記』によれば、小笠原軍は八月に木曾谷に攻め込み、板敷野《いたじきの》（木曽町）、上松《あげまつ》（上松町）まで放火してまわったという。しかし、両軍の攻防は十月に確認できるだけで、八月に攻め込んだという記録を裏付けることはできない。徳川家康が、小笠原貞慶が木曾義昌を籠城に追い込み、落城寸前まで追いつめているのを確認しているのが十月五日であるので、実際に開戦したのは十月のころであろう。

このように見てみると、菅沼定利の妻籠城攻め（九月）と小笠原貞慶の木曾攻め（十月初旬）は、木曾義昌を挟撃し殲滅するための共同作戦であったことがわかる。しかし菅沼も小笠原も、義昌を追い詰めながら最後まで攻めきれず、ましてや菅沼定利は妻籠城に拘束されて貞慶を支援することすらできず敗北したのであった。

## 小牧・長久手合戦の終結

天正十二年四月、秀吉は徳川氏の本拠地三河侵攻を企てたが見破られ、一敗地にまみれた。その後は両軍の対峙が小牧・楽田間で続き戦線は膠着した。しかし秀吉は、その間にも、麾下の軍勢を伊勢に派遣し、滝川一益らが織田方の諸城を攻撃していた。この作戦は成功し、滝川雄利の守る松ヶ島城を始めとする諸城が陥落した。両軍の戦闘は、五月から七月にかけて美濃の木曽川沿いや尾張の蟹江城などで行われたが、尾張の戦線では織田・徳川方が優位であり、秀吉方の滝川一益・前田治利・前田長種らを破っている。

九月に双方で和睦の気運が持ち上がったが、秀吉がその条件として家康の次男於義伊《おぎい》（後の結城秀康）を人質に出すよう求めたため、家康はこれを拒否し成立しなかった。そこで秀吉は、信雄と家康の間を裂くことを考え、十月から北伊勢に軍勢を進め、十一月には桑名に進出し、桑部・柿多などを奪取して信雄に圧力を加えつつ、和睦を持ちかけるという硬軟交えた戦略に出た。すると信雄は和睦に応じ、十一月十一日に桑名郊外の矢田川原で秀吉と信雄が会見し、和睦が成立した。この和睦は信雄の独断による単独講和であり、家康には何の相談もなかった。このため信雄を支える大義名分を失った家康は、同十六日に清洲城を出て岡崎城に帰ったのである。

この和睦の際に秀吉は、信雄方より人質を提出させ、伊賀三郡・南伊勢七郡と尾張犬山・河田などを割譲させたが、いっぽうで秀吉は占領していた北伊勢四郡（桑名・員弁・朝明・三重）を信雄に返還し、兵糧の一部を贈呈するなど破格の待遇を示した。これは、秀吉が旧主織田氏を従属させたことを内外に示したことへの代償ともいえるものだった。こうして織田信雄が目論んだ、秀吉を排除して父信長の後継者となるという野望は潰えたのである。なお、家康は十二月十二日に次男於義伊を大坂城に送ったものの、正式の和睦を秀吉と締結せぬままとなった。以後、秀吉と家康は互いに激しい外交と謀略戦を展開し、再戦かそれとも講和かをめぐって火花を散らすのである。

# 3 真田昌幸の野望

## 昌幸、家康の命令を拒否す

天正十二年十一月、小牧・長久手合戦は終結したものの、秀吉と家康との対立は続いており、いつ再び戦端が開かれるかわからなかった。こうした情勢下で家康は、同盟国北条氏との同盟をいっそう強化しておく必要に迫られた。通説によると秀吉との対決に際して北条氏は、家康の援軍申し入れにもかかわらず、言を左右して結局これに応じなかったといわれてきたが、近年の研究により、佐竹氏ら北関東の大名との対決に足をとられ、全く応じられなかったことが明らかにされた（齋藤慎一・二〇〇五年）。

いっぽうの北条氏政・氏直父子は、秀吉との対峙のためには自分たちの力を家康が借りねばならないという足下を見越して、懸案となっていた天正壬午の乱和睦時の協定実現に向けて圧力を強めた。その懸案事項とは、いうまでもなく、真田昌幸の所領である沼田・吾妻領の割譲である。この問題はすでに、天正十一年五月～六月にかけて、北条氏政と家康との間で協議がもたれていた。家康は、氏政の強い要請に応えて朝比奈泰勝を派遣し、五ヶ条にわたる返答を行った。その中に沼田・吾妻領は北条氏に引き渡すということが明記されていたらしい。

氏政はこれを喜び、「沼田・吾妻を急ぎ引き渡すとのこと、いよいよ間違いなく実行される運びになり氏直も満足しております し、氏政も忝なく思います」と家康に申し送っている（『戦北』二五四七号）。しかしこれはあくまで家康の外交辞令に他ならなかった。そのためには、家康は真田昌幸を説得する必要があったわけであり、それは北条氏に極めて楽観的に申し送ったのとはまったく反対で、強い真田の抵抗にあっていた。

北条氏の要請に応じて、家康が真田昌幸に沼田・吾妻領を引き渡すよう命じていたのは事実である。現在確認される最も早い事例は、天正十一年と推定される六月二日付の皆川広照書状（宇都宮国綱宛）である（『群』三一二八号）。ここで皆川広照は「家康より沼田の地南衆へ相渡され請け取られるべく、今に半途在陣の由に候、然りといえども真田一円承引せず、兎角の儀に候由風聞、去りながら果たしては御事は成らるるべからず候か」と述べており、家康の要請を真田昌幸が拒絶しているため、おそらく沼田領の北条方への割譲は実現できないだろうと予想している。家康は天正十一年三月末から五月九日まで甲府に在陣して（「今に半途在陣」）、上杉方との対戦や上田築城を指示しながら、同時に昌幸の説得につとめたが、結局諦めざるをえなかったようだ。

その後、家康が昌幸の説得を試みたことを示す史料はしばらく見られなくなる。それは家康が北条氏直のもとへ息女督姫を輿入れさせたり、賤ヶ岳の合戦に勝利をおさめた羽柴秀吉との親善を結ぶなど外交交渉や、甲斐・信濃・駿河の仕置きに忙殺されていたためと推察される。そして明けて天正十二年は小牧・長久手の合戦への対処で一年が過ぎ、家康は真田昌幸との調整がまったくできなかったのである。だがこれが原因で、家康と昌幸の関係に亀裂が入ったことは想像に難くない。

家康がいよいよ本腰を入れて真田昌幸に沼田・吾妻領割譲を求めるのは、天正十三年に入ってからである。その時期についてははっきりしないが、家康は天正十三年四月から六月七日にかけて甲斐に出陣し、甲府に滞在していた（『家忠』『集成』等）。これは真田説得のための出陣であったと推察され、『日本外史』『逸史』や『古今沼田記』等にはそう明記されている。これは軍事力を背景にした、家康による昌幸への圧力であったと見られる。甲府に着陣した家康は、真田昌幸に使者を送り、沼田・吾妻領を北条氏に引き渡すよう命じた。そのやりとりが『三河物語』に記録されている。

家康は天正壬午の乱の和睦条件（「御無事の切組」）として、北条氏直が甲斐国都留郡（郡内《ぐんない》）と信濃国佐久・諏訪郡の割譲を履行したことを受けて、北条氏の「家康は沼田を御渡し下さるように」との要請に応え、真田昌幸に「沼田を小田原へ渡し申せ」と命じた。これに対し真田昌幸は「沼田のことは家康より与えられたものではない。あくまで真田が自力で確保した所領である。今度、家康に味方した忠節により与えると約束した知行でさえまだ守られていないのを恨んでいたところ、さらに私が保持している沼田を北条に渡せなどと命じられても、到底納得できるものではない」と断固拒否したばかりか、昌幸はさらに「家康を主君とは仰ぐものか」と吐きすて断交したという。

こうした緊迫した情勢下で家康は、沼田・吾妻領問題で命令に従わぬ真田昌幸の暗殺を計画したとされている。その時期は、天正十二年六月のことといわれ、秘かにその役目を命じられたのが、小県郡の有力国衆室賀兵部大夫正武であったという。その間の事情を最も詳しく伝えているのが『加沢記』である。それによると室賀正武は、天正十二年六月、家康の密命を帯びた鳥居元忠より昌幸暗殺を命じられこれを承知した。翌七月、上方から囲碁の名手が真田昌幸のもとを訪れることとなり、室賀正武も上田城に招かれた。これを好機とみた室賀は、家臣室賀孫右衛門を使者として鳥居元忠のところへ派遣し、七月七日に真田昌幸の居城に参上することになったので援軍を差し向けられたいと知らせようとした。ところが室賀孫右衛門はすでに昌幸に内通していたため、計画は真田の知るところとなった。それに全く気づいていなかった正武は、昌幸を油断させるため僅かな供回りだけを連れて上田城に参上したところ、待ち伏せしていた真田方によって暗殺され、正武の妻子は甲斐へ落ち延びたという[24]。

昌幸が室賀家中に内通者を多数抱えており、その通報で暗殺を逃れたというのは極めて興味深い逸話である。なぜなら昌幸はすでに天正十年四月には、室賀家中の多数を調略しているとの史料が存在するからである（『信』⑮一九八）。

さらに注目すべき文書が存在する。それは常福寺善誉という僧侶が、上杉家臣栗田可休斎（善光寺別当栗田鶴寿の弟国時か）に宛てた書状（九月十日付）である。その中に「去る頃室賀兵部が逆心を企て生害したことはきっと聞き及びのことでしょう。そこで室賀の妻子等が自害しようとしていたのを、愚僧が急ぎ押しとどめ、説得して私の寺に連れてきています」とあり、善誉は栗田に室賀の遺族の保護を依頼している（『上越』二五五七号）。

もっと重要なことは、善誉は続けて「一刻も御拵ニ而房州侘言可然存候、左様候而御訴訟被成候者、則渡申度候間、其砌走書可被懸御意候」と述べていることである。これは真田昌幸が善誉を通じて上杉家臣栗田可休斎と連絡を取ろうとはかり、しかもそれは上杉景勝に何事かを要請するものであったと考えられる。おそらく昌幸は、室賀兵部大夫正武の殺害により家康との断交が不可避と悟り、上杉方へ転じる道を探り始めていたと思われる。

尾張徳川氏の家臣の系譜集である『士林泝洄』によると、室賀正武（同書には「室賀兵部大輔某」）の子久大夫は、父が真田昌幸に謀殺されると善光寺に入り、沙弥となって永寿と号したが、後に直江兼続に招かれて還俗したという。長じた室賀久大夫は、上杉家を退出して父の仇を討つべく真田昌幸の暗殺を企んだが果たせず、父を裏切った一族室賀源助を討って尾張徳川家に仕えたとある。この系譜の内容がどこまで信頼できるかはわからないが、室賀の遺児が善光寺に入ったとある部分は、先の善誉と栗田可休斎とのやり取りによっても裏付けられるので、かなり事実に近いのではなかろうか(25)。

以上のことをまとめてみると、家康と真田昌幸の関係は沼田・吾妻領問題で天正十一年四月以来徐々に悪化していった。家康は、天正十二年七月、室賀正武をして昌幸暗殺を謀るが失敗し、室賀は逆に真田に滅ぼされてしまう。そこで家康は、天正十三年四月から六月にかけて軍勢を率いて甲府に駐留し、軍事的圧力を背景に昌幸の最後の説得を試みたが失敗し、昌幸は徳川氏からの離反を決意した。こうして昌幸は、いよいよ家康との対決を決意し、上杉景勝との連携を探り始めたのである。

## 昌幸、徳川軍を破る

真田昌幸が家康との手切れを模索し始めたのは、室賀正武殺害を契機にしてのことと考えられる。

それは先に紹介した常福寺善誉書状から窺われる。昌幸が上杉景勝との接触に動き始めたのが天正十二年九月のことである。しかしその交渉が成立するのは、天正十三年七月であり、実に一年以上も時間がかかっている。それはなぜであろうか。この点ははっきりしないが、上杉景勝としてはこれまで真田昌幸に北信濃衆を調略され、支配体制を揺るがされ続けた経緯と、天正十年に上杉方に従属していながら北条氏直に転じたことなどで、根強い不信感と宿怨があったからだとみられる。実際に景勝自身が、天正十一年七月に沼田城を守る矢沢綱頼を上杉方に誘った書状において「真田安房守去年属当方、不経日相隔候条、如何様之存分候哉与不審千万候ッ」と述べ、その不信感を露わにしていることからも確認できる（『上越』二八一七号）。

また、天正十三年三月には、北信濃福島城主須田信正が真田昌幸と通謀し叛逆を企てていたとして、海津城代上條宜順により成敗された（『管窺武鑑』等）。その詳細は史料が少なく明らかでないが、すでに須田信正は、天正十二年四月の屋代秀正謀叛時に、上杉氏より徳川氏や真田氏と通謀していたことが疑われており、景勝はその動向を監視していたのであろう。信正誅殺は、三月二十七日とも五月八日ともされるが決め手に欠ける（『管窺武鑑』『戦国人名辞典』『上杉氏年表』等）。なお、昌幸が上杉氏との交渉を秘かに開始し始めていた時期と、須田信正通謀発覚が重なっていることにも興味ひかれる。何か関連があるのだろうか。記して後考をまちたい(26)。

いずれにせよ昌幸は、家康の動向を睨みながら、上杉方との交渉を重ね、家康と断交するタイミングを見計らうこととなる。結局、景勝が昌幸の帰属を受け入れることを決断するのは、家康による真田攻めが明らかになってからである。それほど景勝は、昌幸の従属申請に慎重になっていたのであろう。

景勝は、徳川氏との衝突を予想し、海津城代を上條宜順から、越中戦線で織田軍との激戦をくぐり抜けてきた老練の重臣須田満親に変更させた。天正十三年六月のことである。そして昌幸は、須田満親を通じて上杉氏との交渉をねばり強く行い、ついに景勝の支援を取り付けることに成功した。

上杉景勝は、天正十三年七月十五日、秘かに真田昌幸に九ヶ条に及ぶ起請文を送り、その帰属を容認した（『上越』三〇三九号）。その主な内容を見てみると、①再び上杉方に忠節を尽くすことになった以上は、何か手違いがあったとしても見捨てない、②敵（徳川・北条）が攻めてきたら、上田だけでなく沼田・吾妻領にも援軍を派遣する、③今後は何か密謀があるとの噂があっても、よく調査して関係継続につとめる、④信濃国の知行は海津城代須田満親より与える、⑤沼田・吾妻・小県郡と坂木庄内の知行は安堵する、⑥佐久郡と甲州のどこかで一ヵ所、上野国長野一跡（箕輪城とその領域のこと）を与える、⑦屋代秀正の一跡を与える、⑧禰津昌綱の身上については昌幸が取りはからうこと（禰津氏の与力化）、などである。

なおここに登場する、小県郡の国衆禰津昌綱は真田昌幸の調略によって九月には徳川方から離反し、上杉方へと転じた。景勝は、九月五日に禰津昌綱の上杉帰属を賞している（『上越』三〇五五号）。このように真田昌幸と上杉景勝の交渉は、複数のルートを通じて実施され、それにより双方は互いがどれほど本気なのかを探っていたものと考えられる。真田昌幸が上杉方になったことが北信濃衆に知らされたのは、八月二十六日になってからである（『上越』三〇四七号）。

真田昌幸が徳川氏と断交したことを知った虚空蔵山城の屋代秀正・室賀満俊らは狼狽した。昌幸が敵方になったことから、前面を上杉、背後を真田に押さえられ、彼らは敵中で孤立してしまったのである。そこで秀正は様々な計略を凝らし、やっとのことで虚空蔵山城を脱出して徳川領国にたどり着き、小諸城の徳川軍に合流したという（「屋代秀正覚書」）。

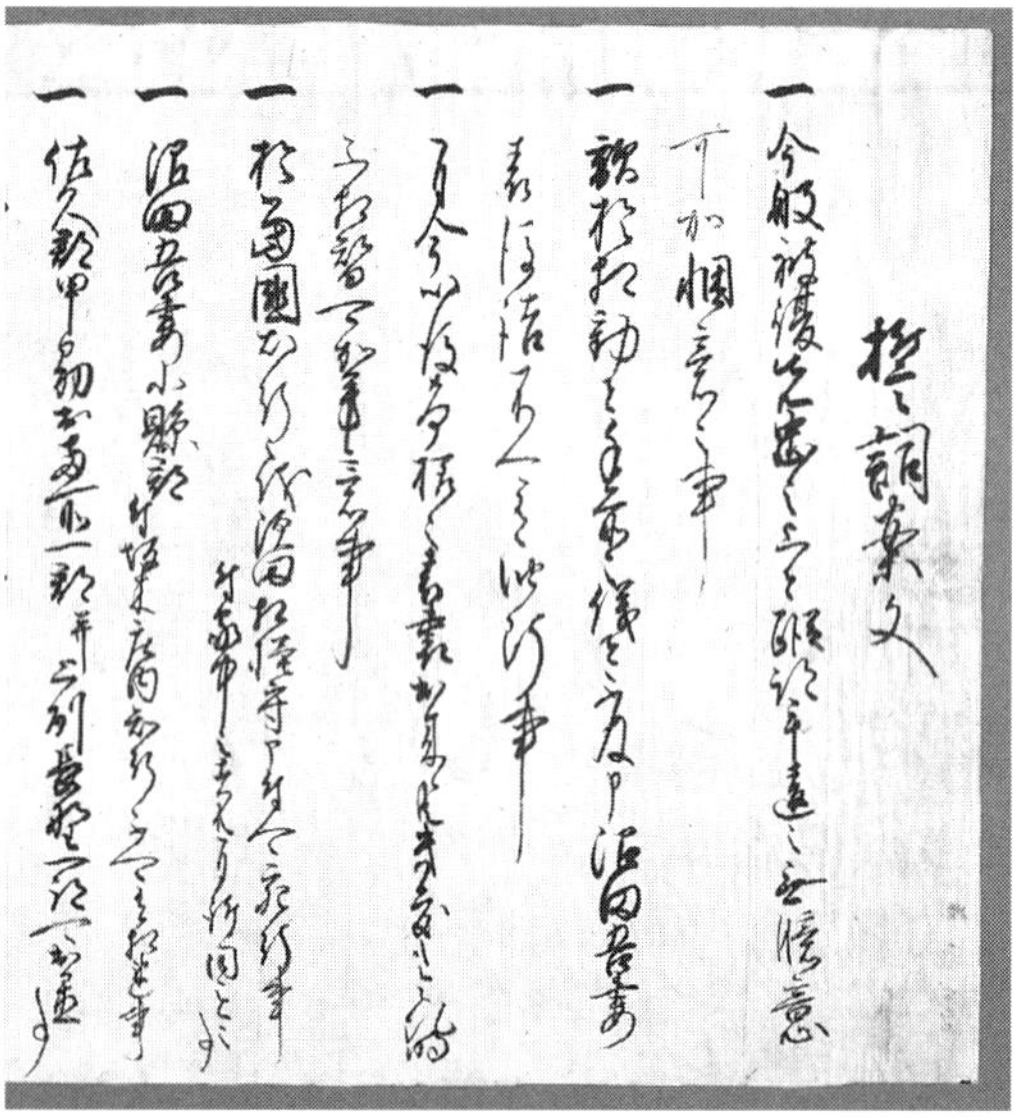

徳川家康は、真田昌幸征討を決意し、八月八日甲府に在番していた平岩親吉に甲斐の武士を動員し、信濃小諸の大久保忠世より指図があり次第ただちに出陣するよう命じた（『新修徳川』①一〇六）。この時家康自身が出馬しなかったのは、いうまでもなく秀吉方の動向を見据えるためであり、浜松を留守にできなかったからである。

甲斐・信濃衆で構成される徳川軍は、八月二十六日には小県郡禰津に進出した。

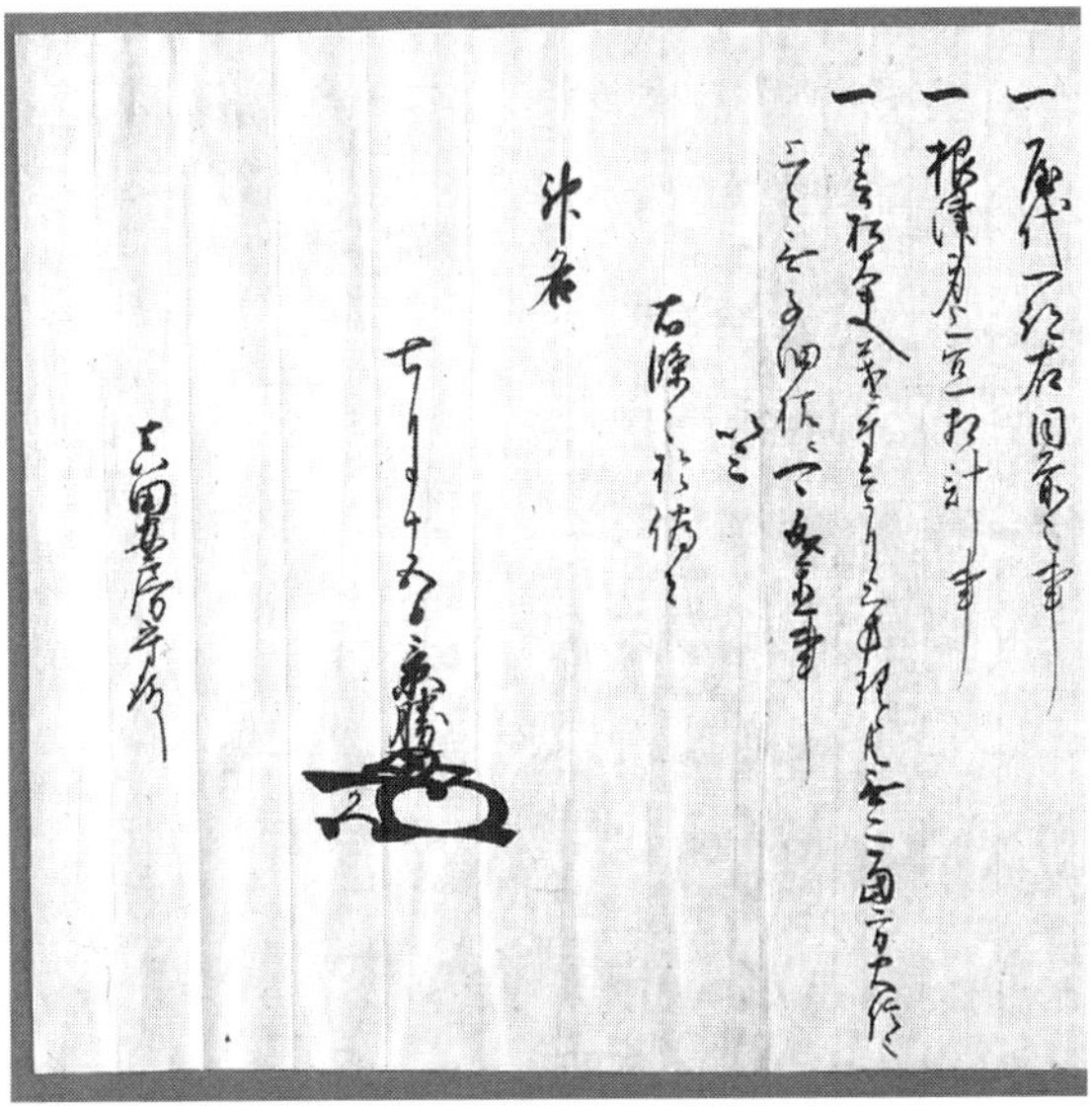

上杉景勝起請文案（国宝上杉家文書、米沢市上杉博物館蔵）景勝は迫り来る徳川軍の脅威に直面した真田昌幸を支援することを誓約した。

これには佐久郡・諏訪郡の諸士も参加していたというから、依田康国・諏訪頼忠も参陣していたことがわかる。『三河物語』によると、鳥居元忠、平岩親吉、大久保忠世、芝田康忠ら三河衆と、諏訪頼忠、保科正直・正光父子、下条牛千代、知久衆、遠山衆、大草衆、依田康国、屋代秀正、甲斐衆は三枝昌吉、駿河衆は岡部康綱、岡部長盛らが出陣したという(27)。総勢七〇〇〇人余とされる軍勢であった（『三河物語』『朝野』等）。これに対し真田昌幸の兵力は騎馬二〇〇余騎に雑兵一五〇〇余人の総勢二〇〇〇人余に過ぎなかったといわれる（『加沢記』『長国寺殿御事績稿』等）。

徳川軍の出陣を察知した海津城代須田満親は、景勝に注進し援軍を乞うた。また真田昌幸からも援軍を要請する使者が上杉方に到来した。景勝は、北信濃衆井上・市川・夜交《よませ》・西条・寺尾等の諸士に対し、十五歳以上六十歳以下の男子を領内から動員して須田満親の指揮下に入るよう命じた。また須田満親も越府に詰めていた長沼・飯山・栗田衆を至急呼び返している（『上越』三〇四六・七号）。だがちょうどこころ、上杉景勝自身は羽柴秀吉の越中佐々成政攻略戦に呼応して越中に出陣していた。このため景勝自身は、徳川軍の真田攻めに直接対処することができなかった。景勝が佐々成政の降伏と北陸における秀吉との勢力圏画定を実施して春日山城に帰還するのは、閏八月六日のことである。

須田満親墓（長野県長野市松代町・浄福寺境内）

いっぽう真田昌幸は、上杉方への人質として息子を海津城代須田満親のもとへ送った（『長国寺殿御事績稿』『上越』三〇四八号）。後に満親は、この人質を春日山城へ届けている。この人質こそ、昌幸の次男弁丸、後の真田信繁である。なお、このとき真田一族で重臣矢沢頼幸（綱頼の子）も息子を人質として弁丸に随行させている。真田弁丸は当時十七歳であったとされている。さらに矢沢頼幸も信繁に随行して越後に向かっている（柴辻俊六・一九九六年、寺島隆史・二〇一〇年①）。

これに応えて、須田満親は海津衆の一部を曲尾《まがりお》（上田市）へ援軍として派遣した。これを受けたのは、真田頼幸であることから、上杉方は戸石城もしくは矢沢城に入ったものと考えられる。曲尾は海津より地蔵峠を越えて真田に入るところにある地名なので、上杉方は地蔵峠越え（松代街道）を利用して戸石城、矢沢城方面への支援を行おうとしたのであろう。

だが援軍の規模が小さかったため、矢沢頼幸は須田満親に対し一層の派兵を依頼している。要請を受けた上杉方も軍勢の招集につとめていたようであるが、洪水のため思うに任せなかった（『上越』三〇四八号）。事実、八月二十八日に中部から関東地方を襲った台風により、美濃・信濃・武蔵・常陸・上総では大きな被害が出ている。[28] 須田満親が、洪水により「路地不自由」のため援軍の「遅参」を矢沢頼幸に詫びているのが八月二十九日であるから、上杉勢の行く手を阻んだのがこの台風であったことは確実であろう。

戸石城跡（長野県上田市）　武田信玄が攻略に失敗した堅城として有名。本能寺の変後、真田昌幸がいち早く接収した

そしていよいよ徳川軍は、閏八月二日に上田城に向けて進撃を開始し、城内二の丸まで攻め込んだが撃退され、さらに真田方に追撃されて国分寺付近で大敗を喫した。真田信幸は「千三百余討捕、備任存分候」と沼田城に籠城していた家臣に戦果を報じている（『信』⑯三五四）。これが世にいう第一次上田合戦であるが、この合戦の模様を伝える確実な史料は意外に乏しく、徳川軍に従軍し実際に戦闘に参加した大久保彦左衛門尉忠教の『三河物語』や室賀満俊の「室賀満俊覚書」などがわずかにあるに過ぎない。[29] 後は真田家が後世に編纂した『上田軍記』等に詳しく記されているが、どこまでが事実か判然としな

いところが多い。ここでは概略を記すに留めよう。

徳川軍は、小諸よりまず禰津昌綱の「禰津古城」を攻めるべく城に迫った。これを見た禰津方は衆寡敵せずと見て城を放棄し、上田方面に逃れ去った。この時、徳川軍と禰津方との間で小競り合いがあったらしい（「室賀満俊覚書」）。

真田昌幸は、徳川軍を上田城に引き寄せて痛打し、さらに息子信幸の別働隊を戸石城に配備しておき、時期を見計らって敵側面と退路を攻撃する作戦を立てた。そこで昌幸は、神川沿いと上田城下に柵を幾重にも千鳥掛に敷設し、敵を待ちかまえた。徳川軍が神川を渡河すると、真田信幸は軍勢を率いて迎撃し、しばらく刃を交えると城に向けて退却を始めた。

これは徳川軍をおびき寄せる擬態であった。しかも真田軍を小勢、上田城を小城と侮っていた徳川方は、勢いに乗じて二の丸まで突入した。ここで徳川軍は火を放とうとしたが、実戦経験の乏しい将卒が「火をかけたら中に突入した味方が出られなくなる」と止めたという。通常であれば、火をかけて敵城を丸裸にすることを優先すべきだが、そうした経験に欠けた者が多かったようだ。果たして二の丸で真田軍に撃退された徳川軍は、城外へと逃げ出すとたちまち真田方に追撃された。もし二の丸に火がかけられていれば、真田軍は追撃できなかったであろうと『三河物語』は述べている。

それだけでなく徳川方の諸隊は連携と訓練が不足しており、大久保忠世ら指揮官の思うように兵卒が動かなかったという。そのため真田軍につけ込まれ、さらに信幸の別働隊が側面攻撃を行ったため、反撃の糸口すら見いだせずついに総崩れになった。また徳川軍は、城下や神川沿いに敷設されていた柵に退路を阻まれ、犠牲者を増やしてしまった。やっと神川にたどり着いた兵卒たちも、今度は増水していた川に呑まれ、溺死者が多数に上ったという。この混乱に乗じて真田軍は、徳川軍を大いに討ち破り、これを八重原《やえはら》（東御市八重原）に追った。昌幸も、神川まで進撃したところで進撃を止め、撤退を命じたという。

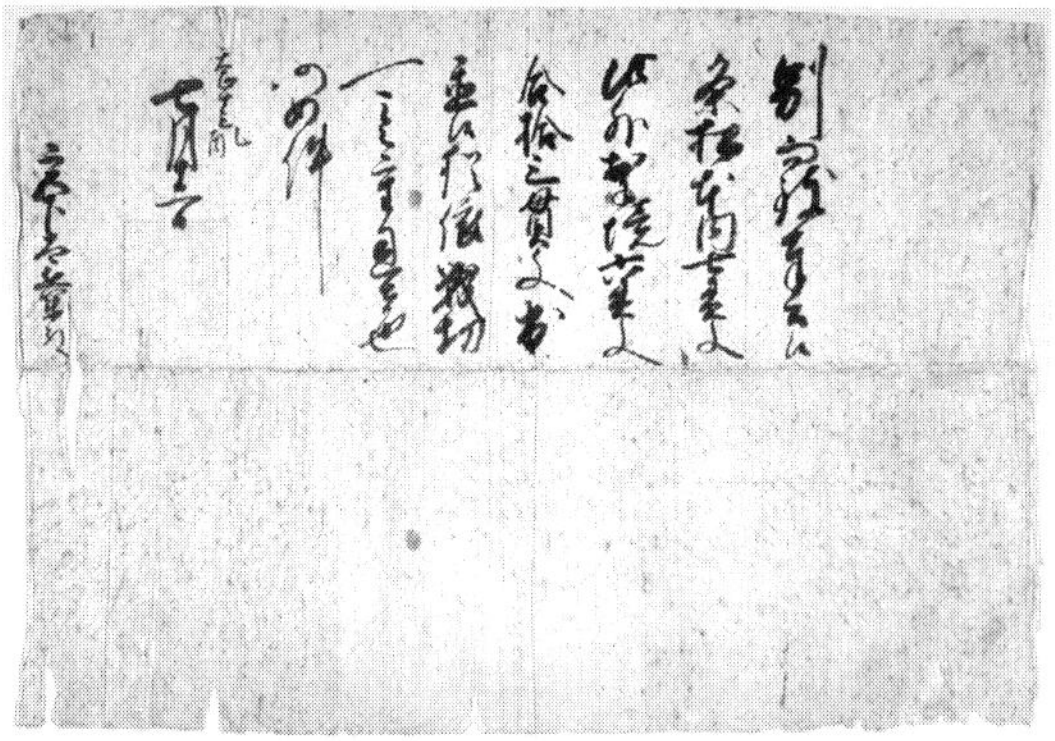

天正13年7月12日真田昌幸宛行状（上田市立博物館蔵）　真田昌幸が家臣の宮下太兵衛の奉公(忠勤)ぶりを賞して、松本(上田市東塩田)の内の地を与えたもの

この合戦における徳川軍の戦死者は三五〇人余（『三河物語』）とされるが、実際にはもっと多くが戦死したとも伝わり、判然としない。真田信幸は前記のように、一三〇〇余人を討ち取ったと主張しており、他国では二〇〇〇人余と噂されている。なお、この合戦で名のある武将の戦死は確認されていないが、諏訪頼忠軍では、重臣矢島河内守（諏訪大社上社権祝《ごんほうり》）が戦死している（『信』⑯三五五）。

その後、真田昌幸は上田城を出陣し、尾野山城（上田市生山）に布陣して、連日足軽を徳川軍の眼前に出しては、繰り返し上田城下での敗戦を嘲笑し挑発した。徳川軍は、真田軍が挑発しつつ攻めかかってくることを警戒して、連日番を取り決めて尾野山城への備えを固めた。

真田軍は、徳川軍を嘲笑しつつ、隙に乗じてしばしば攻めかかったらしく、二三日に一度は競り合いがあったといい、徳川軍はしばしば敗退したという（『寛永伝』『武家事記』）。「室賀満俊覚書」によると、徳川軍は尾野山城攻撃を敢行したらしいが、「ちの代」（「地の城」のことで、外曲輪のことを指すか）まで攻め込んだものの、真田軍に撃退され、負傷者を見捨てて逃げる有様であった（満俊は、敗軍のなか自分は取って返して負傷者を収容する功績をあげたと誇らしげに記している）。

そして徳川軍は閏八月二十日に真田昌幸・信幸父子が丸子表に出陣してきたことを知って丸子城（城主は丸子平内〈丸子三左衛門の弟〉）に向けて軍勢を進めた（丸子平内が籠城していたことは『信府統記』による）。徳川軍は八重原に布陣して丸子城を攻めたが、真田昌幸も海野の町に布陣してこれを牽制し、手白塚《てじろづか》（上田市塩川）、丸子城の劈頭にある河原（丸子河原）で徳川軍と激突した（『三河物語』『上田軍記』等）。だが徳川方将卒の多くは、神川の合戦で手痛い敗戦を蒙っていたため戦意が上がらず、足軽に交じって前線に出て戦っていた真田昌幸・信幸父子を視認しながらまったくこれを討ち取る効果的な作戦が取れなかった。大久保忠世は歯がみして悔しがったが、意気上がらぬ徳川方は大した戦果もなく、丸子城攻略も達成できなかった。

徳川軍は「はつまがそり」の城（詳細不明）を奪取してここに布陣し、真田軍の一隊と天神林（北佐久郡望月町）で戦っていた依田康国を支援した。やがて真田軍が引き揚げたため、徳川軍も小諸城まで撤退した。この合戦は、真田攻めで徳川方が崩れなかった唯一の戦闘であったため、浜松で戦局を窺っていた徳川家康に誇大に戦果が報告されたらしい。家康は、閏八月二十六日から二十八日にかけて岡部長盛ら諸将に感状を与え、在陣を慰労している（『家康』六六三～七、六六九～七一、八二五、『信』⑯三六二）。

また家康は閏八月二十日には、伊那衆小笠原信嶺・松岡貞利・下条牛千代・飯島辰千代・大嶋新助に小県郡へ出陣するよう命じた（『家康』六一一、なお『信』⑯三五〇は閏を落としているので注意が必要である）。大久保忠世・岡部長盛らが撃破されたことを知った家康は、あくまで真田昌幸を打倒するつもりでいたのである。

しかし徳川軍が真田昌幸に撃破されたとの情報は各地に伝えられた。結城晴朝は、上杉景勝に送った書状の中で「遠・参衆真田所江被駈候処馳向、弐千余討捕候由、誠心地好次第候」と記し（九月四日付、『上越』三〇五四号）、北条の同盟国徳川氏の敗北を喜んでいる。

## 昌幸、領土を守り抜く

徳川軍は小諸城に在陣しながら、真田昌幸を再び攻撃する機会を窺っていた。しかしまったく決め手を欠き、徒《いたずら》に長期滞陣を続けるだけであり、わずかに九月十七日、井伊直政、大須賀康高、鳥居元忠、平岩親吉が連署で佐久郡高野町に禁制を出し、佐久郡の安定を図っているに過ぎない（『信』⑯三六七）。

これに対して、上田城の真田昌幸のもとに須田満親率いる川中島衆等で構成される上杉軍が続々と到着した。時期ははっきりしないが、丸子合戦の後であることは間違いない。昌幸は上杉援軍とともに、小諸城の徳川軍の様子を監視しながら、「伊勢崎御普請」（上田城の普請）を実施した。昌幸は上杉軍の労力を利用して、上田城の増強に着手したのである。この上田城の普請は、九月末頃にはほぼ終了したらしい（『上越』三〇五六～六二号）。思えば上田城は当初は上杉氏に対抗するため、徳川軍が真田昌幸を支援して築城したものであった。ところが今度は、徳川氏に対抗するため上杉軍が昌幸を支援して大改修を実施したのである。昌幸は、徳川、上杉という大国の力をまんまと利用して、上田城という要塞を手にいれたのだった。

景勝は、十月十日、須田満親に掟書を与え、川中島四郡における盗賊や逆心者への警戒を厳重にすること、諸方への軍事行動については満親の判断で行動してよいこと、真田支援のために出陣している須田麾下の者は軍役を二倍増でつとめさせることなどを命じた（『上越』三〇六三号）。これは景勝が、須田の軍事指揮権と動員兵力の強化を意図したことを示している。それほど景勝は徳川氏への戦略上、真田昌幸への支援を重視していたのである。このため、伊那衆の増援を得たものの小諸城の徳川軍はうかつに上田城に攻めかかることが出来なくなってしまった。

徳川家康は戦局を打開するため、まず小笠原貞慶に上杉方を牽制させた。これを受けて貞慶は、九月十三日に仁科衆らに千見城を攻めさせた。この直前の九月八日、小笠原氏は上杉氏に帰属していた有沢善助を調略し、寝返らせることに成功していた。有沢善助は、鬼無里の土豪であり、有沢城（鬼無里村中区大久保）を拠点にしていたとされ（『長野県の中世城館跡』『鬼無里村史』）、上杉方となってい た千見城主大日方佐渡守の家臣であったと推定されている。これを喜んだ小笠原氏は、有沢善助に大日方佐渡守の旧領を与える約束をしている（『信』⑯三六五、後に有沢はさらに知行を加増されている〈『信』⑯四四九〉）。

このように、千見城内の攪乱を見届けた上で、小笠原軍は城に攻めかかったが、北信濃衆小田切氏らの奮戦で撃退された（『上越』三〇五七号）。だが、実際には小笠原軍の執拗な攻撃により、千見城はついに陥落したらしい（『上越』三一五二号、この文書によれば、小笠原軍の千見、青柳城奪回は天正十三年八月のことと記されている）。貞慶は千見城に仁科衆を配備し、後に重臣二木六右衛門盛正、山田善兵衛を普請奉行に任じ派遣している（『信』⑯四二九）。だが貞慶は、それ以上の攻勢に出ようとはしなかった。彼は家康の要請にかこつけて、宿願の境目の二つの要衝を取ることに専念したに過ぎなかったのであろう。

千見城跡（長野県大町市） 麻績・青柳城と同じく戦国最末期まで上杉・小笠原両氏の争奪戦の舞台となった

さらに家康は、北条氏政・氏直にも働きかけ、真田領の沼田・吾妻領への侵攻を依頼したらしい（『戦北』二八五五号）。もちろん沼田・吾妻領の奪取は北条氏の悲願でもあったので、氏政・氏直はこれを承知し、七月には上野に侵攻した。ところで北条氏は、天正十三年四月以来下野佐野に出陣して宇都宮国綱・佐竹義重と対峙し、宇都宮氏に強い打撃を与えていた。氏直本隊は、こうした情勢下で沼田ではなく佐野に出陣し、皆川広照らを攻めた。このため、沼田攻めは北条氏邦に委ねられたのである（『上越』三〇五四号）。北条氏は七月十五日に、宇津木下総守・木部貞朝・和田昌繁・高山彦四郎ら上野衆に動員をかけ、信濃佐久郡の牢人依田源五信季・依田惣太郎らを率いて来たる二十七日に利根川端に着陣するよう命じた（『戦北』二八三二号）。

いっぽうの真田方も、徳川軍の上田攻めに呼応して北条氏が沼田・吾妻領を攻めることを十分に予想していた。真田信幸は、上田合戦での勝利を上野の恩田・発知氏らに報じた閏八月十三日の書状で「南衆（北条軍）がそちらに攻め寄せるのは必至なので、備えを堅固にせよ」と命じていることからもわかる（『信』⑯三五四）。

そして昌幸の予想通り、家康の要請を受けた北条軍が上野侵攻を開始した（『戦北』二八五五号）。北条氏邦は上野衆とともに八月二十四日、上野国勢多郡津久田で真田方と交戦してこれを退けると、そのまま森下城を攻めてこれを攻略した（『戦北』二八五五・七号）。津久田の合戦で真田方は、三〇〇余人が戦死し、下沼田豊前守らが生け捕られ、森下城では籠城衆数百人が戦死したという。勢いに乗った氏邦軍は、九月初旬には沼田城を包囲し、宿城（城下）はもちろん周辺を荒らし回った（『戦北』二八五五・六六号）。しかし沼田城代矢沢綱頼らは守備を固め、北条軍を寄せ付けなかった。

これに対し、上野の赤堀左馬助は上杉景勝に越山を要請したが、景勝は小県郡上田城の真田本隊に援軍を派遣しており、到底上野にまで手が廻らず、これを謝絶せざるを得なかった（『上越』三〇五二号）。上野の真田方や反北条勢力は自力で北条軍と対抗しなければならなくなった。いっぽうの北条氏は意気軒昂で、氏直は真田昌幸が徳川家康と交戦し、吾妻・沼田を支援できない間隙を衝き、今度こそ上越国境まで制圧してみせると下総原胤長に宛てた書状で豪語していた（『戦北』二八五五号）。上野に在陣していた北条氏邦は、氏政の命もあり配下の上野衆より鉄炮衆三十人を選抜し、上野国吾妻郡大戸城へ派遣した（『戦北』二八五六号）。これは岩櫃城攻撃のため、北条軍が準備に入ったことを意味する。

だが北条軍は佐野、沼田、岩櫃と三方に軍勢を派遣しており、兵力の分散は否めなかった。そのため氏直本隊が展開する佐野表を除いて、上野の真田方と対峙する沼田、岩櫃方面では堅城に拠り抵抗を続ける真田方を攻めあぐね、沼田城を攻略できぬまま、九月二十九日（『加沢記』）に撤退することとなる。しかし北条氏は、沼田攻略の拠点として阿曾砦（糸井か）を築いて在番衆を配備した(30)。

北条軍の沼田、佐野表侵攻を心配した結城晴朝は、上杉景勝に書状を送り、一刻も早く越山して真田方と下野諸士を救援するよう求め（『上越』三〇五四号）、また沼田城の矢沢綱頼からも支援の要請があったらしい。北条軍撤退後の十一月三日、上杉景勝は矢沢綱頼に朱印状を与え、上野国各地で知行を与えることや、関東における奏者、取次役を一任することなどを伝えているが（『上越』三〇六七号）、これは越山して支援できない景勝が綱頼を慰撫する狙いがあったと見られる。

いずれにせよ、真田昌幸は危機に直面しながらも、本拠地上田城と上野国沼田・吾妻領を守り抜くことに成功したばかりか、上杉軍を利用して上田城の大改修をも達成したのであった。

## 昌幸、秀吉に接近す

徳川軍を撃破した真田昌幸は、上杉援軍とともに小諸城になおも布陣する敵の動向を睨みつつ、いっそう自分の立場を優位にし、家康を牽制すべく羽柴秀吉に接近することを決意した。昌幸はそれまで秀吉とはまったく接点を持たなかったが、徳川、北条両氏と対決を余儀なくされたこの時期に、秀吉の援助を引き出そうとしたのである。秀吉も、家康とは交戦状態にあったため、徳川と戦う真田昌幸との連携は歓迎すべきことであった。昌幸は九月末から十月初旬頃、大坂城の羽柴秀吉に好誼を結びたい趣旨を認めた書状を送った。秀吉はこれを喜び、十月十七日付で返書を寄越した。それが次の書状である（『信』⑯三八三）。

未だ申し遣わさず候の所に、道茂の所への書状披見候、委細の段聞召し届けられ候、その方進退の儀、何の道にも迷惑せざる様に申し付くべく候の間、心易かるべく候、小笠原右近大夫《貞慶》といよいよ申談じ、越度なき様にその覚悟尤もに候、なお道茂申すべく候なり

十月十七日　（花押）

真田安房守とのへ

手紙の冒頭に「未だ申し遣わさず候の所」とあるから、この書状こそ秀吉から昌幸に送られた第一信であることがわかる。秀吉は、今後は真田昌幸に有利になるよう配慮することを約束し、その際の相談相手として小笠原貞慶を指定している。これは極めて重要な指示である。これまで紹介してきたように、小笠原貞慶は徳川家康に息子幸松丸を人質として差し出し、「家康を頼む以外に生きる道は

ない」とまで重臣にもらすほど徳川氏の援助を期待していた。また小牧・長久手の合戦でも、家康を遠く支援するため、北信濃の上杉領に攻勢をかけただけでなく、秀吉方に寝返った木曾義昌攻めに転戦するなどの奮闘を見せていた。

その貞慶が、何と十月十七日の段階ですでに秀吉に味方し、家康と敵対する真田昌幸支援の旗手と指定されていたのである。貞慶は、九月十三日の時点では、徳川方として上杉領に攻め込み、千見城を攻略しているので、彼が秀吉の調略に応じたのはその直後のことであろう。

秀吉は二日後の十一月十九日に真田昌幸に条目を送り、①家康は天下に対し表裏を構え許し難いので、成敗するつもりである、②家康討伐のため来年一月には出陣するので、その際には参陣すること、③信濃と甲斐のことは、小笠原貞慶・木曾義昌と相談し、計略を進めること、などを伝えた（『信⑯三八四』）。秀吉による徳川征討の軍事行動が開始されたら、昌幸はそれに協力することが求められたわけであり、秀吉への接近は見事に成功したのである。こうして家康は、大きな窮地に立たされることとなった。

# 第三章 秀吉の影

豊臣秀吉像（名古屋市・秀吉清正記念館蔵）

## 1　石川数正の出奔と徳川領国の危機

### 秀吉、関白となる

天正十三年三月、羽柴秀吉は正二位内大臣に任ぜられ、着々と織田信長に代わる天下人への道を歩んでいた。織田信雄との和睦を実現させた秀吉は、小牧・長久手の合戦の際に、織田・徳川連合軍に荷担した諸勢力の掃討戦を開始した。まず紀伊に侵攻し、根来、雑賀の一揆を攻め根来寺を焼き討ちにし、畠山貞政を追放した。さらに熊野に進み、太田城を攻略し和泉・紀伊平定を達成した。

大坂城に凱旋した秀吉は、越中の佐々成政を攻めることを決め、五月中旬には出馬することとし、同盟国の越後上杉景勝に協力を要請したが（『上越』三〇二二号）、これは実現しなかった。それは秀吉が、四国出兵を優先させ、五月中旬には長宗我部元親攻めの配置を決定したためである。四国出兵は六月に始まり、八月初旬に元親が秀吉に降伏するまで続くこととなる。

そのため秀吉は、六月二十五日に上杉景勝に書状を送り、佐々成政討伐の予定に変わりはないので、前田利家とよく相談しておくよう求めている。なおこの書状で秀吉は、上杉景勝が北条氏政を攻撃するための「関東越山」を積極的に支持し、支援するつもりであると述べているのは注目される（『上越』三〇三七号）。秀吉は、徳川・北条同盟を打倒すべき敵とみなしていたのである。

秀吉は、右大臣菊亭晴季の奔走により近衛前久の猶子となり、七月十一日に関白に任ぜられた。この関白任官は、秀吉の統一事業に新たな政治的正当性を付与することになり、また彼もそれを最大限に利用して、各地の戦国大名よりも優位に立とうとするのである。

秀吉はまず、関白就任の儀式のため参内するとき、石田三成らの近臣を叙位任官させることに成功した。なぜなら関白が参内するには、諸大夫の随行が不可欠だというのである。つまり秀吉は武家である自分が関白となった以上、家臣（武士）も叙位任官する必要性が出てきたと主張したのであり、やがて秀吉は関白として天皇への推挙権を独占する形で官位授与権を握るのである。秀吉の狙いは、天皇・関白を頂点にした公武一統政権を樹立し、朝廷官位への叙位、任官を通じて公武の融合を図りつつ武家の清華成・公家成を進め、さらに羽柴・豊臣姓の授与を通じて豊臣政権（武家）内部における独自の家格編成を行うことにあった。

やがて各地の戦国大名が上洛し、秀吉に出仕、臣従することにより、豊臣政権内部での家格、身分秩序が編成されていった。これが豊臣政権における公儀を形成した[31]。関白たる秀吉は、天皇の勅命を受けて活動する主体であり、これに出仕しなければ、当然その保護の枠外に措かれることとなった。

秀吉が関白としての地位を利用して打ち出した最大の主張は、全国支配権の掌握とその実現についてである。それは、関白任官直後、九州平定の際に初めて提示された彼の統一事業の理念である。この理念とは、「惣無事」（豊臣の平和）をめざす一貫した秀吉の政治・外交・軍事政策のことである。

秀吉は関白に任ぜられたことにより、天皇の勅命（綸命、天下静謐）を奉じて、①戦国大名間の合戦（自力救済の行使）は、「私之儀」「私之宿意」にもとづく私戦であるのでその停止を命じ（停戦令、私戦禁令）、②その原因たる「国郡境目争論」（領土紛争）を双方の言い分を聴取したうえで関白秀吉の裁定により解決を図り、③それを受諾した大名は上洛させ、秀吉に臣従を誓約させたうえで所領の安堵を与えるが、④私戦禁令・停戦令や関白秀吉の裁定に従わぬ者は、豊臣政権によって討伐の対象とする、というものであった。

最終的に行使される武力も、広域的な平和（惣無事）実現のための強制執行であるという点に特徴がある。かつて関東や奥羽の諸大名間でも「無事」や「惣無事」は独自に探求されており実現したこともあった。また織田信長も武田氏を討滅させた直後、北条氏や反北条勢力を含めた関東で、信長の「上意」による「惣無事」（停戦・和平）を実現させた経緯もあった。しかし、秀吉の「惣無事」政策は、天皇に天下を委任された関白秀吉が職権としてこれを執行すると主張し実現させたところに、それまでとは一線を画す特徴がある（藤木久志・一九八五年）。

ところで豊臣政権のこうした政策志向と理念は、これまで「惣無事」を命じた法令（惣無事令）として結実し、関東・奥羽にも伝達されたといわれてきたが、それは事実ではなく、実際には「惣無事」を目指した様々な試みがなされ（武力行使を含む）、実現されていったというのが実態であると指摘されるようになってきた（尾下成敏・二〇〇六、七年、竹井英文・二〇〇九年①）。そこで本書では、秀吉の関白としての地位を背景に、「豊臣による平和」実現に向けた政治的駆け引きと努力を総称して、「惣無事」政策と呼ぶことにしよう。なお、豊臣政権は「惣無事」という理念を掲げつつも、結局は軍事力を行使することで、それを実現させた極めて「好戦的」な権力であるという評価もあるが

（藤田達生・二〇〇一年）、それは誤解であり、武力行使をギリギリまで回避する政治・外交折衝を重視していた。それは、後述する徳川家康対策でも明らかであろうし、九州平定の際にも、また後で紹介する関東惣無事に向けた対北条交渉を追うことでも、確認することができるであろう。

関白に就任した秀吉は、小牧・長久手合戦以来敵対を続ける佐々成政を討つべく八月七日に大坂城を出陣し、越中に向けて進軍した。なお、これに先立つ六月十一日、織田信雄は徳川家康に書状を送り、①秀吉の越中出陣は間近に迫っているが、家康と成政が共謀しているとの情報が頻繁である、②その疑念を晴らすためにも家康重臣を二、三人人質として清洲に出すことを勧める、③すでに於義伊《おぎい》（秀康）、石川勝千代（康勝）を差し出しているではないかと思われるだろうが、今回は格別であるので人質を差し出される方が賢明だ、秀吉も人質となる重臣と交換に於義伊と石川勝千代を岡崎に一度戻す用意がある、④秀吉出馬後、成政が家康の領国に逃げ込んでも匿わず秀吉に差し出すこと、などを勧告した（『大日』十一編十六―一〇五）。

これは秀吉の意を織田信雄が伝えたものであろう。ここに織田氏は、完全に豊臣政権下の一大名に成り下がったことが確認できる。しかし家康はこれを拒否したらしく、実現しなかった。だがこの勧告は、家康が成政支援に動くことを秀吉が牽制したものであろう。事実、家康は成政支援のために動くことはなかった。

秀吉は、「関白として物見遊山に行くようなもの」と余裕綽々で越中に到着し、呉服山（富山県富山市）に布陣した。秀吉出陣に呼応して、上杉景勝も越中国境に出陣し、東西から成政を挟撃する態勢を整えた。これを知った成政は、八月二十日戦わずして秀吉に降伏し、越中は平定された。成政は、新川郡のみを安堵され、残る砺波・射水・婦負郡は前田利長に与えられた。この結果、上杉景勝は越中での領土を失うこととなった。富山城は破却され、佐々成政と夫人、子供などはことごとく大坂に詰めることを命じられた。なお、巷間伝えるところによると、この時、秀吉と景勝が越中・越後国境の落水城（新潟県糸魚川市）で対面したというが確実な記録で裏付けることはできない。[32]

## 秀吉の飛騨侵攻

秀吉は佐々成政を降すと、家臣金森長近（越前大野城主）に飛騨侵攻を命じた。当時の飛騨は、既述のように三木自綱・秀綱父子によりほぼ統一されており、白川の内ヶ島氏理のみが独立を保持していた。本能寺の変後、飛騨は東西の争乱（天正壬午の乱、賤ヶ岳の合戦）には荷担せず、国内統一戦が続き三木氏の優位が確立した。三木自綱・秀綱父子が国外の動乱に関与するようになるのは、天正十二年の小牧・長久手の合戦においてである。越中では佐々成政が家康に味方したが、三木氏も成政と組み秀吉に敵対したのであった。また内ヶ島氏理も成政に味方し、秀吉の越中出兵の際には、富山城に参陣して成政とともにあったという。

しかし天正十三年八月二十日に成政が降伏すると、秀吉は越中の処理を実施した後に、金森長近に飛騨国を与えることを決め、「三木成敗」を厳命して帰国した（『宇野主水日記』等）。ただ記録を見ていくと、金森長近・可重父子の飛騨侵攻は八月初旬から開始されているので、実際には秀吉は越中の佐々成政攻めと飛騨攻めを並行して行っていたと推察される。

金森氏の侵攻には、美濃国郡上郡の遠藤氏が援軍として加わったため、三木氏は各地で敗退を重ね、八月十五日に広瀬高堂城を守る三木自綱が降伏した。三木自綱は処刑されたと噂されたが、実際には飛騨を追放され、天正十五年四月二十五日に隠棲先の京都で病没している。なおも本拠地松倉城には、三木秀綱・季綱兄弟が籠城して善戦したが、天正十三年閏八月六日に落城した。秀綱・季綱兄弟は城を脱出し、信濃松本に逃れようと国境に近い日和田に脱出した。だが家臣に背かれ、三木兄弟は野麦峠越えを果たしてまもなく角ケ平（長野県松本市）という場所で謀殺されたという（『飛州志備考』）。ここに三木氏は滅亡したのである。

三木秀綱・季綱兄弟が松本に逃れようとした真意は徳川家康を頼ろうとしたとされている。当時、松本の小笠原貞慶は家康方であったので、まずは貞慶を頼りその上で家康のもとへ逃れようとしたのであろう。

なお飛騨には金森氏が入国し、松倉城を拠点に領国支配を開始した。だがまもなく一宮国綱入道三沢（飛騨一宮水無神社の神職、三木氏を称す）の叛乱（閏八月十六日）や、一向一揆の蜂起（十月ごろ）が相次いで発生した。金森氏はこれらを相次いで鎮圧し、飛騨平定を達成している。

この二つの内乱で、飛騨の有力な土豪もほぼ一掃された。そして唯一生き残っていた国衆内ヶ島氏理は、成政に味方したことを許され居城の帰雲城に帰還した。ところが、天正十三年十一月二十九日に発生した天正大地震により、帰雲山が大崩落を起こし、それを原因として発生した土石流に帰雲城もろとも内ヶ島一族は巻き込まれて滅亡したのである。これにより飛騨の中世は終焉を迎えた。

秀吉の越中と飛騨平定は、大きな意味を持った。それは特に信濃の小笠原貞慶に対して大きな圧力となったのである。家康に味方していた貞慶は、越中口に前田利家・利長、北信濃と越後口に上杉景勝、飛騨口に金森長近、木曾郡に木曾義昌というように、周囲を秀吉方に包囲される形勢になったのである。そこへ秀吉から誘いの手が小笠原貞慶にさしのべられた。秀吉方の重囲にあった貞慶は、かつて「ただひたすら家康を頼むしかない」とまで述べていたにもかかわらず、徳川氏と断交し秀吉に転じることを決意した。もし拒否すれば、各地から秀吉方が侵攻してくる懼れがあったからであろう。また徳川軍が上田合戦（閏八月）で真田昌幸に敗北したことも影響したかもしれない。

貞慶が秀吉に転じる決意をした時期は定かでないが、越中・飛騨陥落と上田合戦直後の九月から十月上旬にかけてであり、貞慶が秀吉についたことが確実に判明するのは、天正十三年十月十七日のことである（『信』⑯三八三）。しかし貞慶には一つだけ懸念があった。三河岡崎城に、人質として実子幸松丸を預けておいたことである。だがその人質問題は、秀吉の策略により十一月十三日、劇的に解決されることとなった。

## 衝撃の情報

真田昌幸に敗れた徳川軍が、小諸城に在城してなおも反撃の機会を窺っていた天正十三年十一月十三日、徳川氏の本国三河で衝撃的な事件が発生した。家康の重臣で、三河岡崎城代をつとめていた石川数正が突如尾張に出奔したのである。数正は秀吉の誘いに応じ、秘かに徳川領国脱出の時期を見計らっていたらしく、誰も想定していなかった。この時数正は、一族や妻女はもちろん信濃小笠原貞慶の人質幸松丸らを伴っていた（『家忠』他）。

数正がなぜ徳川氏を裏切り、秀吉のもとへ走ったのかについては諸説あって定まっていない。ただ、出奔直前の十月二十八日に、家康が家臣を招集して秀吉に人質を出すか否かで評議を催し、あくまで拒否することが決定したことが最も大きく影響していることは間違いない（『家忠』『三河物語』等）。数正は、秀吉との取次役をつとめていた経緯があり、羽柴氏との開戦には反対だったのであろう。しかしそれが容れられず、家中で孤立したのが出奔の背景と思われる(33)。

さて、数正とともに小笠原貞慶の人質幸松丸も岡崎を脱出し、秀吉に匿われたということは、貞慶自身の後背も疑われることとなった。しかし既述のように、すでに貞慶は秀吉の誘いに応じ秘かに内通しており、このことは真田昌幸にも通知されていた。通説では知らなかったのは徳川方だけだったとされているが、柴裕之氏は数正の出奔直前に、家康も貞慶の内通を察知していたと指摘している。

家康は、十一月十五日に同盟国北条氏政・氏直父子に石川数正の出奔を知らせ、また信濃に在陣する徳川軍にただちに撤退し、平岩親吉・芝田康忠・大久保忠世には浜松へ帰還するよう厳命した。事態を知った徳川方諸将の動揺と混乱は激しかった。

しかも、当時信濃ではある噂が流れていた。それは「越後に武田信玄の息子御聖導《おしょうどう》殿（龍宝）という目の不自由な方とその子が匿われている。その武田父子を上杉景勝が支援して甲斐に帰国させる

武田龍宝木像（山梨県甲府市・入明寺蔵）　武田龍宝は、勝頼滅亡直後に入明寺で自刃した。境内には墓所も残されている

準備が進められている」というものであった（『三河物語』）。これを流布させたのは真田昌幸であったとされ、景勝のもとへ昌幸が龍宝《りゅうほう》を迎えにいったとまで噂されていたという（『長国寺殿御事績稿』）。

　ところで武田信玄の遺児御聖導（武田龍宝）が上杉氏に匿われているというのは全くの虚報で、彼は武田氏滅亡の際に甲府で自刃していた。しかし龍宝の息子顕了道快《けんりょうどうかい》（信道《のぶみち》）は、一向宗長延寺《ちょうえんじ》の実了師慶《じつりょうしけい》とともに甲斐を脱出し、織田方の追及を逃れたといわれる（『国志』等）。このことについて、「光沢寺記」は「道快は、家来八重森因幡という人物とともに本尊一躰を奉じ、長延寺の知行地である信濃国犬飼村に逃れた。やがて信長が横死し、徳川家康が甲斐を平定したため、道快はようやく帰国することができた」と記している(34)。

　この逸話は極めて示唆的で事実であろうと推察され、これが武田信玄の遺児龍宝父子が生きているという噂話のもとと考えられる。彼らが落ち延びた犬飼村とは、通説によると安曇郡犬飼村とされている(35)。しかし先の「光沢寺記」の記事で注目したいのは、道快らを警固しながら甲斐を脱出した人物を、八重森因幡と記していることである。この八重森因幡は実在の人物で、八重森《やえもり》因幡守家昌《いえまさ》を指しており、しかも彼は武田勝頼の命により、越後上杉景勝との交渉に関与したばかりか、甲越同盟成立後は、景勝に輿入れした菊姫（勝頼の妹）に随行して春日山城（後に根知城）に入っていた人物である。

さらに八重森家昌は信濃国高井郡八重森（須坂市）の出身と推定され、犬飼郷（飯山市）も同じ北信濃に所在する。ここで思い起こして頂きたいのは、北信濃は一向宗の勢力が強い地域であり、武田氏滅亡後は上杉氏と結んで織田氏に対抗する一向一揆が蜂起したところにあたることである。しかもかつて三河一向一揆の残党が、北信濃の一向宗門徒に匿われていたことなど、反織田の気運が強かった。そればかりか、長延寺実了師慶は、度々武田氏や本願寺の使者として北信濃の一向宗寺院を訪れているのであり、この地域とは強い繋がりがあった[36]。

つまり道快が生き延びることができたのは、北信濃の一向宗勢力やこの地域出身で上杉氏とも関係の深い八重森家昌のコネクションが物をいったのだと推察される。徳川方を動揺させた信玄の子が生きており、上杉氏に庇護されているというのは、実は信玄の孫顕了道快のことだったのであろう。噂話は一面では事実だったわけである。なお余談であるが、武田勝頼の遺児勝三は、幼児ながら甲斐を脱出し鎌倉を経由して、播磨国尼崎に落ち延びて生涯を終えたと伝えられているが、彼もまた一向宗の僧侶であったという（『国志』）。

これが事実とすれば、武田氏の家系がわずかながらも信長の凶刃から逃れることができたのは、一向宗の協力があったためであろう。ちなみに龍宝の生母三条夫人（信玄の正室）の姉妹は、本願寺光佐（顕如）の正室であり、武田信玄と光佐は相婿の間柄であった。これが縁となって、武田氏と一向宗は長く同盟関係にあり、信玄・勝頼はともに一向宗の保護と石山合戦への支援を惜しまなかった。

このように一向宗が武田龍宝の血筋を保護する理由は十分にある。また確証はないが、「外姻略譜」所収の「畠山系図」によれば、上條宜順（上杉一門、天正十三年六月まで海津城代）の息女は、武田龍宝に嫁いでいたと記されており、もし事実ならば顕了道快と上杉氏との結びつきは極めて強いと推察されるのである。

さて、大久保忠世ら徳川方諸将は、家康の命令に従って今自分たちが軍勢とともに撤退すれば、真田昌幸が小諸城に攻め寄せてここを奪取するであろうし、武田信玄の遺児が擁立されれば、甲斐も乱国になるだろうと懸念した。そのため、撤退にあたって小諸城を死守する武将と軍勢を残留させねばならないと考えた。だが誰もその引き受け手がなく、悶着が続いたが、結局大久保忠世の弟彦左衛門尉忠教が死を決して残留することを決意したのであった（『三河物語』）。こうして信濃佐久郡主大久保忠世、諏訪郡主芝田康忠、甲州郡主平岩親吉らは浜松に帰ったのである。これにより、甲信に残留した徳川重臣は伊那郡司菅沼小大膳定利と甲斐都留郡の鳥居元忠、小諸城将大久保忠教だけとなった。(37)

大久保忠世らが突如帰国したことは、すぐに真田昌幸の察知するところとなった。しかし昌幸は何故彼らが揃って帰国したのか理由がわからず、十一月十七日に直江兼続に宛てた書状で、何の意図があるのか不明なのでただちに甲斐に目付を派遣して様子を探り、事実関係が判明次第報告すると述べている（『上越』三〇七一号）。だがまもなくその理由が石川数正出奔のためであったことを知ることとなる。

## 小笠原貞慶の蹉跌

石川数正が秀吉のもとに走った直後の天正十三年十二月二日、松本城の小笠原貞慶が保科正直の居城である伊那郡高遠城を攻め落とすべく動き出した。当時保科正直は、真田昌幸攻略のため出陣中で小諸に在城していた。貞慶は秀吉方に転じると、宿怨のある保科正直の本拠地を彼の留守に乗じて攻め潰そうと図ったのである。貞慶は、天正十年十一月ごろ、一族の藤沢頼親を保科正直に攻め滅ぼされたばかりか、天正十年十一月から翌十一年閏一月にかけて断続的に筑摩郡に攻め込まれており、保科氏には度々苦杯を嘗めさせられていた。秀吉方となった貞慶が、真田攻めのため居城を留守にしていた諏訪頼忠ではなく、保科正直を標的にしたのはこうした怨恨があったためであろう。

小笠原貞慶は、天正十三年十二月二日、三〇〇〇余を率いて松本を出陣した。これに対して高遠城の保科方は、そのほとんどが真田攻めに出陣していたため、残留していたのは齢七十五歳を数える正直の老父保科正俊を始め、騎馬四十騎、雑兵三六〇人ほどに過ぎなかったという（以下は『保科御事歴』『赤羽記』『高遠記集成』等による）。それでも正直は、万一に備えて、保科家中でも勇猛で知られる赤羽又兵衛、北原玄蕃、田口五郎兵衛らを配備しておいた。

だが貞慶は、宿敵であった上杉景勝や木曾義昌からも援軍を受け、破竹の勢いで塩尻から竜ヶ崎城（上伊那郡辰野町）を攻め、迎撃を試みた保科方を難なく撃破して箕輪領へ侵攻した。箕輪領はもともと小笠原一族藤沢氏の所領であったから、貞慶はほとんど抵抗を受けずにここを制圧し、六道原《ろくどうはら》（伊那市美篶）に布陣した。貞慶は軍勢を二手に分け、貞慶率いる小笠原軍は芦沢より鉾持《ほこじ》桟道《さんどう》を経て高

鉾持桟道（俎畑）合戦絵図（伊那市立高遠町歴史博物館蔵）
原題は「信州高遠城并合戦之図」（万治三年〈1660〉成立）。保科・小笠原両軍の戦闘の様子が地元の伝承なども交えて紹介されている

鉾持桟道古戦場（長野県伊那市）　現在でも切り立った断崖が続く難所である

遠城へ攻めかかり、いっぽうの上杉援軍は大島から三峰川を渡河し山田に上がり、白山の尾根を経て月蔵山麓にまわりこみ、高遠城に攻めかかるという作戦を企図した。

小笠原貞慶の大軍を目前にした保科方は、高遠城内で軍議を開き、多勢に無勢のためここは城を放棄して下伊那に逃れ、徳川家康より援軍を借りて高遠城を奪回するのが得策との結論に傾いていた。この様子をじっと聞いていた老将保科正俊は、城を明け渡すことに反対し、保科軍の指揮を執ることを宣言した。隠居していたとはいえ、正俊は武田信玄・勝頼に仕え、「鑓弾正」の異名を取った武勇の将であったため（『甲陽軍鑑』）、家臣もこれに従うこととした。正俊は城中の女房衆を文明寺（現在の峰山寺）に預けて後顧の憂いを断つと、近在の百姓三〇〇人を動員し、古い武具を着装させ、その上で各部将に預けて要所に配置したのである。

まず北原玄蕃に一三〇人の百姓を預け、鉾持除《ほこじよけ》の山上に伏せさせ、大木や石などをできる限り集めさせた。さらに保科方への協力を申し出た文明寺の僧侶二〇人に残る百姓を附属させ、白山に派遣した。この時、文明寺の僧景印は、正俊とともに一計を案じた。高遠城内には、かつて保科氏が北条方として城を回復した時、加勢に来た息子内藤昌月（上野国箕輪城主）とその家臣友野十郎左衛門らが装備していた旗標が残されていた。これらは天正壬午の乱末期のころ、保科正直が徳川方に転じた際、友野らが放棄していったものである。(38)景印はこれを持って白山に急行した。さらに、景印は白山の権現堂に納められていた大般若経を解きほぐして旗を作り、これを木々の梢に結びつけた。いかにも大軍がいるように見せかけようとしたわけである。

十二月三日、小笠原軍はいよいよ高遠城攻撃のため六道原より出陣した。この日は降雪でしかも寒風も凄まじく、三峯川を渡河し山田に上がろうとした上杉援軍は大いに難儀したという。また貞慶軍も鉾持桟道を断崖伝いに進んでいた。小笠原軍先陣の先頭が、ようやく鉾持桟道を越えて鉾持町や建福寺の周辺にさしかかった時、保科方はこれに鉄炮を撃ちかけ、赤羽又兵衛・保科三左衛門らが襲いかかり大いに破った。これを合図に、山上に伏せていた兵卒や百姓らが木や石を一斉に断崖から投げ落とすと、桟道を歩いていた小笠原軍兵卒一〇〇人余はこれに巻き込まれ、たちまちもろとも三峰川に落下した。こうして小笠原軍は分断され大混乱に陥ったのである。鉾持町へ突入した小笠原軍先陣の将兵は周章狼狽した。これを見た保科正俊はすかさず全軍に突撃を命じた。この結果、進退窮まった小笠原軍先陣は保科軍に討ち取られ全滅したという。

いっぽう山田に向かった上杉援軍は小原まで進んだところ、前方の白山に多数の旗指物が林立し、しかもその中に上野国箕輪城の内藤大和守昌月《まさあき》家の旗指物が多く含まれていることに驚き、保科のもとに内藤氏が援軍に来ていたと思いこみ動揺した。そこへ白山から鉄炮が打ち込まれ、鬨の声が響き渡った。さらに上杉援軍は、対岸の鉾持桟道で小笠原軍先陣が惨敗、壊滅したのを目の当たりにして、完全に士気が阻喪し戦わずして逃げ始めたという。

小笠原貞慶は、鉾持桟道で分断され危機に陥っていた味方を救おうと、鉾持除山の保科軍を攻めるべく山に上がろうとしたものの、味方が総崩れになったのを見て攻撃続行を諦め、全軍に退却を命じた。貞慶は六道原で敗軍を収容し、その夜のうちに塩尻を経て松本に引き揚げた。保科正直の留守を狙って高遠城を奪取しようとした貞慶の作戦は、老将保科正俊の機智により失敗に終わったのである。

小笠原貞慶の高遠侵攻とその敗北は、徳川家康のもとに伝えられた。家康は大いに喜び、十二月二十四日付で保科正直に小笠原貞慶撃退の戦功を賞し、さらに包永の太刀を贈った（『家康』六八三）。この時家康の使者として派遣された三宅弥次兵衛は、老将保科正俊の武略を激賞し、戦功のあった赤羽又兵衛と文明寺の僧景印にも対面してその功績を讃えたと伝わる（『赤羽記』）。なおこの時保科氏に贈られた包永の太刀は現存し、国宝に指定されている。

こうして徳川方は、保科氏の奮戦により信濃の崩壊を辛うじて回避することができたのである。

徳川家康重臣石川数正が秀吉に内通して出奔し、それに呼応して小笠原貞慶が徳川方から離反して高遠城に攻め寄せると、伊那の信濃国衆は動揺した。さらに当時、秀吉の意を受けた小笠原貞慶や木曾義昌らから、彼らにも調略の手が伸びていたのである。

その誘いに応じ謀叛を起こそうとしたのが、市田城主松岡右衛門佐貞利であった。しかしこれを察知した人物がいた。伊那郡の国衆座光寺《ざこうじ》次郎右衛門尉為時《ためとき》である。座光寺為時が松岡貞利の謀叛を察知したのは、高遠に向けて松岡貞利が出陣したのを目撃したからであるという。また、伊那の徳川方は石川数正出奔と小笠原貞慶謀叛を知ると、ただちに伊那郡司菅沼定利の拠点知久平城に人質を進上しているので、この動きに足並みを揃えなかった松岡氏を怪しんだのではなかろうか。

おそらく松岡貞利だけでなく、座光寺氏を含む伊那郡の国衆のほとんどに秀吉方から内通の誘いが持ちかけられており、それを拒否し旗幟を鮮明にするため彼らは急ぎ、知久平城の菅沼定利のもとへ人質を届けたのであろう。つまり少しでもその動きが遅ければ、謀叛を企図していると見なされたのであろう。座光寺為時（出家して帰慶）は、この時のことを後年次のように回顧している（『信』㉘五八二）。

　市田ハ奥郡より一虎口之儀ニ御座候ニ付、拙者妻子なとおも小大膳（菅沼定利）へ被召寄候、其節松本（小笠原貞慶）より高藤（高遠）へはたらき被成、松本衆敗軍に御座候、其刻松岡右門（貞利）逆心之旨を以、松本と申合、高藤境迄被参候、此様子ニ付、小大膳殿へ我等申上候へハ、小大膳殿よりばら（茨）木助右衛門・松平五郎右衛門物頭として、人数一二百被仰付、我等同心いたし、松岡屋敷へ参候得者、山こや（山小屋）へ可上支度仕

候所へ参、則おさへ、知久平《知久平城》江御座被成候

この記事によれば、松岡貞利は松本の小笠原貞慶の調略に応じて挙兵し、貞慶が高遠城を攻めた際に援軍として出陣した。これを知った座光寺為時が、伊那郡司菅沼定利に松岡逆心を報告したという。貞慶の高遠攻めは失敗に終わったため、松岡貞利も市田に戻り急ぎ小屋上がり（籠城）の準備を整えていたところへ、座光寺為時に案内された菅沼定利麾下の茨木助右衛門・松平五郎右衛門ら一、二〇〇人が踏み込み、松岡貞利以下を捕縛することに成功、知久平城へ連行した。

菅沼定利は座光寺為時らとともに、松岡貞利の身柄を徳川家康のもとへ護送した。そして井伊直孝の屋敷で、直孝・本多正信・菅沼定利を始めとする奉行衆らが松岡貞利の尋問を行い、謀叛を察知した座光寺為時と論争させた。その結果、松岡貞利の逆心は明確と認定され、松岡氏は改易処分となり、逆心を察知して菅沼定利に報告した座光寺氏は大幅な知行の加増に預かったという（『信』㉘五八一、『寛永伝』）。こうして下伊那の有力国衆松岡氏は滅亡したのである。貞利の末路は明らかでないが、処刑ないし自刃させせられたのであろう。

次に、吉岡城主下条氏の動向について述べよう。頼安謀殺後、家督を継承していたのは惣領下条牛千代（下条信正の遺児、頼安の甥）であった。下条牛千代は、石川数正と小笠原貞慶の謀叛を知ると、ただちに家臣より人質を集め、生母とともにこれを知久平城菅沼定利のもとへ送り届けた。これを知った徳川家康は大いに喜び、十一月十九日付で下条牛千代の忠節を賞している（『家康』六七九）。さらに牛千代は、十一月十八日に自身も知久平城に出仕し、徳川方へ二心なきことを明らかにした。

この忠節により家康は、下条牛千代に伊那郡の本領を安堵したばかりか、美濃国で知行を加増した。また知久平城で人質となった下条牛千代の生母にも息子の忠節を讃える書状を送っている（『家康』六八〇〜二）。

隣国の甲斐でも、石川数正出奔による諸将の動揺が実在したようだ。甲斐武川衆は、翌天正十四年一月十三日に、駿河へ妻子を人質を提出した。その際に武川衆の人々は、家康への忠節の証として、命じられた人質の他に、兄弟や親類、若衆まで提出し、徳川氏から褒賞されている（『信』⑯三六三・四）。

以上のように、小笠原貞慶の高遠攻撃が失敗に終わったため、松岡貞利以外の国衆に秀吉方に転じようとする動きは波及しなかった。しかし貞慶の高遠攻めが成功していたら、甲信の情勢はどのように動いていたかは予断を許さなかった。既述のように、佐久郡主大久保忠世、諏訪郡主芝田康忠、甲州郡主平岩親吉が十一月には家康の命令で帰国したにもかかわらず、伊那郡司菅沼貞利だけが知久平城に留まったのは、秀吉方と境を接する松岡、座光寺、松尾小笠原、下条氏ら伊那衆の動揺を抑え、牽制するためだったと推察される。いずれにせよ秀吉方による信濃国衆の調略と徳川方の駆逐は失敗に終わったのである。

## 2 徳川家康、秀吉に従属す

### 天正大地震、政治を動かす

こうした危機のなか、家康は天正十三年十一月十一日、本国三河における一向宗七ケ寺（本証寺・上宮寺・勝鬘《しょうまん》寺・浄妙寺・願照寺・無量寿寺・慈光寺）の追放解除を正式に通達した。これは家康が三河一向一揆と激しく対決し、これを撃破して三河再統一をなしとげた永禄七年（一五六四）以来のことであった。三河一向宗の七ケ寺は、本願寺と連携を取りつつ、家康重臣石川家成の生母で、家康の叔母にあたる妙春尼（妙西尼、安芸後室）に取り成しを請い、徳川氏とねばり強い交渉を行っていた。特に天正十三年はその動きが活発であった。

また家康も数度に及ぶ交渉決裂の危機を抑え、物別れに終わることを回避しようと懸命であった。その背景にはおそらく秀吉が三河一向宗を取り込み、徳川本国の攪乱を狙うことを予想した家康がその動きを封じるべく、永年にわたり赦免を宿願としていた三河七ケ寺との協議に真剣に臨んだからであろう。交渉は難航を極めたが、三河七ケ寺赦免と一向宗禁制解除への動きは異例なほど急いで進められ、実現された(39)。

家康の予想は杞憂ではなく、実は秀吉の対徳川戦のための作戦として、信濃と三河一向宗を利用することが重視されていたとする記録がある。『川角太閤記』によると、家康が開戦に踏み切った場合、秀吉は「池鯉鮒《ちりふ》」（愛知県知立市）に堅固な付城を三ヵ所築城して大軍を配備し、ここに家康を誘《おび》き寄せる。そして遠江の二俣（静岡県浜松市）へ軍勢を派遣してここを攻略したのち、光明、秋葉などにも城を築いて、天竜川の東部を制圧し、さらに水軍を手配して海上から兵粮米を搬入させないように手配する。その上で、本願寺法主より三河・遠江の一向宗門徒に呼びかけさせ、秀吉に味方すれば耕作は作り取り（年貢免除）とするとの条件で一向一揆を蜂起させる作戦であったという。そうすれば、家康は抗戦する手立てを失い降伏せざるをえないであろうと考えていたらしい。

興味深いのは、このうち二俣、光明、秋葉などを制圧し、海上を押さえた上で一向一揆を蜂起させることを、家康攻略の主要作戦と秀吉が位置づけていることで、実はこれはかつて武田信玄が元亀三年の最後の作戦で採用したのとほぼ同じ内容であった[40]。信玄は尾張方面から家康を攻めて本隊を拘束させることはできなかったが、それを除けば信玄と秀吉が抱いた対家康作戦には共通するものが多いのは興味深い。

いずれにせよ秀吉が三河一向一揆の取り込みを考慮していたのは事実らしく、家康はその機先を制すべく一向宗七ケ寺赦免に動いたわけである。だがこの直後の十一月十三日に、石川数正の出奔事件が発生したのである。羽柴秀吉は、なかなか従属してこない家康を揺さぶるべく、家康重臣石川数正を引き抜き、信濃小笠原貞慶を取り込んで高遠攻めを実施させ、さらに下伊那の松岡貞利にも謀叛を起こさせることに成功した。また秀吉は真田昌幸とも気脈を通じ、上杉景勝とともに彼を支援すると宣言した。家康の領国信濃は、次第に反徳川方が優勢となる情勢となっていた。もし上杉・真田が佐

二俣城跡（静岡県浜松市二俣町）　武田信玄・勝頼と徳川家康の争奪戦の舞台となったことで知られる

久郡へ、小笠原貞慶・木曾義昌が諏訪・伊那へそれぞれ侵攻したら、信濃の徳川領国は秀吉方に奪取される可能性は十分にあった。

石川数正出奔により、徳川氏は臨戦態勢を急いだ。まず十一月十八日より三河の本拠地岡崎城の大改修に着手し、十二月二日までにこれを完了させ、重臣本多重次を城代として配備した。石川数正は岡崎城代であったから、城の内部事情を当然熟知していた。その数正が秀吉方になったのであるから、家康としてはその大改編に努めねばならなかったのは当然といえよう。

さらに十一月二十三日に家康は、三河国衆の妻女らを遠江国二俣城などへ移すよう命じた。これは三河衆の離反を防ぐための布石であった。家康自身も、十二月二十二日に西尾城（愛知県西尾市）へ入り、次いで十二月二日には東部城《とべじょう》（愛知県幸田町）の築城を指示している。

このように家康は、秀吉軍が西から襲来することを予想して、三河国内の防衛体制強化を図ったのであった（『家忠』等）。また、石川数正の出奔により、家康は徳川軍の軍制や戦法等の軍事機密が秀吉方に漏洩したことを重視し、軍制改革に着手した。そのために家康は、甲斐の武田遺臣たちに通達を出し、武田信玄・勝頼の軍事、兵制に関わる文書、記録の提出を命じ、軍制を武田氏に倣って改編したとされる（『徳川実紀』『集成』等）。

このように家康が領国防衛体制の再編に奔走しているさなかの十一月二十八日、家康のもとに使者が訪れた。それは織田信雄より派遣された織田長益（信長の弟、後の有楽斎）、信雄家臣滝川雄利、土方雄久である。三人は秀吉の意を受けた信雄が派遣してきたもので、家康に秀吉との講和を勧告した。だが家康はこれを拒否している（『家忠』等）。これにより、ますます秀吉との決戦は避けられぬ情勢へと進んでいった。

そこへ大きな事件が起こる。織田信雄の使者と対面した翌十一月二十九日亥刻（午後十時頃）、内陸部を震源とする推定マグニチュード七・二～八・一の大地震が、関西、中部地方を中心とする地域を襲った[41]（天正大地震）。さらに大規模な余震が三十日丑刻（午前二時頃）にも発生し、それは十二月二十三日まで続いたという（『家忠』等）。この地震は各地で大きな被害をもたらしたが、飛騨では帰雲山の大規模崩落による土石流が発生し、飛騨の有力国衆内ヶ島氏理の居城帰雲城と城下を一瞬にして飲み込み、内ヶ島氏が族滅したことは有名である。美濃では木曽川の流路が変わったといわれ、また秀吉家臣山内一豊の居城近江国長浜城も御殿などが倒壊し、一豊の息女与禰姫が建物の下敷きになって圧死している。京都でも三十三間堂の仏像六百体が倒れたといい、近江、加賀、越前、美濃、伊勢は特に被害が激しく、織田信雄の本拠長島城も焼失し、領内の村の多くが被災したといい、秀吉の居城大坂城がある摂津、河内、和泉の被害も大きかったという。

これに対して、徳川領国での被害は軽微であったらしく、『家忠日記』を始めとする徳川方の記録に目立った被災は見いだすことができず、『当代記』には東国では被害なしと記録されている。つまり天正大地震は、豊臣秀吉の領国に甚大な被害が集中し、家康領国の被害が軽微だった点に特徴がある。しかも山内一豊や織田信雄らの事例を持ち出すまでもなく、秀吉麾下の諸大名に大きな打撃を与えており、家康との即時開戦は困難になったと考えられる。さらに天正十三年は各地を大飢饉が襲った年でもあった。そのため秀吉は、家康打倒のため軍勢を招集するなどの強硬姿勢から一転して、上洛を促す融和策へと外交路線を変更するのである(42)。

## 秀吉、家康に上洛を促す

秀吉は、明けて天正十四年一月九日、上杉景勝に書状を出し、二月十日頃には尾張に出陣する予定であると報じた。これは上杉との連携を重視したものだったらしい。秀吉は雪に阻まれている上杉軍が思うように動けるようになるのが二月であることを予想し、雪解けを待って木曾経由で上杉に二、三万の援軍を派遣することを申し入れ、小笠原貞慶との領国境界紛争を自重するよう求めている(『愛』⑫一〇七〇号)。さらに一月下旬には、滝川雄利・富田知信を家康のもとへ使者として派遣した。だがこれも不調に終わったらしく、いよいよ秀吉は「東国出陣」のため各大名に支度をして大坂に集結するよう命じた(『兼見卿記』等)。

だが今度は、織田信雄が自ら岡崎に赴き家康と会談して秀吉との和睦を勧めた。このためようやく家康も秀吉との和睦を受諾した(『顕如上人貝塚御座所日記』)。この時話し合われた和睦の内容については明らかでない。秀吉は、二月八日に美濃大垣城主一柳直末《ひとつやなぎなおすえ》に書状を送り、家康を赦免したので出陣しないことを伝えている（『愛』⑫一二三七号）。これにより、開戦の危機は取り敢えず回避された。

家康は秀吉との即時開戦の危機が遠のいた二月二十四日、浜松城を出立して駿豆国境に向かった。同盟国北条氏政・氏直父子と会談するためである。両者は、三月九日に北条領三島、同十一日には徳川領沼津で二度会談を持った（『当』）。その詳細な内容についてはわかっていない。後世の記録などには、北条氏政はてっきり家康が秀吉と決戦する決意を固め、北条とともに作戦を協議するものだと思いこんでいたが、家康が秀吉とのことは決着がついたので、今日は同盟の強化を図るために来たといったとあり、その実を示すために駿豆国境の両者の城を破却することや、秀吉との関係で変化があれば北条氏が援軍を派遣することなどで合意が成立したという（『朝野』等）。

おそらく家康は、氏政に秀吉との和睦成立を伝え、理解を求めたのであろう。家康は北条氏との関係強化を確認して、三月二十四日に浜松城に帰った（『家忠』）。家康と氏政・氏直父子の会談は、徳川・北条同盟が強固であることを秀吉に示す狙いがあったといわれている。

浜松城（静岡県浜松市）

家康との和睦に成功した秀吉は、彼に上洛を促すべく関係強化を図った。そのための手段として、秀吉は妹旭姫を家康の正室にすることを申し入れ、徳川方もこれを了承した。これがいつごろ成立したかは定かでないが、徳川家中が知ったのが四月十一日のことであり（『家忠』）、秀吉はこれより先の四月五日に美濃大垣城主一柳直末に対し、旭姫の三河輿入れのために大垣で一泊する際の接待や尾張清洲までの人足や馬を用意するよう指示しているので（『愛』⑫一〇八六号）、三月末までには合意したのであろう。家康と旭姫の祝言は、四月二十八日と決められた。ところが、同十九日に祝言延期が通知された。その理由は、秀吉と家康の関係悪化である。

家康は結納の使者として家臣天野康景を秀吉のもとへ派遣した。ところが秀吉は、自分が知らない家臣を寄越したといって怒り、使者であれば重臣酒井忠次・本多忠勝・榊原康政のいずれかを派遣するよう、小栗大六（秀吉家臣）と土方雄久（織田信雄家臣）をして家康に伝えさせた。これを聞いた家康も怒り、秀吉との和睦を破棄（「事切」）すると宣言した。これに驚いた小栗と土方らは、「事切」となり開戦に突入すれば、仲介役の織田信雄の面目が失われると必至に説得し、辛うじて家康に翻意させた。

こうして四月二十二日に、本多忠勝が上洛し、旭姫の輿入れを五月二日とすることで秀吉と合意し、再度訪れた開戦の危機を回避したのである。だが旭姫の輿入れの日取りはその後も二転、三転した。それは、和睦条件の合意を踏まえた秀吉と家康の起請文交換に時間がかかったからである。旭姫の行列は、四月二十七日から二十九日の間に大坂城を出立し（『愛』⑫一〇九一・二号に天気を見計らって、この三日間のうちに出立するとある）、五月十一日にようやく池鯉鮒（知立）に到着し、酒井忠次の出迎えを受けた。

この行列は長柄の輿十二挺、釣輿十五挺、銭三千貫、金銀二駄、嫁入り道具その数を知らずというほど豪華絢爛なもので、これを浅野長吉（後の浅野長政）、富田一白ら秀吉家臣と織田長益、滝川雄利、飯田半兵衛ら織田信雄家臣が供をしつつ固めていた。家康と旭姫の婚儀は、五月十四日に浜松城で実施され、宴席は十七日までの三日間に及んだ（『家忠』等）。時に家康四十五歳、旭姫四十四歳であった。

秀吉は、家康との誓詞交換と旭姫の輿入れが終了した直後の五月二十五日に、陸奥白川義親に対し、徳川氏とは縁者になり誓詞と人質交換も行ったので家康を赦免したと報じ、さらに今後は関東を平定する意向であると伝えている（『愛』⑫一二四二号）。

こうして秀吉との開戦の危機は去ったと判断したのであろうか。家康は、五月二十四日、家臣たちに対し遠江国へ移していた妻子ら人質を返すので、浜松城まで迎えに来るよう通達した。さらに西への守りのために築城した東部城の破却を命じ、七月二十日から実施させている（『家忠』）。

秀吉は旭姫を輿入れさせたことで関係改善が達成されたと考え、以前にも増して家康に上洛を促すようになった。だが家康はなかなか色よい返事をせず、むしろ秀吉との和睦が成就したことを受けて、懸案の真田昌幸攻略に動き出すのである。

## 真田昌幸、北条軍の上野侵攻を阻む

石川数正の出奔、小笠原貞慶の謀叛と高遠攻め、甲斐・信濃の徳川重臣退去などにより徳川領国が危機に陥ると、明けて天正十四年早々、真田昌幸が活動を開始した。昌幸は、二月から三月にかけて、家臣たちに対して盛んに知行宛行状を発給している。その給与対象とされていたのは信濃の「蘆田」「岩村田」「佐久郡」、上野の「下筋」などであった（『信』⑯四〇一～五、『信』補遺上六六一）。このうち蘆田や岩村田などの佐久郡は、徳川方の小諸城主松平（依田）康国の領域であったし、上野国下筋も北条領国であったため昌幸が確保していたわけではなく、事実上の空手形ではあるが、このことは昌幸が家臣たちに今後の戦略目標を掲げ、そこを自力で攻め取ることにより知行を実現するよう督励したことを意味している。兄大久保忠世が浜松の家康のもとへ召喚されたため、代わりに小諸城に残留していた大久保彦左衛門尉忠教は、必ず真田昌幸が攻め込んで来るであろうと予想していたが（『三河物語』）、それが現実のものとなりつつあったのである。

しかし、結果的に昌幸の佐久郡侵攻は実現しなかった。それは天正十四年二月に秀吉による、信濃の「矢留」（停戦命令）が出たのが大きな理由であるが（後述）、それればかりでなく徳川家康を支援しつつ、上野国全土の奪取を企図する北条氏の真田領侵攻が始まったためそちらへの対処が急務となったことも大きい。

四月、北条氏邦を主将とする北条軍は上野岩櫃城を攻めるべく侵攻を開始し、石津郷（吾妻郡嬬恋村今井）で真田方と交戦した（『戦北』二九四八号）。また氏邦家臣猪俣邦憲は、沼田城攻略のために付城の構築を行いこれを成就させている（『戦北』二九四九号）。この時に築城されたのは、阿曾砦（昭和村糸井）と推定されている。[43] ここには氏邦家臣阿久沢能登守が入ったらしい（『戦北』三五七四号）。氏邦軍の侵攻はなおも続き、四月二十五日までには猪俣邦憲の計略で仙人ケ岩屋城（千人窟陣城、東吾妻町大戸鳴瀬）が北条方に乗っ取られ（『戦北』二九五三号）、北条は岩櫃城の包囲を狭めた。

五月三日、北条氏邦は沼田城への侵攻を開始し、沼田東谷で真田方を撃破し真田方の砦を陥落させ放火した。この合戦で真田方は人馬二百余が戦死したという（『戦北』二九五五号）。勢いに乗った氏邦軍は、沼田城下に殺到しこれを包囲した。

『加沢記』によると、この時沼田城将矢沢綱頼と北条氏邦の間で書状の遣り取りがあったという。五月十日、矢沢綱頼は中之条の僧侶堅上長老を使者として派遣し、氏邦に書状を届けさせた。そこには「北条氏直は去年の秋に沼田を攻撃して果たせず、今度は氏政が関八州の大軍を率い、貴方の案内でわざわざやってきたとのこと、誠にもってご苦労なことだ。数年来対戦したものの当方はなおも命を永らえております。今年また対陣することになったのは喜ばしい限り。不肖、私どもがお相手しましょう。早々にご出馬なされよ」と記されていたという。

これに対し氏邦は、五月十一日付で返書を綱頼に送り「私どもは近年何度も沼田を攻めたが貴殿らの見事な働きによりうまくいきませんでした。一両日中に鷹狩りが下命されるでしょうからその時に静かに推参し鬱憤を晴らしたいと思います。もし速やかに降伏するのであれば、所領は望みに任せ、一族や籠城衆の命を保証しましょう。なお一戦の時を期しております」と言い送った（『戦北』

二九五六号）。この通りの事実があったかどうかは定かでないが、氏邦軍の攻撃はまもなく開始された。しかし沼田城は堅固で矢沢綱頼以下の奮戦により北条軍は撃退されたのである。

真田昌幸は、徳川方の動向を注視していたため、自ら上野に出陣することができなかったが、五月二十七日には羽根尾城を守っていた家臣湯本三郎右衛門、河原左京亮を岩櫃城に移動させ、北条軍の侵攻に対処させている（『信』⑯四二六）。確実な史料では確認できないが、『加沢記』によると北条軍と真田軍の戦闘が、吾妻郡や沼田領周辺の各所で行われた模様である。それでも北条軍は、真田方を攻略することができなかった。

こうして真田昌幸が北条軍の侵攻を阻み、上野の真田領確保に成功した矢先の七月、徳川家康は真田昌幸征討のため領国に動員をかけ、出陣の準備に入った。それればかりか、秀吉は家康に真田昌幸征討を許可し、上杉景勝に昌幸を支援せぬよう命じたのである。こうして昌幸は、優位な情勢から一転して、徳川・北条同盟の攻撃に直面した。

## 上杉景勝、小笠原貞慶、木曾義昌の上洛

天正十三年十二月、徳川方の保科氏を高遠城に攻めたものの手痛い敗戦を蒙った小笠原貞慶であったが、彼は明けて天正十四年春、息子貞政（幸松丸）を伴って上洛し秀吉に謁見した。これにより、小笠原貞慶は秀吉に正式に臣従することとなった。その際に秀吉と貞慶との間で確認されたことは、①小笠原貞慶は、佐竹・芦名・田村・伊達氏らの奥羽諸大名と豊臣政権との取次役となること、②貞

慶は奥羽諸大名へ働きかけ、停戦と和睦を勧告し秀吉に従属するよう奔走すること、③上杉景勝との対立を停止し、秀吉の指示のもと相互協力を行うこと、④徳川家康への備えを行うこと、などであった。秀吉は貞慶の取次役として増田長盛を指名し、以後この両者が連絡を取り合い秀吉の意志を奥羽諸大名に命じる運びとなった（粟野俊之・二〇〇一年、矢部健太郎・二〇〇五年）。

貞慶が奥羽諸大名との交渉を秀吉に委ねられたのは、かつて彼が織田信長の意を受けて、関東や奥羽に頻繁に出向き、彼らを信長方に引き付け、武田勝頼、上杉謙信・景勝を包囲しようとする策謀に深く関与し、極めて大きな成果を上げていた経験を秀吉がよく承知していたからであろう。秀吉は貞慶を厚遇し、息子貞政を人質として留め置かずに帰国を許している。

小笠原貞慶供養塔（茨城県古河市・隆岩寺）

こうして貞慶は、豊臣大名として新たな出発をすることとなり、天正十四年九月には、宿敵であった上杉景勝の新発田重家攻めに際して、秀吉の指示どおり家臣標葉但馬守・細萱長知らを援軍として派遣している（『信』⑯四四八）。

いっぽう、越後上杉景勝は天正十三年頃より秀吉から上洛を促されていたものの、越中佐々成政や北信濃における小笠原貞慶、真田昌幸らとの交戦、新発田重家の蠢動に足を取られ、なかなかその機会が得られなかった。だが、すでに天正十二年六月には、秀吉の元に上条宜順の子義真を人質として送っており、景勝は従属の意志を明確にしていたので、秀吉も強硬な態度に出ることはなかった。

しかし天正十三年十一月までには越中情勢が沈静化し、真田昌幸の帰属や小笠原貞慶の秀吉従属により北信濃情勢も好転し、景勝が上洛する障害のほとんどが取り除かれた。翌天正十四年四月には、秀吉と鋭い対立を続けていた徳川家康も織田信雄の勧告を受諾し、秀吉の妹旭姫を正室に迎え、上洛の意志を表明していた。そこで上杉氏の取次役であった石田三成は、家康に先んじて上洛するのが得策と上杉氏に勧めたため、景勝は上洛を決意した模様である（以下、景勝の動向は「天正十四年上洛日帳」〈『上越』三二〇六号〉や、『上越』所収の天正十四年条による）。

景勝は、新発田重家の動きを封じ込めるべく、色部長真や本庄繁長らに命じて付城の守備を固めることなどを指示したうえで、天正十四年五月二十日に直江兼続らを率いて春日山城を出発した。そこで秀吉は石田三成を加賀に派遣し、景勝一行を出迎えさせている。景勝一行は三成とともに六月七日に京都に到着し、滞在先に指定された六条の本圀寺に入った。

そして翌六月八日に、景勝は木曾義昌と対面している。義昌も秀吉に招かれて上洛していたのである。かつて信濃国筑摩・安曇郡の領有をめぐって激しく争った両者が、秀吉への出仕の途上で会見を実現させたことは、時代の変化を象徴していた。景勝一行は六月十二日に大坂に下り宿所の増田長盛屋敷に入り、十四日に大坂城で秀吉との謁見を果たした。これにより、上杉景勝は正式に秀吉に臣従した。

秀吉は大いに喜び、大坂城で茶会を開き、城内を案内している。この時に同席していた人物の一人に、家康重臣榊原康政がいた。家康上洛にさきがけて秀吉方との交渉を担っていたのであろう。このことから、大坂城内で秀吉主導のもと、上杉氏と徳川氏との勢力圏に関する話し合いが持たれたと推察される。さらに秀吉は、六月二十二日に景勝を宮中に参内させ、後陽成天皇に推挙して従四位下、左近衛権少将兼弾正少弼に任じている。

この上洛で秀吉は、上杉景勝に①上杉氏は家康と和睦し、その同盟国北条氏とも停戦すること。但し北条が承認しない場合は、秀吉とともに討ち果たすべきこと（『上越』三一〇八号）、②佐渡を上杉領国とすることを認め、その平定に尽力すること、③新発田重家の処分は、秀吉が木村清久を派遣するのでその指示に従うこと、④信濃における上杉領はそのまま安堵するが、真田昌幸・小笠原貞慶・木曾義昌は家康の支配下に置くこと（貞慶と義昌も上洛中にこのことを秀吉から申し含められていたのであろう）、⑤越中と越後の国境は、佐々成政降伏後に決めたことを遵守すること（越中の上杉領は失効する）、⑥関東・奥羽諸大名への取次（「関左并伊達・会津辺御取次」）を行うこと、⑦真田昌幸に対する影響力を認め、その動きを統制すること（沼田領問題も含む）、などを指示している。

このことから以下の点を指摘することが可能である。まず③により新発田重家の取扱いは上杉領国内部の叛乱ではなく、秀吉がその処理を掌握する高度な政治問題とされたことがわかる。つまり景勝は、これを自分の判断で征伐することができなくなり、一々秀吉方の意向を伺わねばならなくなったのである。次に①④⑦は密接に関連しあった内容であり、秀吉は家康がまもなく上洛＝臣従することを前提に、上杉・徳川両氏の勢力圏分割を裁定し、その遵守を景勝に誓約させたのであった。これは先に上洛した小笠原貞慶や、景勝に対面した木曾義昌も同じように言い含められたはずであり、彼らは秀吉直属の独立大名と認定されたうえで、家康の与力大名となるということが決定されたのである。

なお秀吉から景勝に指示した内容から、この時に真田昌幸は上洛していないことがはっきりする。おそらく秀吉から上洛命令が出たと推定されるが、昌幸は家康方の動向を注視しており上田を留守にできないとして拒否したのであろう。そのためか秀吉は、昌幸に人質の進上を命じているが、昌幸はこれにも従っていない。秀吉は九月六日付の書状（小笠原貞慶宛）で「真田事者人質も不出候、其上表裏有之間、無御許容候」と怒っている（『新修徳川』①六六八）。昌幸が人質を秀吉に出さなかった真意ははっきりしないが、秀吉が家康赦免に向けて動き出したことが不満だったのではあるまいか。

最後に⑥は、秀吉が天正十四年春に上洛した小笠原貞慶に命じた役割を、上杉景勝に変更することを表明したことを示している。貞慶は過去の手腕と人脈を買われて、関東・奥羽諸大名との取次役に指名されたが、上杉景勝の従属によりその地位をわずか数ヶ月で失ったことになる。貞慶は天正十四年六月から九月まで、秀吉の意を受けてその役割を果たしていたことが確認されている。秀吉が貞慶を除外して景勝に取次役を変更したのは、貞慶を家康の与力大名としてその配下に置くことを決めたことが最も大きいと思われるが、それ以上にやはり関東・奥羽大名に対する伝統的な影響力や家格からいって上杉景勝に貞慶は遠く及ばなかったと見るべきであろう。

上杉景勝は六月二十三日に秀吉に帰国の暇乞いを行い、翌二十四日に京都を出発して七月六日に春日山城へ凱旋した。景勝は、帰国後まもなく新発田重家攻略に本腰を入れ、七月から八月にかけて新潟、垂水を攻めて新発田方の拠点の多くを制圧し、戦局を優位に運んでいった。秀吉は九月初旬に木村清久を越後に派遣し、新発田重家と真田昌幸の扱いについて景勝と談合させた（『上越』三一三五、六号等）。また石田三成・増田長盛も、九月十一日には新発田重家に景勝と停戦するよう秀吉の意志を伝達し（『上越』三一三八号）、その後も断続的に通達を出していたらしい。だが重家はこれにまったく回答を寄せなかった（『上越』三一三九号）。その間にも景勝は、秀吉の勧告を重家が受諾する前にこれを攻め潰そうと攻撃を活発化させた。

秀吉の意向を受けた木村清久は、九月二十八日に直江兼続に対して、関白様（秀吉）は新発田重家を「赦免」するとの意向であり、知行については後回しにして開城させ、落ち着いたところで重家に本領の替地を与えるとのことであると通達した（『上越』三一四六号）。だがこれを無視するかのように、上杉軍は新発田攻めを激化させている。秀吉が新発田重家赦免に固執したのは、景勝とともに関東に侵攻させ、徳川家康攻めに動員しようとの意図があったからである（『上越』三一六〇号）。だが景勝も重家も、宿怨の関係にあったからもはや秀吉の勧告とはいえ退けなかったのであろう。しかしまもなく家康の上洛が正式に決定すると、両者の運命ははっきりと明暗を分けることとなる。秀吉は、家康が上洛するとそれまでの新発田重家赦免の方針を転換し、十一月四日に景勝に対して重家を討ち果たせと指示した（『上越』三一五九・六〇号）。秀吉にとって、重家赦免はもはや何の政治的価値もなくなったのであり、むしろ景勝の意向を尊重することで、豊臣政権の安定化をはかったのである。新発田重家は、天正十五年十月二十五日に孤軍奮闘のすえ、上杉軍によって攻め滅ぼされた。

天正十三年閏八月、徳川軍を第一次上田合戦で撃破した真田昌幸は、天正十三年十二月、亡き主君武田信玄の菩提所を小県郡信綱寺《しんこうじ》（上田市）に建立することを通達し、佐久郡を制圧したら岩村田の竜雲寺領を寄進すると約束した（『信』⑯三九〇）。信玄の菩提寺甲斐恵林寺は、織田氏による焼き討ちで壊滅し、まだ再建されていなかった。そこで昌幸は、信玄の菩提所を自分が建立しその御霊を護持すると宣言することで、旧武田方へ強烈なアピールをしようとしたのであろう。また岩村田の竜雲寺領は徳川領であったから、そこの奪取を宣言したことになる。さらに昌幸は、天正十四年一月から二月にかけて家臣たちにも「佐久郡本意となったら知行を与える」と明記した知行宛行状を盛んに発給した（『信』⑯三九七、四〇一、四〇三、四〇五）。このことは、昌幸は徳川領国の佐久郡に侵攻する意図を明確に抱いていたことを示す。小諸城に決死の覚悟で残留した大久保忠教が予想していた真田昌幸の襲来は、現実のものになりつつあったのである。

これに対し昌幸が徳川領国侵攻の意図を明らかにしたことを受けて、秀吉は天正十四年二月三十日、真田昌幸に次のような朱印状を送った（『信』⑯四八七）。

二月朔日の書状、同二十九日披見を遂げ候、よって家康こと、人質を抛入れ、如何様にも秀吉次第の旨、種々懇望候の条、免じ置き候、然らば信州おのおの儀も関白の存分たるべきの旨に候の条、その意を得、矢留の儀堅く申し付くべく候、猶道茂申すべく候なり

二月卅日〇（秀吉朱印）

### 真田安房守とのへ

秀吉は、真田昌幸に信濃での矢留（停戦）を命じ、領域などは現状のまま固定化するよう要請したのである。秀吉が実効性を見込める停戦命令を東国に下すのは、これが最も早い。家康が秀吉に従属する意志を表明した以上、徳川領に向けた真田昌幸ら秀吉方の軍事行動は停止させねばならなかったわけである。この矢留は信濃全土に通達されたと推察される。このため昌幸の佐久郡侵攻計画は挫折を余儀なくされた。

こうして秀吉は昌幸の徳川領侵攻を抑止したが、家康による真田昌幸攻撃作戦が動き始めると、これには同調する姿勢を見せた。家康は、天正十四年七月十七日に真田昌幸を討つため陣触れを発し、十九日には普請中の駿府城に入った（『家忠』）。家康はすでに天正十三年より駿府城の修築を開始し、将来的にはこちらに本拠地を移す意向を示していた。だがそれは「上方不快之間、指て事不行」とあるように、秀吉を刺激したためほとんど休止状態になっていた（『当』）。後に家康は、秀吉との和睦を受けて普請を再開し、九月十一日に駿府で御屋渡り（屋敷移りの儀式）を行っている（『家忠』）。家康は普請中の駿府城に入り、真田討伐を内外に示すが、なぜかそのまま動こうとはしなかった。おそらく上杉景勝や秀吉と交渉がある真田昌幸を、家康が宿意があるとはいえ攻撃することが可能であるかどうかを見計らっていたのであろう。真田昌幸の扱いについては、天正十四年六月に上杉景勝が上洛した際、秀吉は木曾義昌・小笠原貞慶とともに家康の麾下に編入するとの意向を提示し、景勝の内諾を得ていた。しかし昌幸は、小笠原貞慶や木曾義昌が上洛したにもかかわらず、彼自身は上洛に応じなかった。秀吉は上洛の代わりに、昌幸に人質を寄越すよう求めたが、昌幸はこれも拒否したらしい（『新修徳川』①六六六八）。

秀吉は言うことを聞かない昌幸に怒り、八月三日、昌幸の庇護者上杉景勝に対し、昌幸は「表裏比興之者」なので家康に命じて成敗することにしたと報じ、一切支援しないよう求めた（『上越』三一二四号）。その上で秀吉は、八月六日に家康に真田昌幸成敗を認める条目を送った（『新修徳川』①六六六四）。この中で秀吉は、真田領には上杉の援軍が在番している城が二、三ヵ所あるのでそこには手を出さぬように依頼し、景勝にも徳川と交戦しないよう指示したと言っている。また上杉領と徳川領の境目は、秀吉が上使を派遣して決めるので承知しておくようにとも記した。さらに小笠原貞慶と木曾義昌についても、その扱いは家康が上洛した時に引き合わせた上で指示するから、その領土にも手出しをせぬように求めている。

秀吉は、八月九日にも水野惣兵衛尉忠重に条目を送り、家康の真田征伐を容認し、上杉景勝に援助せぬよう指示したことや、上杉が真田領で警固している城郭を攻撃しないよう求め、これらは秀吉が上杉より受け取り家康のいいように計らうつもりだと述べている。さらに真田成敗のため出陣した以上は、家康の上洛が多少遅れても構わないとし、小笠原貞慶と木曾義昌領へは手出しをしないよう厳命している（『信』⑯四四三）。またこのころ、秀吉の上使として道茂が小笠原貞慶のもとを訪れており、上杉領と徳川領の境目画定のための準備が進められていた（『新修徳川』①六六六五）。

秀吉の怒りを買い、上杉景勝の援助も留められた真田昌幸は絶体絶命の窮地に陥った。そこで上杉景勝に秀吉への取り成しを依頼したらしい。いっぽうで秀吉も、本気で昌幸の討伐を意図していたわけではなかったようで、その本心は家康の歓心を買い、安心して上洛できる関係を構築することにあった。その証拠に、あれほど真田成敗を明記した書状を各方面に送っていた時期にあたる八月七日に、秀吉は真田昌幸との対立を仲裁するので、家康に出馬を延期するよう要請した。家康はこれを承諾し出陣延期を全軍に通達した（『家忠』）。そして九月二十五日には上杉景勝に、真田昌幸は表裏者であるから成敗するつもりであったが、今回は取りやめにすると報じた（『上越』三一四二～四号）。

こうして真田昌幸滅亡の危機は回避された。秀吉は、真田問題と信濃の上杉・徳川領境目画定作業で家康との信頼関係を構築し、家康に上洛の決断を暗に促したのであろう。真田問題の解決により、信濃の矢留（停戦）は実効性あるものとなった。

### 信濃の郡割

秀吉と家康間での対立は解消に向かったにもかかわらず、信濃では大名同士の不穏な動きが後を断たなかった。信濃の矢留令通達直後の天正十四年三月三日、徳川方の高遠城主保科正直は、三村織部佑勝親に「信府表御本意」が実現したら、三村氏の本領安堵を約束する判物を与えている（『信』⑯四〇八）。三村織部は、小笠原貞慶の家臣であったが、やがて彼に叛き、木曾義昌のもとへ身を寄せていた。

ところが貞慶も木曾氏も秀吉方となったため、保科正直を頼ったらしい。注目されるのは、文中に

「但後聴出羽守方本領之由候間、彼方へ可被相断候」とあることで、小笠原貞慶の深志帰還に最も功績があり、重臣となったはずの後聴出羽守久親もまた貞慶に叛き、保科氏の庇護を受けていたことである。後聴出羽守は、天正十年九月、伊那の下条頼安との交渉を担当していた際に何らかの不手際を起こし、貞慶と下条との関係が拗れるという事件を起こしていた。貞慶は下条頼安に謝罪し、後聴出羽守を処罰すると約束している（『信』⑮四六〇）。こうしたことが引き金となり、後聴出羽守は貞慶のもとを去ったのであろう。三村、後聴ともに保科正直のもとで、貞慶攻撃を企図していたのである。貞慶と正直は、小笠原一族藤沢頼親（箕輪城主）を保科氏が滅ぼしてからというもの、宿怨の関係にあり、しばしば相互の領土を侵し戦火を交えていた。

この他にも、上杉景勝と小笠原貞慶との間では、千見城、青柳城の攻防戦が断続的に続いており、この時点ではこれらは貞慶が占領していた。上杉景勝は、貞慶の千見、青柳両城の占領を不当とし、天正十四年十月、秀吉に提訴している。豊臣政権では、この訴えを受理し、小笠原・上杉両氏より事情聴取すると回答している（『上越』三一五三号）。

これは、豊臣政権が信濃における大名間の領土画定に本格的に乗り出したことを示す。かつて秀吉は、天正十一年に「織田政権」の実力者として上杉氏と徳川氏（織田大名）間の領土画定（「信州郡割」）に乗りだしたが、実現には至らなかった。今回は、上杉、徳川両氏ともに秀吉に従属する見通しがついたうえで実施される本格的な領土画定と位置づけられよう。

それでは、秀吉による領土画定（「信州郡割」）は実施されたのであろうか。現在のところ、それが天正十七年～十九年にかけて実施されたことは確実で、特に懸案になったのは、筑摩郡と伊那郡の境界（小笠原領と保科領）、筑摩郡と更級郡（小笠原領と上杉領＝麻績、青柳城）、安曇郡と水内郡（小笠原領と上杉領＝千見城）の三ヵ所であった。

まず小笠原氏と保科氏の境界問題は、小野郷の帰属をめぐって争われた。実は、この小野・塩尻の帰属をめぐっては、諏訪氏も諏訪郡に属すべきだと主張しており、三つ巴の様相を呈していた。諏訪大社上社神長官守矢信真は、諏訪郡と伊那郡の境目について、その由緒を詳細に記した目安を提出し、諏訪大社神領や社家衆の知行の分布状況を説明しつつ塩尻・小野ともに武田信玄・勝頼時代にも諏訪に帰属すると認定されたうえで、これが高遠領と箕輪領を構成したと証言している（『信』⑯一一二）。

その上で守矢信真は、特に塩尻と小野は天正十年以来小笠原貞慶が、また辰野・佐瀬子などは保科正直が押領したもので、いずれも諏訪郡に帰属すべきものと主張していた。豊臣政権は、在地の有力者などを京都に召喚し、詳細な調査を実施したようで、小笠原・保科・諏訪領の境界画定は長引いた。結局、彼らがすべて移封された後の天正十九年一月、秀吉の裁定により塩尻は筑摩郡、小野郷は折半され北が筑摩郡、南が伊那郡となることで決着した(44)。

次に青柳・麻績をめぐる小笠原氏と上杉氏の境界争論は、天正十七年に麻績明神の神主が京都に召喚され、百日に及ぶ証拠調べがなされた。その際に麻績明神の神主は、神領や祭礼役などについて伝統的に松本（小笠原氏）から寄進や安堵がなされていたことや、古来よりこの地域が筑摩郡であることを主張したという。秀吉家臣浅野長政はこの言い分を認め、青柳・麻績の帰属は筑摩郡＝小笠原領であることが決定した（『信』㉗六〇二）。

さらに千見城についても、豊臣政権は小笠原貞慶の持ち城であることを認定しており（『上越』三三八九号）、すべての境目の画定が、天正十七年〜十九年にかけて実施されたようだ。ところが天正十八年九月、上杉景勝の軍勢が小笠原氏の持ち城である千見、青柳、大城（日岐大城、東筑摩郡生坂村）を攻略し、ここを占領する事件が起こった。秀吉はこれを重視し、石川康正・石川貞清を上使として派遣し「本来は誅罰を加えるべきところであるが、（千見城・青柳城・日岐大城を攻略したのが）景勝の家来ということもあるので、今度ばかりはやむなく赦免とする。その代わり上使に早々に城を引き渡せ」と指示している（同前）。信州郡割協定違反を犯した上杉氏に対し、秀吉は城を上使に引き渡せば赦免するとしたのであり、後に北条氏が真田昌幸の持ち城名胡桃城《なぐるみじょう》を奪取した時とは違い、極めて寛大な処理で済ませている。

秀吉は従属した豊臣大名相互の対立においても、秀吉の調停で解決を試み、それに従えば「赦免」、従わねば「誅罰」という方針で臨んでいたのであり、原則は北条氏への方針とほとんど変わらなかったことが窺われる。だが、秀吉裁定を破っても「今度ばかりはやむなく赦免」という穏便な処理で事態を納めたのは、最終的に上洛＝出仕、臣従という手続きを踏まえていた上杉氏と、それを拒否し続けた北条氏との差によるものといえよう。

天正十四年八月、秀吉の勧告に従い真田昌幸討伐を断念した家康ではあったが、引きも切らぬ秀吉からの上洛催促になかなか応じようとはしなかった。それは重臣酒井忠次らが「秀吉の意図をはかりかねるので、うかつに上洛すべきでない、たとえ断交となっても拒否すべき」との主張していたからであるという（『三河物語』）。

九月二十四日、秀吉は浅野長吉（後の長政）・津田信勝・富田知信を上使として岡崎に派遣した。これには織田信雄の使者織田長益・滝川雄利・土方雄久も同行していた。ここで上使より家康への上洛要請とともに、三河に秀吉生母大政所が下向することが伝達された。表向きは家康正室となった息女旭姫との対面であったが、実際には秀吉より人質として徳川氏に送られることは誰が見ても明らかであった。これには秀吉の弟秀長が反対したと伝わるが、何よりも家康の上洛（徳川氏の従属）を実現させたい秀吉の強い決意によるものであった。これを受けて徳川氏は、二十六日に岡崎城で評議を行い、家康の上洛を決定した。『三河物語』によると、なおも根強い反対論が噴出したというが、家康はこれを制し自ら上洛を宣言したという。

十月十三日、大政所が大坂城を出立すると、家康も十四日に浜松城を発足し十五日に西尾城に入り大政所の到着を待った。大政所は、十月十八日に岡崎城に無事到着した。家康は西尾から岡崎に赴いて大政所と対面し、二十日に上洛の途についた（『家忠』等）。

家康一行は十月二十四日に上洛し、二十六日に大坂に到着して羽柴秀長邸に入った。そして翌十月二十七日、家康は大坂城に出仕して秀吉と正式に対面し、臣従の礼を取った。こうして徳川家康は秀吉政権に従属することとなったのである。秀吉は家康を大いにもてなし、十一月には正親町天皇に奏請して家康を正三位に叙任した。また、家康は顕尊（佐超、本願寺顕如の二男）とも対面し、一向宗とも正式に和解を果たした。これは秀吉の仲介があってのことと見られる。こうして家康は大坂、京都での日程を無事に終え、十一月八日に京都を発足し、十一日に岡崎城へ帰還した。これを受けて翌十二日に大政所が岡崎を発ち、井伊直政に警固され大坂に帰った。

秀吉に従属した家康は、十二月四日、本拠地を駿府城へ移した。これも秀吉容認のもとで実現したのであろう。なお家康の同盟国北条氏は、京都で秀吉と家康の間で軍事衝突が起こった場合に備えて、出陣の準備を整えていたが（『戦北』三〇一八〜二一号）、完全に当てが外れたのであった。だが家康の従属により、秀吉の圧力が今後北条氏に集中するであろうことは十分予測できた。

この間、羽柴秀吉は天正十四年十一月に正親町天皇の譲位と後陽成天皇の即位を実現させ、十二月、武家では平清盛、足利義満以来の太政大臣に任ぜられた。これを契機に藤原氏を改め、天皇より賜った豊臣姓を称したのである。豊臣秀吉が天下を統べる人物であることは、もはや誰の目にも明らかであった。

翌天正十五年一月四日、秀吉は上杉景勝に書状を送り、真田昌幸の赦免を正式に通達し、昌幸に上洛させるよう指示した（『上越』三一六八号）。これを受けて真田昌幸は、小笠原貞慶とともに上洛し、秀吉に謁見した。その際に家康重臣酒井忠次も同席しており、秀吉は帰国の途中、駿府の家康に出仕し、その与力大名となるよう命じたらしい。三月十八日、真田昌幸・小笠原貞慶は酒井忠次に伴われて駿府城に入り、家康に出仕した（『家忠』等）。

これにより天正壬午の乱勃発後、紆余曲折あった家康と昌幸・貞慶の関係は修復され、同乱終結時の「国切之約諾」で北条氏と合意した信濃（上杉領を除く）を徳川領国とすることは、ここにようやく実現に向けて動き出したのである。

### 関東惣無事へ向けて

天正十四年十一月、北条氏は豊臣政権との対決を想定して臨戦態勢に入り、翌十五年からは小田原城はもちろん領国各地の城郭の本格的な改修に着手し始めた。

小田原城（神奈川県小田原市）

小田原城大堀切

その間、豊臣秀吉の眼は九州に向けられていた。秀吉は、天正十五年三月より九州平定戦に着手し、五月には島津氏を降伏させて九州の国分を実施した。懸案だった九州平定が完了したことから、秀吉の眼は再び残る関東と奥羽に注がれることとなった。

北条氏と豊臣政権との軍事衝突の危

機が高まる中、天正十五年十二月三日、秀吉は家康に対し「関東・奥両国迄無事之儀」の実現について一任することを宣言し、もしこれに異を唱える勢力に対しては「成敗」を認めた（武力行使の容認）。これにより家康は、秀吉が想定する「関東」＝仮想敵国は主に北条氏、奥州＝主に伊達氏、と対峙する豊臣政権の重要な柱石と位置づけられ、事実上、徳川・北条同盟は形骸化することとなった。

北条氏もこれを重視し、十二月二十四日に全領国下に「天下御弓矢立」の発動を宣言し、指定した領国の惣人数を翌天正十六年一月十五日を期日に小田原へ招集する陣触を通達した。こうした指令は北条氏がかつて上杉謙信、武田信玄による小田原侵攻の時にも発動したことはなく、その時とは比較にならぬ非常事態宣言の発令と位置づけられ、その緊迫した危機意識を看取できる。

家康が秀吉の意を挺して「関東惣無事」の執行にあたることは、関東の諸大名にも知らされており、下野の皆川広照はその実現に期待を寄せていた。しかし、家康による「関東惣無事」に向けた動きはしばらく停止する。それは秀吉が自己の権威を誇示すべく諸大名を京都に招集し、後陽成天皇の聚楽第行幸の実現に奔走していたからである。家康も上洛し、聚楽第行幸に参加していた。

天正十六年四月、秀吉は後陽成天皇を聚楽第に迎える行幸を実現させた。これは「日本国王」足利義満による後小松天皇の北山殿行幸に倣ったもので、自分の権威確立を意図したものであった。この時秀吉は、徳川家康以下の諸大名より起請文を提出させ、関白の命令への服従を誓約させた。天皇の権威を背景に天下を治める体制を、確固としたのである。

秀吉は、天皇の権威と武家の統括者として公儀に結集する大名の軍事力を背景に、「惣無事」政策を残る関東と奥羽に及ぼし、天下を統一しようと図ったのである。

この聚楽第行幸に際して、秀吉は北条氏政・氏直にも上洛を促したが、彼らはこれに応じなかった。秀吉はこれに強い不快感を示したといわれる。

これを受けて家康はいよいよ「関東惣無事」実現に向けての作業を開始する。聚楽第行幸を終えて帰国した家康は、五月二十一日、北条氏政・氏直父子に起請文を添えて次の三ヶ条を通告した（『戦北』四五二四号）。それは①徳川氏と北条氏の同盟は今後も継続する、②氏直の兄弟の誰かが上洛し、豊臣秀吉に「御礼」を行う、③北条氏は秀吉への「出仕」＝従属を承認すること、であった。家康は冒頭で北条氏との同盟を確認しているが、それはあくまで②③を北条氏が実現するという確約のもとであり、それを拒否するようであれば、氏直正室督姫を徳川方へ返すよう求める一文が添えられていた。これは家康が北条氏との同盟を破棄する用意があると通告したことに他ならなかった。

この結果、北条氏はついに家康の要請を受け入れ、秀吉に屈することを決め、豊臣政権の「関東惣無事」を受諾すること（「関東事、北条何様ニ茂可為上意次第」）を返答した。秀吉はこれを受けて、閏五月二十六日には上使を関東に派遣し、国々の置目を申し付けることを決定した。さらに北条氏は、六月には、家康を通じて北条氏規を上洛させることも言明し、その費用として予想される二万貫文を捻出するため全領国に役銭の賦課を開始した。北条氏規は、家康の督促を受けようやく八月二十二日秀吉に謁見し、豊臣政権への従属を表明した。

秀吉は氏規の言明に満足し、九月二日に北条氏を赦免すると関東諸将に通達し、関東八カ国の領域画定のために上使を派遣すると言明した。さらに、北条氏の従属を受けて、関東諸将にも上洛＝豊臣政権への従属を促した。これにより豊臣方は、関東惣無事が実現したと認定したのである。これを受けて、豊臣方はいよいよ北条氏を始めとする関東諸将の領土画定の作業に着手するのであり、なかでも焦点は天正壬午の乱終結時以来の懸案になっていた上野国沼田領問題に他ならなかった。徳川家康も北条氏政も、ともにこの問題を自力で解決できず、天正壬午の乱終結時に締結した領土画定＝東国の新秩序実現は、豊臣政権の手に委ねられ、そのもとで初めて実現されることになる。

# 終章　残照記

北条氏直画像（神奈川県・早雲寺蔵）

## 秀吉の沼田領問題裁定

秀吉は天正壬午の乱終結時に、徳川家康と北条氏直が締結した和睦条件をめぐる領土紛争の実態について調査を開始した。そこでまず北条氏による、北条氏は約束通り甲斐国都留郡と信濃国佐久郡を渡したにもかかわらず、家康が上野国沼田領を引き渡さなかったのは家康の表裏によるものだとの訴えについて、裏付け調査を行っている。秀吉は、その経緯をよく知る家臣を秀吉の元へ派遣せよと北条氏に命じた。これを受けて北条氏は、天正十七年春、重臣板部岡江雪斎融成《いたべおかこうせつさいゆうせい》を出頭させた(45)。

秀吉は、協定に従い家康は信濃佐久郡等を自力で奪取していったのに対し、北条氏は真田昌幸に敗れて沼田・吾妻領をものにできなかった事態を十分に理解していた。ほんらいであれば、「自力次第」の原則を実現できなかった北条方に問題ありとして門前払いをしてもよかったのであるが、秀吉は北条氏政を上洛させ、豊臣政権に北条氏を臣従させることを優先させるべく妥協案を提示した。

それは、上野沼田領のうち、沼田城を含む沼田領三分二を北条氏のものとし、名胡桃城を含む三分一は「真田墳墓の地」であるという由緒を考慮して、真田昌幸の知行とするというものであった。そして真田が失う沼田領三分二に相当する知行は、徳川家康が替地を補償するということとした。さらに秀吉は、北条氏がこの裁定を受諾し、さらに当主氏直が上洛するとの誓約書を提出すれば、ただちに上使を派遣して沼田領裁定を確定させることを約束すると言明した。板部岡江雪斎は、秀吉からの条件提示を携えて小田原に帰り、北条氏政・氏直父子に復命した。

北条氏は沼田領裁定に大いに不満で、沼田領全域の割譲を強く主張したようだが、秀吉にはこれ以上譲歩する意志はさらさらなく、妙音院と一鴎斎を使者として小田原に派遣し、返答を催促した。もし拒絶すれば即開戦というのは誰が見ても明らかであった。ここに北条氏は屈服し、天正十七年六月、秀吉より提示された条件受諾を表明し、北条氏政が出仕するとの一札を提出した。秀吉の求めたのは当主、すなわち氏直の出仕誓約書であったはずだが、北条氏は御隠居様（氏政）の誓約書を提出している。これを北条方の抵抗とみるか、氏政の隠然たる実権掌握の結果とみるかで評価は分かれている。いずれにせよ、北条氏は氏政が上洛し、秀吉に出仕するための準備に入り、同行者の人選や上洛費用の賦課、徴収を始めている。

名胡桃城跡（群馬県みなかみ町）　北条氏はこの城を強襲し攻略したため秀吉の怒りを買った

名胡桃城跡現況図

北条氏の条件受諾を確認した秀吉は、ただちに沼田領裁定の執行を実施した。七月十日に秀吉は、津田信勝・冨田知信を上使として派遣し領土確定を行わせることを通達し、徳川家康重臣榊原康政に沼田領引渡の実務を行わせた。これは天正壬午の乱のもう一方の当事者である徳川氏に、北条氏との約諾執行を実施させようとの意図であったとされている。沼田領分割の案内役は真田昌幸が担い、北条氏からは北条氏堯《うじたか》（氏康の弟、駿河戸倉城主）が沼田請取人として派遣された。なお秀吉は、沼田領を請け取るにあたって北条方が引率する軍勢の数を千人ほどに限定させ、それ以上の動員を許さず偶発的な軍事衝突の可能性を排除するよう命じた。しかし北条氏邦はこれを無視し、北条氏堯に沼田領請け取りを実施させつつ、約二万の軍勢をかき集めて沼田の周辺に布陣し、後陣として様子を窺っていた。これは秀吉の知るところとなり、「彼北条之表裏者」との印象を残す結果となった。

それでも足かけ七年にも及ぶ天正壬午の乱の戦後処理は、ようやく秀吉の裁定、執行により終結した。七月中に沼田領分割は終了し、沼田城には北条氏邦家臣猪俣邦憲が入り、さらに要衝権現山城には同じく吉田真重が配備された。いっぽうの真田昌幸は、旧沼田領の三分一を統括する拠点名胡桃城に家臣鈴木主水を配備した。また徳川家康は秀吉の指示通り、真田昌幸に対し沼田領三分二の替地として信濃国伊那郡箕輪領を与えた。ここは高遠城主保科正直の所領であったが、家康は保科氏から取り上げたのであろう。昌幸はこれを受けて、沼田領割譲により知行を失った家臣に対し、箕輪領で替地を充行う作業を実施している。それは、天正十七年十一月三日のことであった（『信』⑰四七〜九）。そして昌幸が、沼田領での替地充行状発給を開始したまさにその日に、大戦役の発端となる事件が起こったのである。

## 北条氏の滅亡と天下統一

天正十七年十一月三日、沼田城代猪俣邦憲は突如、真田氏の拠点名胡桃城を乗っ取り、城将鈴木主水を憤死させた。この情報はその日のうちに徳川家康の知るところとなり（『家忠』）、真田氏よりも真田信幸から家康の元へ正式に報告がなされた（『信』⑰四九）。家康はただちに秀吉に北条氏の名胡桃城奪取を報告した。真田昌幸は家康の与力大名であったから、秀吉への上訴は徳川氏を通じて行われるのが原則であったことがわかる。『加沢記』によれば、真田昌幸は当時上洛中であり、秀吉のもとに詰めていたといわれ、北条氏の名胡桃城奪取を京都で知ったという。怒った昌幸は、ただちに秀吉へ北条氏の非違を訴えたとされる。

鈴木主水墓（群馬県沼田市・正覚寺境内）　鈴木主水は家来三十騎ほどとともに正覚寺で自刃したと伝えられる。主水墓の周囲にある墓石は家来たちのものとされる

秀吉は、北条氏が停戦命令を無視して下野や常陸に出兵していたことや、上洛を約束しながらまったく実行しない北条氏政の不実などに腹を据えかねていたところへ、沼田領分割裁定を破棄して名胡桃城を奪取したことを知り激怒した。秀吉は上使を派遣して事実関係の糺明に乗り出すとともに、十一月二十一日には当事者真田昌幸に対し、名胡桃城奪取の下手人を成敗しなければ北条を赦免することはしないと説明し、決戦に備えて境目の諸城に軍勢を配備し、来春まで確保するよう指示した。また必要があれば、松本城主小笠原貞政

（貞慶の子）や北信濃の上杉軍を援軍として派遣すると述べている（『信』⑰五〇）。

これに対して北条氏は懸命の弁明を試みたが、すべて根拠無しとして退けられた。秀吉は十一月二十四日に世にいう「宣戦布告状」と呼称される朱印状を北条氏直に手交した（『戦北』四五三七号）。この文書の末尾には「然るところに氏直天道の正理に背き、帝都に対し奸謀す、何ぞ天罰を蒙らざらんや、古諺に云わく、巧詐は拙誠に如かずと、所詮普天の下、勅命に逆らう輩は、早く誅伐を加えざるべからず、来歳必ず節旄《せつぼう》を携えて進発せしめ、氏直の首を刎るべきこと、踵を廻らすべからざるものなり」という厳しい文言があることからそう呼ばれているが、実際には最後通牒という意味合いが強い。

例えば、同日秀吉が家康に与えた書状には「御成敗歟、可為御赦免歟、実否之儀可被仰出候」とあり（『信』⑰五四）、また、十一月二十九日に秀吉から派遣された上使の使命が「今日中ニ出仕候ハ、御成敗可有之御使候」であることを松平家忠が書き留めていることを勘案すると（『家忠』）、秀吉の真意は北条氏政の即時上洛と名胡桃城奪取の責任者処罰で一貫しており、軍事力行使は実現のための威圧であったと考えられる。後に秀吉が北条追討を決断したのは、結局は北条氏の上洛（出仕）誓約違反と領土裁定（惣無事）違反という二つの誓約義務違反を問うてのことだった。

だが、北条氏は事態の深刻さをほとんど理解していなかった模様で、唯一事態を深刻に受け止めていた北条氏規は、十一月晦日、徳川重臣酒井忠次に送った書状の追而書に「はや殊外之まつこ《末期》に罷成候」と記し、北条家中での対豊臣強硬論を押さえきれない内情を吐露していた（『戦北』三五四八号）。

それを裏書きするかのような内容の弁明を、北条氏直は十二月七日に秀吉の上使冨田知信・津田信勝に対し条目で試みた（『戦北』三五六三号）。この中で「父氏政の上洛は予定通り来年正月中に実施される」と述べているが、「先年徳川家康が上洛する際に、秀吉生母大政所が人質として三河に下向されたような保証がなされておらず、それでは上洛は覚束ない」と記している。しかも「氏政が上洛してもそのまま京都で抑留され人質となり、名胡桃城問題の責任を取らされるか、北条氏の国替を命じられるかという噂がしきりであり、とても安心して氏政を送り出せない」とまで述べていた。

それればかりか、弁明の使者として北条氏が派遣した石巻康敬を豊臣方が三枚橋（沼津）に抑留したことや、真田昌幸の一方的な言い分だけを信じるなど、すべては秀吉の不実が原因であるといわんばかりの内容となっていた。いっぽうで氏政と氏直は、十二月九日にそれぞれ駿府の家康に、上洛を来年正月か二月に実施するから秀吉に取りなしてほしいとの書状を送ったが（『戦北』三五六九・七〇号）、時すでに遅く、家康は上洛のため出発した後だった。もはや和平への道は完全に断たれたのである。

北条氏政・氏照墓（神奈川県小田原市）

秀吉は、十二月十三日ついに北条氏討伐の動員令を下し、翌天正十八年二月、各地の大名は北条領国に向けて侵攻を開始した。関東の北条方諸城は次々に陥落ないし開城した。それに伴い各地の国衆は次々に没落していった。上野国の武士の多くも滅亡するか、降伏し没落する途をたどり、他家に仕官する者や牢人して歴史の舞台から姿を消す者など様々な運命を選択した。やがて小田原城も豊臣の大軍に包囲され、七月五日ついに降伏した。北条氏政・氏照らは切腹を命じられた。北条氏直は家康の取り成しもあり、死を免じられ高野山に追放された。こうして北条氏は滅亡した。この北条攻めに際し、秀吉は東北諸大名にも参陣を命じており、最上義光や伊達政宗もこれに応じて出仕したため、ここに豊臣政権による天下統一が成就した。戦国の世は、「豊臣による平和」によって終息したのである。

## 滅びの群像——姿を消した信濃国衆たち

天正壬午の乱終結後から北条氏滅亡の間に、信濃では様々な事件が継起し、室町・戦国を生き抜いた豪族が相次いで歴史の舞台から姿を消している。最後に、本文で紹介できなかったことをまとめて記しておこう。

天正十五年九月二十八日、小笠原貞慶は家臣青柳頼長・長迪《ながみち》父子とその家臣を松本城に呼び寄せ出仕してきたところを捕らえ、二の曲輪古山寺辺で謀殺した。これを合図に、貞慶は待機させていた軍勢を青柳城に急行させ、一挙にこれを落城させた。これにより青柳氏は族滅したと伝えられる。その原因について、『箕輪記』『信府統記』等は次のように記している。青柳頼長、麻績式部太夫、会田広忠らは武田氏に通じて小笠原長時を逐い、その後は織田氏に属し、信長横死後は真田昌幸の調略により上杉景勝に内通して貞慶の松本回復後もなかなか従わず、これを蔑視するなど非礼を働いていたという。貞慶は強い遺恨を抱いていたが、嶮岨な地域を根拠地とする彼らを力攻めにする不利を悟り、和睦して油断させ、頃合いをみて謀殺したという。

この記述には不正確な部分も多く見受けられるが、青柳氏の動向が定かでなかったというのは蓋然性がある。年未詳ながら天正十四、五年のものとみられる諏訪大社神長官守矢信真覚書案によると、諏訪大社上社神官の副祝《そえほうり》が神長官らに逆心を企て、さらに青柳頼長の求めに応じて秘かに小笠原貞慶調伏の祈祷を行っていたことが記されている。これは神長官守矢氏らの察知するところとなり、副祝は追放され、それとともに青柳頼長の逆心も露見したとある。

青柳頼長墓（長野県筑北村・碩水寺境内）

頼長は、貞慶一族藤沢頼親（箕輪殿）没落の際にもその実現を副祝に祈祷させていたというから、天正十年十一月以来小笠原氏を呪詛していたことがわかる（『信』⑯四七六）。頼長が貞慶を蔑ろにしていたというのは事実であろう。また、青柳・麻績城は上杉景勝との係争地でもあったから、上杉氏より調略の手が伸び、謀叛を起こそうとしていたのが発覚したのかも知れない。青柳氏滅亡後、青柳城は貞慶重臣溝口貞秀が守り、この地域の統治を実施している（『信府統記』『信』⑯五〇五）。

同じ天正十五年、下伊那郡吉岡城主下条康長（牛千代）も徳川氏に追い詰められ没落した。下条氏没落についての確実な史料は存在せず、『下条記』等の後世の編纂物に頼る他ない。以下は同書をもとに記述する。

ことの発端は、天正十二年の小牧・長久手の合戦にあった。徳川家康は、下条牛千代に出陣命令を出した。その陣触状を家康は下伊那出身の朝日受永に託し、牛千代に届けるよう命じた。この受永は、下条牛千代にとっては仇敵にあたる下条九兵衛尉氏長の旧臣であったとも、龍嶽寺（長野県下條村）の僧侶であったとも伝えられる。受永は下条牛千代にこの陣触状を届けようと吉岡城に赴いたが、折悪しく彼は家臣佐々木新左衛門宅で饗応を受けており、留守であった。そこで受永は佐々木宅を訪ね、牛千代に家康からの陣触状を手交した。牛千代は初陣であったため興奮し、ただちに準備に入るべく慌ただしく佐々木宅を後にした。その際に家康からの陣触状を佐々木宅に置き忘れてしまったのである。

翌天正十三年、下条氏は真田昌幸を攻撃すべく上田に出陣したが、その際に下条氏の陣小屋の一つが火事になった。真田軍と凌ぎを削る合戦の最中であったため、徳川方は下条氏が謀叛を起こしたのではないかと疑い、下条氏を厳しく詮議した。もとより当主牛千代は幼少であったから、家老下条志摩守・原備前守らが陳弁し、それは家中の佐々木新左衛門兄弟の出火が原因であると言上した。徳川方はこの陳弁を認め、火を出した佐々木兄弟を成敗するよう命じたのである。だが、身の危険を感じた佐々木兄弟は陣中より逐電し行方不明となったという。

やがて佐々木兄弟は駿府に現れ、下条康長が若年ゆえに家老に唆され逆心を企てていると上訴した。佐々木兄弟はその根拠として、①下条氏は美濃森氏と内通していたこと、②吉岡城などの要害の普請を実行していること、③徳川家康から与えられた陣触状を引き裂き、自分の主君は亡き武田勝頼以外にいないと述べたこと、などを挙げたのである。家康は、ただちに下条康長家臣下条志摩守・原備前守父子・林戸兵衛ら六人衆を召喚し、佐々木兄弟と対決させた。六人衆は①②について根拠なき讒言であると反論し家康を納得させたが、最後の③についてはまったく身に覚えがないとしかいえなかった。ところが佐々木兄弟は、懐中より引き裂かれた家康の陣触状を取り出し、動かぬ証拠として六人衆に突きつけたのである。これには彼らも抗弁できなかった。佐々木兄弟は、下条康長が自宅に忘れていった陣触状を略取し、細工していたのである。

抗弁に窮した六人衆は、まもなく下伊那に逃げ帰ってしまった。そのためますます徳川氏に疑われる羽目に陥り、ついに下条康長は伊那郡司菅沼定利により、天正十五年三月、飯田城に招かれそのまま城中の櫓に軟禁されたという。下条家中は康長暗殺を恐れ、秘かに飯田城中に忍び込み、康長と生母を連れて美濃に脱出した。これに怒った菅沼定利は、下条家臣下条志摩守・原備前守ら六人衆をすべて誅殺したという。身の危険を感じた下条家臣らは相次いで伊那を脱出し、下条氏は完全に没落した。その後、下条康長は松本城主小笠原秀政（貞慶の子）に仕え、大坂の陣にも旧臣らとともに活躍し、小笠原氏の取り成しで下条氏再興を実現しようとした。しかし、大坂夏の陣で小笠原秀政が戦死したためその宿願は潰え、そのまま小笠原家臣になったという。これに対し朝日受永は、その後、伊那代官となり、佐々木兄弟も家康に仕えて生涯を全うしている。

下条氏の没落によって、下伊那において室町・戦国を生き抜いてきた国衆は、松尾小笠原氏を除いて姿を消した。下条氏は天正壬午の乱にあたっては一貫して家康に味方して戦局を徳川優位に導く重要な役割を果たし、石川数正出奔時には秀吉方からの調略も拒み、いち早く人質を提出して家康に忠節を尽くした国衆であったにもかかわらず、末路は哀れであった。

最後に、佐久郡の国衆阿江木（相木）氏・伴野氏・依田氏について紹介しよう。天正壬午の乱で北条氏に荷担した阿江木常林・伴野信番・依田源五信季らは、徳川方に荷担した依田信番、真田昌幸に軍事的敗北を喫し、さらに北条・徳川両氏の和睦と「国切之約諾」にもとづき北条氏に従って佐久郡を退去して上野に移住した（彼らは「牢人」したと認識している）。阿江木常林は、北条氏より上野国惣社で知行を与えられている。依田源五信季も息子と推察される依田惣太郎ともども、北条氏より惣社で屋敷と知行を与えられていた模様で（『新編信濃史料叢書』①四三〇）、天正十三年七月には上野の某城（惣社か）の在番を行っていたことが確認できる（『戦北』二八三一号）。あるいは北条氏は、信濃から北条氏に従って「牢人」することを余儀なくされた人々を、惣社領にまとめて配備したのであろうか。しかし彼らのその後は明らかでない。北条氏とともに没落したのであろう。

天正十八年二月、豊臣軍の小田原出兵が開始されると、阿江木常林（相木能登守）は伴野刑部少輔（信番か）とともに佐久郡に侵入し、三月十五日に白岩城（南佐久郡北相木村）を占拠して碓氷峠を越えて上野に入ろうとする豊臣軍（前田利家・上杉景勝・真田昌幸ら北国軍）を牽制しようと謀った（『信』⑰一〇四・五）。白岩城は阿江木常林の旧領相木谷にあったので、常林は旧臣らを多数募ることに成功し気勢を上げたと言う。このため小諸城主依田康国はただちに軍勢を派遣し、白岩城を攻め立てた。結果、阿江木・伴野勢は城を守りきれず多数の戦死者を出して敗退し、さらに依田軍は、山岳地帯を上野に逃れようとする阿江木・伴野軍をなおも追撃し、伴野刑部を討ち取ったという（『依田記』）。

これ以後、阿江木氏は史料から姿を消し消息が知れなくなる。おそらく、北条氏滅亡とともに没落したか滅亡したのであろう。伴野氏は、前山伴野氏の伴野讃月斎全真が慶長期まで生存していることが確認されるが[46]、伴野家を再興することはできなかったらしく、その後はこれも行方が知れなくなる。前山伴野氏も全真の死とともに没落したのであろう。

このように、信濃の諸氏が相次いで滅亡し、信濃の諸氏は小笠原貞慶、諏訪頼忠、真田昌幸、依田康国、木曾義昌、保科正直、小笠原信嶺が独立した大名として存続した。その他の中小の国衆や土豪は彼らの家臣となるか、武士をやめて村に残るか、いずれかの道を選択した。また、北信濃の国衆は上杉景勝の家臣として新たな道を歩むこととなる。やがて天正十八年には家康とともに武田道臣や与力大名が、また慶長三年には上杉氏の家臣となった北信濃衆が国替によって本領を去っていった。戦国の世を生き残ったほとんどの人々が故地を後にしたのである。こうして甲斐、信濃の戦国時代は幕を下ろしたのであった。それは、天正壬午の乱以来続いた諸勢力の離合集散と混乱の終結を意味していたのである。

（完）

## 【註】

（1）天正壬午の乱の経過については、拙著『天正壬午の乱—本能寺の変と東国戦国史』（学研パブリッシング、二〇一一年）を参照されたい。

（2）平山「武田勝頼の再評価」（韮崎市教育委員会編『新府城と武田勝頼』新人物往来社、二〇〇一年所収）。

（3）信長父子存命期の織田政権と、死後のそれを区別するため、以後本書では「織田政権」と記すこととする。なお、以下の「織田政権」に関する叙述は、尾下成敏「清洲会議後の政治過程—豊臣政権の始期をめぐって—」、加藤益幹「天正十年九月三日付惟住（丹羽）長秀宛柴田勝家書状について」（ともに『愛知県史研究』十号、二〇〇六年）に依拠している。また、信長在世時の体制を織田政権、歿後のそれを「織田体制」として区別して論じた堀新氏の近業は魅力的である（堀新・二〇一〇年）。

（4）猪坂直一『真田三代録』（理論社、一九六六年）。

（5）『長野県の中世城館跡』（長野県教育委員会、一九八三年）。なお『上越市史』は大野田を長野県松本市安曇大野田に比定しているが、明らかな誤りである。

（6）戦国期の会田岩下（海野）氏の歴代については史料が乏しく、事実関係は極めて不明瞭である。ただ、天正壬午の乱の前年の天正九年（一五八一）に伊勢神宮内宮の宇治（荒木田）久家が作成した「信濃国道者御祓くばり帳」（『戦武』三六四四号）の、「あいた《（会田）》」に「岩下殿」「同名筑前守殿」「同名備前守殿」「同名丹波寺《（守カ）》殿」「同名源《（太カ）》田殿」「同名監物殿」「同名しま《（志摩）》殿」が列記され、筆頭の「岩下殿」こそ当時の当主と考えられるが、残念なことに官途や受領が記されていないためはっきりしたことはわからない。このため『岩岡家記』『二木壽斎記』が記すように、当主が病歿しており後継者が幼少であったという事実を確認する史料は残されていない。なお、天正壬午の乱当時、会田衆を指揮していたとされる堀内越前守については、「信濃国道者御祓くばり帳」の「同あいた」に「ほりの内越前守殿」と記載されており、実在が確認できる。参考までに記しておくと、永禄十年（一五六七）八月七日付の「生島足島神社起請文」に「岩下駿河守幸実」と自署している人物がその当時の会田岩下氏の当主と推定される（『戦武』一一七三号、なお同文書には「同名新十郎長高」「同名源介幸広」という岩下一族の名前も見られる）。

（7）（8）『屋代城跡範囲確認調査報告書』（更埴市教育委員会、一九九五年）。

（9）寺島隆史「上田築城の開始をめぐる真田・徳川・上杉の動静―上杉・小笠原の麻績合戦の再考もあわせて―」（『信濃』第六〇巻一二号、二〇〇八年）。

（10）この文書の年代比定については天正十二年説と同十三年説があったが、竹井英文「戦国・織豊期信濃国の政治情勢と『信州郡割』」（『日本歴史』七三八号、二〇〇九年）により天正十一年であることが確定された。

（11）奥野高広『足利義昭』（人物叢書、吉川弘文館、一九六〇年）。

（12）藤木久志『豊臣平和令と戦国社会』（東京大学出版会、一九八五年）。

（13）織田信長による武田勝頼打倒に際して実施した朝廷工作については、平山「同時代史料からみた武田勝頼の評価」（山梨県韮崎市・韮崎市教育委員会編『新府城の歴史学』新人物往来社、二〇〇八年所収）参照。

（14）竹井英文「戦国・織豊期東国の政治情勢と『惣無事』」（『歴史学研究』八五八号、二〇〇九年）。

（15）江馬時盛と輝盛は父子ではないとする岡村守彦氏の説（同著『飛騨史考　中世編』私家版、一九七九年）があり、傾聴に値するがここでは通説に従っておく。
（16）岡村守彦『飛騨史考 中世編』、谷口研語『飛騨三木一族』（新人物往来社、二〇〇七年）。
（17）齋藤慎一『戦国時代の終焉』（中公新書、二〇〇五年）。
（18）黒田基樹『戦国大名と外様国衆』（文献出版、一九九七年）。
（19）小牧・長久手合戦の経過については、『長久手町史』本文編（長久手町役場、二〇〇三年）が現段階では最新の基本文献である。
（20）以下の叙述は、尾下成敏「小牧・長久手の合戦前の羽柴・織田関係―秀吉の政権構想復元のための一作業―」（『織豊期研究』八号、二〇〇六年）に依拠している。
（21）『下伊那史』第七巻など。
（22）羽尾源六郎のその後については史料がなくはっきりしない。しかし、上杉氏が作成した『文禄三年定納員数目録』（矢田俊文・福原圭一・片桐昭彦編『上杉氏分限帳』高志書院、二〇〇八年）に今清水掃部助（もと高梨氏の家臣、北信濃衆）の同心として羽尾源六郎が記録されている。これは丸岩城で挙兵した羽尾源六郎自身かその子と推定される。もし本人であるなら、丸岩挙兵は成功したが孤立したため上杉氏のもとへ再亡命したのであろうし、その子ならば父源六郎は戦死したのであろう。記して後考をまちたいと思う。
（23）『麻績村誌』上巻、『上杉氏分限帳』（前掲）参照。
（24）『沼田記』『滋野世記』『続武家閑談』等は、室賀氏が真田昌幸に従属せず抵抗を続けたために殺されたと記しているが、室賀方の諸記録（『士林泝洄』『寛政譜』等）などを勘案すると、時期的にも家康と密謀して昌幸暗殺を企てたという説が正しいように思われる。

（25）なお室賀氏は、室賀満俊と正武の系統がともに徳川氏の旗本となり、幕末に至っている（松平秀治「室賀家史料―北信濃をめぐる戦国文書を中心に―」『徳川林政史研究所研究紀要』一九七三年度）。
（26）須田信正誅殺については、寺島隆史「第一次上田合戦前後における真田昌幸の動静の再考」（『信濃』六二巻五号、二〇一〇年①）で検討を加えているので参照されたい。
（27）一説によると、ここに見える遠山は遠山一行、大草は信濃大草衆ではなく、大草松平氏の当主康安とされるが、いずれも決め手に欠けている。遠山に勢力を張っていた伊那遠山氏は武田氏滅亡に伴い没落しており、遠山土佐守景直が本領に復帰するのは慶長期といわれているので、ここでは遠山の遺臣らが出陣したと考えておきたい。なお伊那遠山氏については『南信濃村史 遠山』（南信濃村、一九七六年）参照のこと。また、下条牛千代ら伊那衆が真田攻めに動員されたのは、閏八月二十日の家康書状によってであり（『家康』六六一）、閏八月二日の上田城攻防戦と、閏八月二十日の丸子表合戦にはともに参戦していないことが明らかである。これは『三河物語』の大久保忠教の記憶違いと考えられ、このメンバーが揃うのは閏八月下旬になってからである。
（28）藤木久志編『日本中世気象災害史年表稿』（高志書院、二〇〇九年）。
（29）第一次上田合戦については、軍記物も含めて『信濃史料』十六巻、『大日本史料』十一編之十九に史料が集成されており、比較検討がしやすい（但し「室賀満俊覚書」は未収録）。
（30）斎藤慎一『戦国時代の終焉』（中公新書）一三三頁。
（31）池享『戦国・織豊期の武家と天皇』（校倉書房、二〇〇三年）。
（32）落水の会談については、『続武家閑談』等に記されているが信憑性に問題がある。だが、秀吉が富山城で景勝と対面する予定を組んでいたのは事実である（『大日』十一編十八―二七〇～三）ものの、実現できなかったらしい。

(33)石川数正出奔については、柴裕之「石川康輝(数正)出奔の政治背景」(『戦国史研究』六〇号、二〇一〇年)参照のこと。柴氏は、対秀吉融和派の数正は人質提出を主張したが敗れて孤立し、さらに自身が指南していた信濃小笠原貞慶が秀吉に内通していたことが発覚したため、その責任問題とともに発言力を大きく失墜させたことが出奔の原因と指摘している。

(34)『甲斐国社記・寺記』第四巻所収、なお長延寺は寺号を江戸時代初期に光沢寺に改めている。

(35)佐藤八郎「武田氏と一向宗」(『武田信玄とその周辺』新人物往来社、一九七九年所収、初出は一九七六年)、村松志孝編『武田家と入明寺』(入明寺、一九四三年)参照。

(36)原田和彦「信濃における長延寺と真宗寺院」(『武田氏研究』三四号、二〇〇六年)。拙著『天正壬午の乱』五二〜七ページ参照。

(37)天正壬午の乱後、徳川家康が甲斐・信濃支配のために設置した「郡司」(「郡代」)と「郡主」について明確にしておきたい。まず「郡司」とは「郡代」ともいい、①該当地域の武士に対する軍事指揮権、②棟別・普請役等の公事賦課・徴収権、③大名の御料所(直轄領)の管理を実施する代官、④在城衆の訴訟等を大名当主に上申する取次役、⑤同心衆の跡職、闕所地の処分、⑥城領、城林の管理、等の幅広い権限を持っていた(丸島和洋・二〇〇七年、二〇一一年)。つまり郡司が在城する城郭は、軍事上の拠点としてだけでなく、戦国大名の領域支配を担う行政の拠点として重視されていたことを意味する。これに該当する権限を保持していたことが確認できるのは、徳川領国では信濃伊那郡知久平城に在城した菅沼小大膳定利だけである(柴裕之・二〇〇五年)。

これに対して、甲斐国甲府(躑躅ケ崎館に在城)の平岩親吉、信濃佐久郡(小諸城に在城)の大久保忠世、諏訪郡（当初は高嶋城、後に金子城に在城）の芝田康忠は「郡主」と呼称されていた（『上越』三〇七一号、なお鳥居元忠は明らかでないが、彼は都留郡を所領として宛行われているので、信濃の国衆と同じ領主としての扱いだったのであろう）。

　ところでこの「郡主」は、①担当郡内の武士に対する動員、②軍事指揮権、③郡内の裁判権などを保持していたようであるが、いっぽうで郡司が保持していた、御料所管理、諸役賦課・徴収権、地頭役の賦課・徴収権などの権限は保持していなかった。つまり郡主の権限は軍事指揮権などに限定されていたと推察される（柴裕之・二〇〇三年）。その証拠に、平岩・大久保・芝田ともに領域における役賦課・免許、年貢の徴収や検地などに関わる文書を一切発給していない。また領域の治安維持や秩序維持に不可欠な裁判権、検断権についても、たとえば諏訪郡主芝田康忠の場合、「諏安《（諏訪安芸守頼忠）》与被仰合、其郡山伏中別条無様可被仰付候」とあるように諏訪郡の領主諏訪頼忠と協力しあって実施することとされていた（『信』補遺上六九七）。

(38) 拙著『天正壬午の乱』二八八～九ページ参照。

(39) 新行紀一『一向一揆の基礎構造』（吉川弘文館、一九七五年）第六章に詳細な経過が紹介されている。

(40) このことは、拙著『武田信玄』（吉川弘文館、歴史文化ライブラリー、二〇〇六年）で述べている。

(41) 後に天正大地震として記憶されるもので、その震源地は、飛驒国白川の白川断層説や、尾張・美濃国境付近を走る養老断層説などがあるが、はっきりしたことはわかっていない。しかし津波被害が全く記録されておらず、飛驒などの山岳地帯を中心に甚大な被害が出ていることから、内陸部が震源であることは間違いなかろう。この地震については、寒川旭著『秀吉を襲った大地震―地震考古学で戦国史を読む』（平凡社新書、二〇一〇年）が最新の成果である。また天正大地震の史料は、『大日本地震史料』、『愛知県史』資料編12に集成されている。

(42) それまで開戦を辞さぬ秀吉の強硬路線が一転して融和に傾いた背景に、この天正大地震の影響があると始めて指摘したのは、新行紀一氏である(『新編岡崎市史』中世、第四章第二節)。

(43) 斎藤慎一『戦国時代の終焉』(中公新書、二〇〇五年)。

(44) 大木丈夫「豊臣政権と信濃国―安曇・筑摩郡を事例として―」(『信濃』五七―十二、二〇〇五年)。大名の転封、移封(国替)の背景には、あるいはくすぶり続ける領土問題を一挙に解決するという統一政権の政治的意図があるのではなかろうか。記して後考をまちたいと思う。

(45) 以下の記述は、相田二郎『小田原合戦』(小田原文庫1、名著出版、一九七七年、初出は一九四二年)、藤木久志『豊臣平和令と戦国社会』、下山治久『小田原合戦』(角川選書、一九九六年)による。

(46) 丸島和洋「戦国期信濃伴野氏の基礎的考察」(『信濃』六〇巻一〇号、二〇〇八年)。

# 天正壬午の乱・主要参考文献一覧

**【史料集】**（目次末で紹介したものを除く）

『家康史料集』（小野信二校注、人物往来社、一九六五年）、『上杉家御年譜』一景勝公（1）（1）（米沢温故会、一九七六年）、『上杉史料集』全三巻（井上鋭夫校注、新人物往来社、一九六六～七年）、『上杉氏分限帳』（矢田俊文・福原圭一・片桐昭彦編、高志書院、二〇〇八年）『越後史集上杉三代軍記』全三巻（黒川真道編、国史研究会、一九一六年、聚海書林復刻）、『岡崎市史別巻徳川家康と其周囲』全三巻（岡崎市役所、一九二六～三五年、一九七二年名著出版復刊）、『甲斐国志』全五巻（大日本地誌体系、雄山閣、一九六八～九五年）、『森島家文書 甲斐国志草稿』全二巻（森嶋家蔵甲斐国志草稿刊行会、一九七六年）、『甲斐志料集成』全十二巻（萩原頼平編、一九三二～三五年、後に歴史図書社復刻）、『甲斐叢書』全十二巻（甲斐叢書刊行会、一九三三～六年、後に第一書房復刻）、『甲斐国社記・寺記』全四巻（山梨県立図書館、一九六七～六九年）、『寛永諸家系図伝』全一七巻（続群書類従完成会、一九八〇～九七年）、『関八州古戦録』（中丸和伯校注、新人物往来社、一九七一年）、『謙信公御書集』、『覚上公御書集』上下巻（臨川書店、一九九九年）、『甲陽軍鑑大成』全六巻（酒井憲二編著、汲古書院、一九九四～五年）、『信濃史料叢書』全三巻（信濃教育会編、一九一三年、後に歴史図書社復刻）、『史料綜覧』巻十二（東京大学史料編纂所編、東大出版会）、『新編伊那史料叢書』全六巻（伊那史料刊行会編、歴史図書社、一九七三年）、『新編甲州古文書』全三巻（荻野三七彦・柴辻俊六編、角川書店、一九六六～九年）、『新編信濃史料叢書』全二四巻（信濃史料刊行会、一九七〇～七九年）、『諏訪史料叢書』全三十八巻（一～二十四巻は諏訪史料叢書刊行会、二十五～三十八巻は諏訪教育会編、一九二五～四三年）、『太閤史料集』（桑田忠親校注、人物往来社、一九六五年）、『大日本地震史料』第一巻（文部省震災予防評議会編、一九四一年）、『武田史料集』（服部治則・清水茂夫校注、新人物往来社、一九六七年）、『当代記・駿府記』（史籍雑纂、続群書類従完成会、一九九五年）、『徳川実紀』第一篇（新訂増補国史大系38、吉川弘文館、一九六四年）、『武徳大成記』（一）（二）（内閣文庫所蔵史籍叢刊、92・93、汲古書院、一九八九年）、『北条史料集』（萩原龍夫校注、人物往来社、一九六五年）、『三河物語・葉隠』（日本思想体系26、岩波書店、一九七四年）、『南佐久郡の古文書金石文』（南佐久教育会編、一九三八年、後に国書刊行会復刻）。この他に『群書類従』『続群書類従』『系図纂要』などに収録されている諸史料、系図、軍記物、諸記録なども利用した。

【全体に関わるもの】

『上杉氏年表』（増補改訂版、池享・矢田俊文編、高志書院、二〇〇七年）、『上杉氏分限帳』（矢田俊文・福原圭一・片桐昭彦編、高志書院、二〇〇八年）、『金井城跡』（佐久市教育委員会・佐久埋蔵文化財センター、一九九一年）、『山梨県史跡 勝山城跡』（都留市教育委員会・勝山城跡学術調査会、二〇一〇年）、『川中島の戦いと北信濃』（長野市民新聞編、信濃毎日新聞社、二〇〇九年）、『クロニック戦国全史』（講談社、一九九五年）、『静岡県の中世城館跡』（静岡県教育委員会、一九八一年）、『戦国人名辞典』（戦国人名辞典編集委員会編、吉川弘文館、二〇〇六年）、『織田信長家臣団辞典』（谷口克広編著、吉川弘文館、一九九四年初版、二〇一〇年改定第二版）、『後北条氏家臣団人名辞典』（下山治久編著、東京堂出版、二〇〇六年）、『戦国時代年表 後北条氏編』（下山治久編著、東京堂出版、二〇一〇年）、『戦国大名閨閥事典』一・二巻（小和田哲男編、新人物往来社、一九九六年）、『大日本戦史』第三、四巻、年表（高柳光壽編、三教書院、一九四一〜二年）、『武田系城郭研究の最前線』（山梨県考古学協会、二〇〇一年）、『武田氏年表』（武田氏研究会編、高志書院、二〇一〇年）、『定本山梨県の城』（郷土出版社、一九九一年）、『長野県の中世城館跡』（長野県教育委員会、

一九八三年）、『長野県歴史の道調査報告書』全十五巻（長野県教育委員会、一九七五〜八五年）、『日本城郭体系』四巻（茨城・栃木・群馬編）・五巻（埼玉・東京）、六巻（千葉・神奈川編）、七巻（新潟・富山・石川編）、八巻（長野・山梨編）・九巻（静岡・愛知・岐阜編）、『日本の合戦』五〜七巻（高柳光壽・桑田忠親編、人物往来社、一九六五年）、『日本中世気象災害史年表稿』（藤木久志編、高志書院、二〇〇九年）、『能見城跡』（韮崎市教育委員会、一九九八年）、『山梨県の中世城館跡』（山梨県教育委員会、一九八六年）、『山梨県歴史の道調査報告書』全十九巻（山梨県教育委員会、一九八四〜八八年）。この他に膨大なため一々列挙しないが、天正壬午の乱の舞台となった山梨・長野・群馬・静岡・新潟・愛知・岐阜県の県史はもちろん、市町村誌、郡誌などや、地名辞典（角川日本地名大辞典、平凡社日本歴史地名体系）も参考にした。

【編著】

相田二郎『小田原合戦』（小田原文庫1、名著出版、一九七七年）、安達満『近世甲斐の治水と開発』（山梨日日新聞社、一九九三年）、荒川善夫・松本一夫編『中世下野の権力と社会』（岩田書院、二〇〇九年）、粟野俊之『織豊政権と東国大名』（吉川弘文館、二〇〇一年）、池上裕子『織豊政権と江戸幕府』（日本の歴史15、講談社、二〇〇二年）、池享『戦国・織豊期の武家と天皇』（校倉書房、二〇〇三年）、猪坂直一『真田三代録』（理論社、一九六六年）、市川武治『もう一人の真田―依田右衛門佐信蕃』（櫟、一九九三年）、伊藤富雄『戦国時代の諏訪』（伊藤富雄著作集第四巻、永井出版企画、一九八〇年）、市村高男『東国の戦国合戦』（戦争の日本史10、吉川弘文館、二〇〇九年）、岡村守彦『飛騨史考 中世編』（私家版、一九七九年）、奥野高広『足利義昭』（人物叢書、吉川弘文館、一九六〇年）、神田千里『信長と石山合戦』（吉川弘文館、一九九五年）、同『日本の中世11戦国乱世を生きる力』（中央公論新社、二〇〇二年）、同『一向一揆と石山合戦』（戦争の日本史14、吉川弘文館、二〇〇七年）、北島正元『江戸幕府の権力構造』（岩波書店、一九六四年）、木村直衛『直江兼続伝』（慧文社、二〇〇八年、原著一九四四年）、黒田基樹『戦国大名と外様国衆』（文献出版、一九九七年）、同『戦国北条一族』（新人物往来社、二〇〇五年）、久保田順一『室町・戦国期上野の地域社会』（岩田書院、二〇〇六年）、栗原修『戦国期上杉・武田氏の上野支配』（岩田書院、二〇一〇年）、更埴市教育委員会『屋代城跡範囲確認調査報告書』（一九九五年）、小林計一郎『信濃中世史考』（吉川弘文館、一九八二年）、小林清治『奥州仕置と豊臣政権』（吉川弘文館、二〇〇三年）、同『奥州仕置の構造―破城・刀狩・検地―』（同）、児玉彰三郎『上杉景勝』（ブレインキャスト、二〇一〇年、原著一九七九年）、齋藤慎一『戦国時代の終焉』（中公新書、二〇〇五年）、坂井衡平『善光寺史』全二巻（東京美術、一九六九年）、笹本正治・土本俊和編『善光寺の中世』（高志書院、二〇一〇年）、佐藤八郎『武田信玄とその周辺』（新人物往来社、一九七九年）、寒川旭『秀吉を襲った大地震―地震考古学で戦国史を読む』（平凡社新書、二〇一〇年）、柴辻俊六『戦国大名領の研究』（名著出版、一九八一年）、同『真田昌幸』（吉川弘文館、一九九六年）、同『戦国期武田氏領の形成』（校倉書房、二〇〇五年）、下伊那教育会編『市村咸人全集』全十二巻（一九五五～六年）、下山治久『小田原合戦』（角川選書、一九九六年）、新行紀一『一向一揆の基礎構造』（吉川弘文館、一九七五年）、高柳光壽『本能寺の変・山崎の戦』（春秋社、一九五八年）、同『賤ヶ岳の戦い』（同、一九五八年）、同『青史端紅』（朝日新聞社、一九六二年）、谷口克広『信長の天下布武への道』（戦争の日本史13、吉川弘文館、二〇〇六年）、同『検証本能寺の変』（歴史文化ライブラリー、吉川弘文館、二〇〇七年）、同『信長と消えた家臣たち―失脚・粛清・謀反』（中公新書、二〇〇七年）、谷口研語『飛騨三木一族』（新人物往来社、二〇〇七年）、千野原靖方『新編房総戦国史』（崙書房出版、二〇〇〇年）、中村孝也『家康伝』（講談社、一九六五年）、同『家康の臣僚・武将編』（人物往来社、一九六八年）、同『家康の族葉』（一九六五）、同『家康の政治経済臣僚』（雄山閣、一九七八年）、長野県飯山市『川中島合戦再考』（新人物往来社、二〇〇〇年）、韮崎市教育委員会編『新府城と武田勝頼』（新人物往来社、二〇〇一年）、韮崎市教育委員会編『新府城の歴史学』（新人物往来社、二〇〇九年）、服部治則『武田氏家臣団の系譜』（岩田書院、二〇〇七年）、花ケ前盛明編『新編上杉謙信のすべて』（新人物往来社、二〇〇八年）、平山優『戦国大名領国の基礎構造』（校倉書房、一九九九年）、同『川中島の戦い』全二巻（学研M文庫、二〇〇二年）、同『穴山武田氏』（戎光祥出版、二〇一〇年）、同『天正壬午の乱─本能寺の変と東国戦国史』（学研パブリッシング、二〇一一年）、藤木久志『織田・豊臣政権』（日本の歴史15、小学館、一九七五年）、同『豊臣平和令と戦国社会』（東京大学出版会、一九八五年）、同『戦国史をみる目』（校倉書房、一九九五年）、藤田達生『日本近世国家成立史の研究』（校倉書房、二〇〇一年）、藤田達生編『小牧・長久手の戦いの構造』全二巻（岩田書院、二〇〇六年）、堀新『天下統一から鎖国へ』（日本中世の歴史7、吉川弘文館、二〇一〇年）、丸島和洋『戦国大名武田氏の権力構造』（思文閣出版、二〇一一年）、峰岸純夫『中世の合戦と城郭』（高志書院、二〇〇九年）、盛本昌広『松平家忠日記』（角川選書、一九九九年）、村松志孝編『武田家と入明寺』（入明寺、一九四三年）、矢田俊文編『直江兼続』（高志書院、二〇〇九年）、山田邦明『戦国のコミュニケーション』（吉川弘文館、二〇〇二年）、吉田ゆり子『兵農分離と地域社会』（校倉書房、二〇〇〇年）、渡辺世祐『諏訪史』第三巻（諏訪教育会、一九五四年）

【論文】（右の編著に収録されているものや本文註で紹介したものを除く）

池上裕子「戦国期北信濃の武士と上杉氏の支配」（『市誌研究ながの』五号、一九九八年）、大木丈夫「豊臣政権と信濃国─安曇・筑摩郡を事例として─」（『信濃』五七─十二、二〇〇五年）、尾下成敏「清洲会議後の政治過程」（『愛知県史研究』一〇号、二〇〇六年）、同「小牧・長久手の合戦前の羽柴・織田関係─秀吉の政権構想復元のための一作業―」（『織豊期研究』八号、二〇〇六年）、同「天正十年代初頭の羽柴秀吉の東国政策をめぐって―秀吉・家康の『惣無事』を中心に―」（『史林』九二巻五号、二〇〇九年）、加藤益幹「天正十年九月三日付惟住（丹羽）長秀宛柴田勝家書状について」（『愛知県史研究』一〇号、二〇〇六年）、小林計一郎「屋代家文書・室賀家文書の紹介」（『長野』一一七号、一九八四年）、酒入陽子「家康家臣団における大須賀康高の役割」（『日本歴史』六一二号、一九九九年）、佐々木倫朗「東国『惣無事』令の初令について―徳川家康の『惣無事』と羽柴秀吉」（荒川善夫・松本一夫編、二〇〇九年）、柴裕之「岡部正綱の政治的位置」（『野田市史研究』一四号、二〇〇三年）、同「戦国大名徳川氏の伊那郡統治と菅沼定利」『駒沢史学』六五号、二〇〇五年）、同「石川康輝（数正）出奔の政治背景」（『戦国史研究』六〇号、二〇一〇年）、志村洋「近世領域支配の確立過程と在地社会」（『歴史学研究』六五九号、一九九四年）、関口明「戦国期上野赤見氏の動向―後北条領国・武田領国への移住をめぐって」（『駒沢史学』七〇号、二〇〇八年）、竹井英文「『房相一和』と戦国期東国社会」（佐藤博信編『中世東国の政治構造』岩田書院、二〇〇七年所収）、同「戦国・織豊期東国の政治情勢と『惣無事』」（『歴史学研究』八五六号、二〇〇九年①）、同「戦国・織豊期信濃国の政治情勢と『信州郡割』」（『日本歴史』七三八号、二〇〇九年②）、同「戦国・織豊期東国の国分と地域社会」（『歴史評論』七一六号、二〇〇九年③）、同「『関東奥両国惣無事』政策の歴史的性格」（『日本史研究』五七二号、二〇一〇年）、寺島隆史「近世大名になった禰津氏―中世末から近世初頭にかけての禰津氏の動静―」（『千曲』四六号、一九八五年）、同「上田築城の開始をめぐる真田・徳川・上杉の動静―上杉・小笠原の麻績合戦の再考もあわせて―」（『信濃』第六〇巻一二号、二〇〇八年）、同「第一次上田合戦前後における真田昌幸の動静の再考」（『信濃』六二巻五号、二〇一〇年①）、同「第一次上田合戦の再考―戦い後の対陣の経過を中心に―」（『千曲』一四五号、二〇一〇年②）、戸谷穂高「関東・奥両国「惣無事」と白河義親」（村井章介編『中世東国武家文書の研究』高志書院、二〇〇八年)、同「金山宗洗の『惣無事』伝達とその経路」(『戦国史研究』六〇号、二〇一〇年)、中川治雄「小笠原貞慶の中興をめぐって」(『信濃』二四巻五号、一九七二年)、原田和彦「信濃における長延寺と真宗寺院」(『武田氏研究』三四号、二〇〇六年)、逸見大悟「戦国末期にみる秩序の再構築―上杉景勝の信州北部支配を中心として」(『信濃』五六巻五号、二〇〇四年)、松平秀治「室賀家史料―北信濃をめぐる戦国文書を中心に―」(『徳川林政史研究所研究紀要』一九七三年度)、丸島和洋「甲佐同盟に関する一考察」(『年報三田中世史研究』七号・二〇〇〇年)、同「戦国大名武田氏の領域支配と「郡司」―信濃国諏方郡を事例として―」(『史学』七五巻二・三合併号、二〇〇七年)、同「戦国期信濃伴野氏の基礎的考察」(『信濃』六〇巻一〇号、二〇〇八年)、宮川展夫「天正壬午の乱と北関東」(『駒澤大学大学院史学論集』四〇号、二〇一〇年)、村石正行「直江兼続と信濃侍―中近世移行期の北信濃国衆の動向―」(『信濃』六〇巻一〇号、二〇〇八年)、矢部健太郎「東国『惣無事』政策の展開と家康・景勝」(『日本史研究』五〇九号、二〇〇五年)、山下孝司「中世甲斐国における城郭の歴史的立地―能見城防塁を例として―」(『戦国大名武田氏』名著出版、一九九一年)。

なお、脱稿後、藤井譲治「「惣無事」はあれど「惣無事令」はなし」(『史林』九三巻三号、二〇一〇年)、谷口央「小牧長久手の戦い前の徳川・羽柴氏の関係」(『人文学報』第四四五号歴史学編第三九号、二〇一一年)が発表された。本書が叙述した内容にも密接にかかわる問題が論じられており、極めて重要な研究であるが、本書には活かすことができなかった。

| 年号・西暦 | 月 | 出来事 |
|---|---|---|
| 天正10（一五八二） | 3 | 11武田勝頼、織田軍に追い詰められ、甲斐国山梨郡田野で滅亡。29織田信長、旧武田領国の知行割と甲信国掟を発表する。 |
| | 4 | 2織田家臣森長可（海津城主）、埴科郡熊野権現などに禁制を出し、川中島四郡支配に着手する。3織田信長、甲府に入る。織田軍、武田氏菩提寺の恵林寺を焼き、快川国師らを焼き殺す。真田昌幸、別府若狭と加沢与七郎が室賀家中の過半を調略した功を賞す。5この頃までに織田家臣森長可が海津城に入る。また稲葉貞通が飯山城接収に向かう。信濃の芋川親正率いる一揆が蜂起し、飯山城を囲む。織田家臣森長可（海津城主）、更級郡康楽寺等に禁制を出す。この日から5月20日にかけて、海津城主森長可、北信濃衆に知行安堵状を発給する。7芋川親正率いる一揆が長沼城を攻略するが、森長可に敗退し大蔵の古城に籠城するも攻略され、籠城していた老若男女が虐殺される。稲葉貞通、飯山城を接収し、森長可の兵卒を配置する。木曾義昌、安曇郡倉科朝軌の知行を安堵し同心を預ける。8織田信長、真田昌幸に馬の贈答への礼状を出す。10織田信長、甲府を出発し帰国の途につく。11織田信忠、森長可が一揆を撃滅したことを賞す。17伊那郡箕輪（福与）城主藤沢頼親、筑摩郡宝積寺に寺領を寄進する。藤沢頼親の本領帰還が確認できる初見。21織田信長、安土城に凱旋。23織田家臣柴田勝家・前田利家・佐々成政らの猛攻を受けていた越中魚津城の将卒らが、直江兼続に決別の書状を送る。上杉景勝、後詰を決意する。上野の滝川一益、上杉景勝を攻めるべく三国峠に向けて進撃を開始するが、上田衆栗林政頼らに敗れる。信濃海津城主森長可も滝川に呼応して越後侵攻を開始し、関山を突破。25穴山梅雪、亡母南松院の十七回忌を執行し、「武田中興」となることを宣言。梅雪は安土出仕のためまもなく本拠地甲斐国下山を出発する。越後上田衆らが、滝川軍が駐留する上野猿ヶ京城を夜襲する。 |
| | 5 | 1上杉景勝、常陸佐竹義重に書状を送り、織田信長と決戦し滅亡する覚悟であると述べる。まもなく景勝、魚津城救援のため春日山城を出陣し、越中天神山城に入る。8徳川家康、穴山梅雪らとともに安土に向けて浜松を出発。14織田信長、木曾義昌の音問を謝すとともに、領内の仕置きを命じ |

る。15徳川家康、穴山梅雪らが安土城に到着。18北条氏、織田信長の要請を受け、下野国祇園城を明け渡し小山秀綱に返還する。19織田信長、徳川家康や穴山梅雪らを安土で饗応する。20海津城主森長可、川中島衆に対する知行安堵を開始する。21徳川家康、穴山梅雪らは、信長の勧めに従い京都・奈良・堺見物のため安土を出発する。23諏訪大社上社権祝矢島氏、知久頼氏の本領（神之峯城）復帰を祝い玉会等を贈ったことへの礼状を受け取る。25木曾義昌、安曇郡金龍寺に禁制を出す。27海津城主森長可、二本木を突破し春日山城に迫る。上杉景勝、越中より越後に引き上げ、これに備える。29徳川家康、穴山梅雪ら堺に到着。このころ、伊那郡の織田家臣毛利長秀が松尾城主小笠原信嶺の殺害をもくろむが失敗し、信嶺は木曾へ脱出したという。

6

1織田信長、京都本能寺に入り茶会を催す。家康・梅雪らも堺で今井宗久らと茶会を開催。2本能寺の変。家康の逃避行が始まる。東国では天正壬午の乱が始まる。穴山梅雪、家康一行と別れて近江より信濃路をぬけようとするが、途中で土民の襲撃にあい横死。3京都の酒井忠次から三河の徳川方のもとに、家康が京都より戻り次第、西国に出陣する予定であるとの沙汰がある。まもなく明智光秀謀叛により織田信長横死の情報がもたらされる。越中魚津城が柴田勝家らの猛攻により遂に落城する。4徳川家康、伊賀越えに成功し大浜に到着する。この日、岡崎に帰る。この時、穴山梅雪は横死との情報が伝わる。越中魚津城を占拠していた柴田勝家・前田利家ら、本能寺の変を知り突如軍勢をまとめて撤退する。5頃家康、甲斐武川衆折井次昌・米倉忠継等を引見し、早々に帰国して諸士を徳川へ帰属させる工作を進め、出馬を待つように指示する。5家康、近日出馬して明智光秀を討つことを布告し諸将に出陣の準備をするよう命じる。6上杉景勝、信濃の武田遺臣小幡山城守の知行を安堵し、飯山在城を命じる。上杉氏の北信濃衆調略が本格化する。森長可、越後三本木（一説に二本木）で本能寺の変を知り、上杉攻略を中止して海津城に戻る。徳川家康、駿河衆岡部正綱に甲斐の下山に移動し、城（後の菅沼城）の築城を命じる。東三河衆は8日に岡崎に集結し、岡崎衆は命令があり次第出陣との命令が下る。7上杉景勝、長尾市右衛門尉に越中根知在城と普請を命じる。家康、本多百助信俊を甲府の川尻秀隆のもとに派遣する（一説に名倉喜八郎もともに派遣されたとある、また『武徳編年集成』には10日、「大三川志」は14日に派遣とある）。8上杉景勝、新発田重家と対峙中の色部長真に書状を送り、上方で凶事が起きたため北陸の織田方が敗軍したと

| 年号・西暦 | 月 | 出来事 |
| --- | --- | --- |
| 天正10（一五八二） | 6 | 伝え、仕置きのため越中に出陣する意志を表明する。9上杉景勝、上方で凶事が起きたことが事実であることを摑む。家康、西国出陣を延期する。上野の滝川一益、本能寺の変を知る。10諏訪大社上社大祝諏訪頼忠が挙兵し、旧臣を招集して高島城を奪取する。徳川軍に、12日に出陣との下知が下る。11北条氏、本能寺の変を知る。氏政、滝川一益に書状を送り、京都の情報が事実かどうかを問い、今後は何かあれば協力すると伝える。徳川家臣曾根昌世・岡部正綱が甲斐に入り、甲斐衆原多門に本領を安堵する。徳川軍の出陣が14日に延期となる。12上杉景勝、佐渡の本間対馬守らに、本能寺の変勃発を伝える。北条氏、織田領国簒奪のため軍勢の招集に入る。小笠原貞慶、後廳勘兵衛尉に石川数正の取り成しにより徳川家康の援助を受け信濃入国に向けた準備が整ったことを報じ、本意については後廳の名跡相続を許すと伝える。真田昌幸、上野の武士恩田伊賀守に知行を充行う。13羽柴秀吉、山崎の合戦で明智光秀を討つ。木曾義昌、諏訪大社上社に禁制を出す。これより先に、上野国沼田在城衆藤田信吉が叛乱を起こす。城主滝川儀太夫、滝川一益の援軍を得て信吉を撃退。藤田は上杉氏のもとへ逃れる。徳川軍、岡崎に集結する。14徳川家康、美濃の佐藤六左衛門尉に書状を送り、三法師を供奉し上洛するので、日根野元就・金森長近と相談し協力するよう要請する。徳川家臣本多忠勝、美濃今尾の高木貞利に書状を送り、人質の提出と協力を求める。家康の使者本多信俊が河尻秀隆に暗殺される。甲斐で一揆が起こる風聞が立ち、不穏な情勢となる。徳川軍、岡崎を出陣し鳴海に到着する。15上杉景勝、芋川親正の帰属を認め、島津忠直にの指揮下に置く。木曾義昌、諏訪大社上社社家衆に諏訪高島本意のための祈祷実施を謝す。北条氏、甲斐都留郡出身の渡辺庄左衛門尉を郡内に派遣し、知己や被官等を招集して都留郡を制圧するよう命じる。本多信俊暗殺の報が家康の元に届く。明智光秀が敗死したとの情報が徳川方にもたらされる。このころ、三河に亡命していた伊那国衆下条頼安・牛千代丸が徳川家康の支援を得て、家臣らと結び吉岡城を奪取する。16北条氏直軍、上野倉賀野に迫る。徳川家康、家臣に明日、津島への陣替を指示。真田昌幸、上野国衆鎌原宮内少輔を味方にすることに成功。17徳川家臣大須賀康高・曾根昌世・岡部正綱、甲斐衆窪田助丞に知行を充行う。酒井忠次らが津島に進む。18北条氏邦軍と滝川一益軍が金窪原で戦い、北条軍が敗退する。甲斐で一揆が蜂起し、河尻秀隆が殺される（15日説もある）。森長可、川 |

中島四郡の人質を連れて海津城を出立し、途中一揆勢を撃破して深志城へ逃れる。19北条氏直と滝川一益が再度激突、滝川軍が敗退する（神流川の合戦）。滝川一益は箕輪城へ逃れる。北条氏直、信濃の出浦対馬守・室賀正武に書状を送り、川中島を制圧したら屋代秀正には高井・埴科郡を、水内・更級郡は両名に与えると約束する。羽柴秀吉より徳川家康のもとへ使者があり、上方を平定したので帰国されたいとの申し入れがある。家康、津島より鳴海に引き返す。森長可、川中島衆の人質を木曾義昌に引き渡し、美濃へ帰る。20上杉重臣直江兼続、信濃の駒沢主税助に所領安堵を約束し、26日には髻山に出陣することを伝える。上野の滝川一益、人質を連れて箕輪城を出発し、信濃国へ脱出を図る。信濃海津城主春日弾正忠信達が上杉氏に帰属する。景勝、市川信房・河野因幡守・大瀧土佐守・須田景実にこれを報じ、飯山城を堅固に守備するよう命じる。21真田昌幸、湯本三郎右衛門尉を上野の吾妻城（岩櫃城）に派遣する。このころ家康、依田信蕃に甲信の諸士を懐柔するよう依頼する。信蕃は甲斐国八代郡迦葉坂で武田遺臣横田甚五郎らを千余人集め、信州小諸城へ帰る。小笠原信嶺、菅沼定利を通じて家康に属す（なお『武徳大成記』「大三川志」は22日とする）。徳川家康、津金衆小池筑前守が信濃に潜入し調略を開始したことを賞す。家康、尾張より帰陣し、岡崎に帰る。滝川一益、信濃小諸城に到着し、上野国衆の人質を返す。22上杉景勝、信濃に出陣し関山に布陣する。上杉重臣直江兼続、信濃の浦野能登守に書状を送り、まもなく景勝が長沼城に到着する予定であると伝える。北条軍、上野国各地に禁制を出す。北条氏照・氏邦、信濃の伴野信番に知行を充行い、碓氷峠を越えて信濃侵攻に際しては先衆となるよう命じる。徳川家康、雁坂口や東郡で蜂起した一揆鎮圧を実施した有泉大学助ら穴山衆の戦功を賞す。春日城に帰還していた依田信蕃、滝川一益の求めに応じて小諸城へ行く。24上杉景勝、信濃長沼城に着陣。25北条家臣斎藤定盛、信濃諏訪の千野昌房に書状を送り、諏訪の人々を結集させ、北条方となるよう働きかけることを求める。26上杉方が木曾義昌の動向を探るため放っていた中間が春日山に帰還し、木曾義昌が深志に在陣していることなどを報告する。徳川軍、浜松に移動する。27清洲会議が開催され、織田信長・信忠の後継等が決定される。滝川一益、小諸城を出て下諏訪に到着し、木曾義昌に領内通過を求める。義昌、一益に書状を送り、明日木曾に来ることを了承する。徳川家康、酒井忠次を信濃に派遣することを決定する。28家康、大須賀康高を先手に命じ、甲斐に侵攻させる。案内者は成瀬一

| 年号・西暦 | 月 | 出来事 |
| --- | --- | --- |
| 天正10（一五八二） | 6 | 斎・日下部定好・岡部正綱。成瀬・岡部は甲府に、大須賀は市川に布陣し、甲斐の諸士を招く。滝川一益、木曾福島に到着、ここで信濃佐久・小県郡の国衆より集めた人質を木曾義昌に引き渡し、伊勢へ脱出。28頃家康、岡部正綱の献策をいれ、恵林寺の修復と勝頼の菩提寺建立を甲斐に布告する。これにより甲斐国人は家康に属するようになるという。下旬武川衆らが信濃国境小沼（小間）小屋（登矢ケ峰城か）を攻略する。上杉景勝、小笠原洞雪斎玄也を擁立し、これに信濃衆屋代秀正らを付属させ深志城を占領する。小笠原旧臣らが続々と参集するも、まもなく洞雪斎は小笠原旧臣らと対立するようになる。 |
| | 7 | 1上野の厩橋城主北條芳林、後閑・内藤・富里氏ら上野国衆の調略工作を開始し、北条氏よりの自立を図る。滝川一益、無事に伊勢長島に帰還する。このころ、酒井忠次が東三河衆を率いて信濃国伊那に出陣。2家康、甲斐に向けて出陣し、掛川城に入る。小笠原貞慶、河辺与三左衛門に入国に際しての奉公を要請する。3徳川家康、有泉大学助・穴山衆・穂坂常陸介に書状を送り、甲斐の案内者として本多康孝・康重父子、大久保忠世、石川康通等と相談し、新府城に移動して信濃への経略を進めるよう命じる。徳川軍の先陣が山口に到着し、家康本隊は掛川に入る。4家康、田中城に高力清長・興国寺城に牧野康成・三枚橋城に松平家忠と松平康親、天神川砦に稲垣長茂と伊賀衆（後に服部半蔵）を入れて北条軍に備える。徳川軍の先陣が牧野に到着し、家康本隊は田中に入る。5上杉家臣西片房家・楠川将綱、信濃小谷に進軍し、沢渡氏や小谷の人々より人質を取る。上杉氏による仁科衆への調略が始まる。上杉家臣安田能元・新津勝資・水原満家・竹俣房綱・斎藤朝信が信濃海津城在番を命じられる。家康、江尻城・久能城を本多重次に守らせる。小笠原貞慶、家臣後廳勘兵衛尉が深志の小笠原旧臣らへの調略を順調に進めていることを賞す。徳川重臣榊原康政、小笠原貞慶家臣後廳勘兵衛尉に今後も協力することを約束する。徳川軍の先陣が駿府に到着し、家康本隊は江尻に入る。6信濃伊那郡の諸氏、下条頼安に起請文を提出し、徳川家康に属すことを誓う。徳川家康、渡辺囚獄佐・壱騎与力達に書状を送り、甲駿往還の警固を命じる。徳川軍、清水に到着する。7諏訪頼忠家臣の高島衆、北条氏に帰属することを表明する。北条氏照・氏邦、高島衆樋口杢左衛門尉に知行を充行う。羽柴秀吉、徳川家康に書状を送り、信濃・甲斐・上野の旧織田領国を |

敵に渡さず領国にされるよう申し入れる。徳川家康、下条頼安に書状を送り、徳川軍が諏訪に侵攻するので合流するよう要請する。家康、大宮（富士宮市）に入る。8上杉家臣小笠原玄也、小笠原旧臣への知行安堵を開始。小笠原玄也による筑摩・安曇郡支配が始まる。徳川家康、甲斐精進郷に入り一泊する。9北条氏照・氏邦、真田昌幸の使者として参陣した日置五左衛門尉に知行を充行う。徳川家康、津金衆小池筑前守の忠節を賞し、引き続き信濃への経略を指示する。また家康は津金衆津金修理亮・小尾監物丞が妻子を人質として提出してきたことを賞し、知行を充行う。徳川家康、甲府に到着する。徳川軍の後続部隊が精進郷に続々と到着する。10小笠原貞慶、筑摩郡の武士百瀬石見守に忠節を促し、知行を充行うことを約束する。徳川家康、信濃伊那郡の知久頼氏に書状を送り、昨日甲府に到着したので急ぎ諏訪に出陣するよう命じる。徳川軍、甲府善光寺に到着する。11信濃佐久郡の平尾昌朝が徳川家康への帰属を求める。家康、これを賞し、平原一跡を与えると約束する。信濃佐久郡の森山豊後守・兵部丞が徳川家康への帰属を求める。家康、これを賞し、与良一跡を与えると約束する。12北条軍、碓氷峠を越えて信濃に侵攻し小県郡海野に着陣する。佐久郡の国衆は続々と北条氏に降り、依田信蕃は小諸城を放棄して春日城に籠るも、まもなく耐えられないと判断しさらに山奥の三澤小屋に籠城する。北条軍、信蕃を攻める。氏直本隊は、川中島へ進出。信濃伊那郡の諸氏、下条頼安に起請文を提出し、徳川家康に属すことを誓う。徳川方、依田信蕃への援軍として芝田康忠ら一〇〇〇人を派遣する。13真田昌幸・高坂（春日信達か）・塩田等13氏が北条氏直のもとに出仕する。北条氏直、諏訪高島の諏訪頼忠・千野昌房が北条方になったことを賞し、高島城と知行等を安堵する。北条氏、佐久郡の高見沢但馬守・藤三郎、井出善九郎・善四郎、藤島甚兵衛等の帰属を賞し、知行を充行う。北条家臣松田憲秀、諏訪家臣千野昌房に書状を送り、木曾義昌が北条方に帰属したことを報じる。上杉景勝、海津城代春日信達が北条氏直に内通している事実を察知し、これを処刑する。14家康、辻弥兵衛盛昌に甲州地侍十騎を附属させ、葦田小屋（三澤小屋か）の依田信蕃への援軍に赴かせる。家康、重臣酒井忠次に信濃統治についての条目を与える。忠次、伊那衆下条頼安、知久頼氏らを率いて諏訪高嶋に到着し、諏訪頼忠に高嶋城明け渡しと従属を求める。信濃の禰津宮内大輔昌綱、大須賀康高を通じて徳川方への帰属を申請する。家康これを賞し、身上を引き立てることを約束する。徳川重臣酒井忠次、禰津昌綱に書状を送り、徳川方

| 年号・西暦 | 月 | 出来事 |
| --- | --- | --- |
| 天正10（一五八二） | 7 | として忠節を尽くすよう求め、詳細は依田信蕃より指示すると述べる。北条氏直軍、川中島に進み上杉景勝軍と対峙。15北条氏、上野の赤見氏の帰属を賞し、知行を充行うことを約束する。これより先に、下条頼安が小笠原貞慶とともに箕輪藤沢頼親を味方に付け、高遠城を攻略する。家康、これを賞し、高遠への移動を指示し、さらに諏訪頼忠が帰属するのも間近であると報じる。酒井忠次より信濃の調略が済んだので、来る17日に台ケ原、白須まで進軍するとの報告がもたらされる。16上杉景勝、信濃安曇郡に在陣する西方房家・楠川将綱に対し、活躍した将卒に新恩を与えることや、一廉の忠節を尽くした者には望み次第に身上を引き立てると伝えるよう指示する。小笠原洞雪斎、深志城を小笠原貞慶に明け渡す。17小笠原貞慶、深志城に入城を果たす。徳川軍、台ケ原に至る。18北条家臣黒澤繁信、甲斐金山衆に書状を送り、甲斐に入国した際に合流するよう求める。大須賀康高・大久保忠世ら徳川軍七手衆が諏訪に着陣する。奥平信昌も奥三河から伊那郡を経て諏訪に着陣する。19北条氏直、上杉軍との決戦を諦めて撤退。景勝、北条氏直との決戦の態勢を整えていたが、北条軍がこれを回避したことを嘲笑する。この日から20日にかけて、二木氏らが小笠原貞慶に人質を進上する。木曾義昌、深志城奪回をめざし小笠原貞慶軍と戦うも敗退。小笠原方は重臣犬甘治右衛門らが戦死。徳川重臣酒井忠次、諏訪大社上社神長官守矢信真に神領を安堵する。依田肥前守信守、伴野城を攻める。徳川家康、この戦功を賞す。20小笠原貞慶、犬甘治右衛門の戦死を痛み、弟の久知に跡目を相続させる。22諏訪高島城の諏訪頼忠と徳川軍との和睦が不調に終わり、戦闘が始まる。このころ、小笠原貞慶、酒井忠次の要請した徳川軍奥平信昌の深志入城に反発し北条方へ転じる。23上杉景勝、新発田重家と対峙する色部長真に書状を送り、信濃の仕置きを終えて近日帰国すると伝える。北条氏、諏訪の柳沢孫右衛門尉の帰属を賞し、知行を充行う。24形原松平家信の陣に諏訪方より夜襲が仕掛けられるもこれを撃退する。このころ家康、勝山城に服部半蔵ら伊賀衆、大野砦に内藤信成ら、小山城に鳥居元忠らを配備し、北条軍に備えさせ自身は甲府に本陣を構える。25北条氏、甲斐都留郡の渡辺庄左衛門尉の知行を安堵することを伝え、郡内で味方を結集するよう指示する。26上杉景勝、芋川親正を牧之島城主に任じ、知行を充行い、さらに大日向佐渡守、屋代秀正らに知行を与える。北条氏、真田家臣矢沢綱頼・大熊五郎左衛門に真田昌幸より人質が進上さ |

れたことを賞し、信濃の井上で知行を充行う。徳川家康、佐久で孤軍奮闘する信濃衆依田信蕃に諏訪・佐久両郡を充行う。家康、信濃衆知久頼氏に本領を安堵する。徳川軍、陣所の脇に伏兵を置き、諏訪軍を討つ。27上杉景勝、加津野隠岐守昌春の逆心を撃退した山田右近尉を賞し知行を充行う。小笠原貞慶、家臣らへの知行安堵状発給を本格化させる。29徳川家康、松平家信が諏訪郡の一揆を撃退した戦功を賞す。高嶋城を包囲、攻撃する徳川軍は北条氏直本隊の接近を察知し、夜陰に紛れて撤退を開始。酒井・大久保ら七手衆は甲斐へ、下条頼安・奥平信昌らは飯田城へと後退。上杉景勝、長沼城主島津忠直に掟書を授ける。この月、家康は大須賀康高・大久保忠世・五味（乙骨）太郎左衛門を通じて依田信蕃の安否を問う。信蕃は援軍を要請する。この月、牧野康成・久野宗能らが伊豆国柾戸砦を修築して興国寺城よりここに移り、伊豆韮山の北条軍の押さえとなる。

8

1梶原政景、岡本但馬守に書状を送り、北条軍が小諸に、上杉軍が川中島に在陣し、徳川家康も甲府に詰めており、徳川・北条両氏の合戦が間近であると報じる。北条氏直、三澤小屋攻撃を大道寺政繁に任せ、自身は本隊を率いて諏訪郡柏原へ進軍する。徳川軍七手衆が白須へ退却し、その後七里岩台地上にのぼり、甲信国境乙事まで再進出する。このころ、小笠原貞慶は筑摩郡日岐城（日岐＜仁科＞盛直・盛武兄弟）攻略のため軍勢を派遣する。2上杉景勝、新発田重家と対峙する色部長真らに書状を送り、信濃の仕置きが終了したので近日帰国し、すぐさま新発田攻めを実行すると伝える。3酒井忠次・大久保忠世ら七手衆は乙事に布陣し北条軍の動向を監視する。6保科正直、諏訪大社上社権祝矢島氏に玉会、守札の礼状を送る。その中で、北条軍とともに諏訪に出陣してきたと告げる。北条氏直軍が乙事に接近する。これに対し、徳川軍七手衆は新府城まで退却を開始する。家康、七手衆支援のため甲斐衆曲淵吉景らを派遣する。徳川軍は無事に新府城に集結を完了する。北条軍も若神子を中心に軍勢を展開する。7上杉景勝、清野・寺尾・西条等の信濃衆に荒砥城在番の番帳を与える。北条軍、甲斐の若神子に着陣する。北条軍が前進してきたため、徳川軍は新府城を拠点に対抗する。両軍ともに陣を張り、対峙が始まる。7頃甲府尊体寺の徳川家康本陣に、武田遺臣が乱入するがすべて斬り捨てられた伝わる。8上杉景勝、飯山城の岩井昌能・信能に城中掟を与える。家康、甲府を発して大物見を実施し、浅尾原で北条軍と対峙す。北条軍、決戦を諦めて撤収する。9小笠原貞慶、塔原（海野）三河守・犬甘久知に書状を送り、日岐城の日岐盛武攻め

| 年号・西暦 | 月 | 出来事 |
| --- | --- | --- |
| 天正10（一五八二） | 8 | を督励する。北条氏邦、諏訪大社上社神長官守矢信真に書状を送り、武田勝頼の旧領を北条氏直が平定するために出馬したことを報じ、諏訪頼忠ともども忠節を尽くすよう命じる。北条軍、鶴瀬口より大野砦を夜襲するも失敗し、逆に徳川方の追撃を受けて敗退。徳川家康、木曾義昌に書状を送り、佐久郡・小県郡の諸氏の人質を徳川方に引き渡すよう求め、受諾してくれたら織田信長が与えた知行を安堵すると約束するが、義昌はこれを拒否。木曾義昌、小笠原貞慶が日岐城攻撃に入ったことを察知し、本山まで出陣して小笠原攻めを企てる。10小笠原貞慶、本山筋に木曾義昌が侵攻したため、軍勢を差し向ける。徳川家康、本陣を新府城に移す。九一色衆渡辺囚獄助守が北条に味方する郡内一揆が本栖に乱入したことを家康に報じる。家康、安倍弥一郎を援軍として派遣しこれを撃破させる。11北条軍、若神子陣を払い甲府を経て郡内口より引き揚げる（徳川方への総攻撃）との風聞が広まる。徳川軍、新府城の向いに新城（堂ケ坂砦か）の普請を始める。12上杉景勝、信濃の屋代秀正に書状を送り、依田信蕃調略を命じ、さらに海津城代に任じた村上景国の指示に従うよう求める。小笠原軍、本山の木曾義昌軍を撃破する。北条家臣高城胤辰、某に書状を送り、徳川軍と若神子、新府間で対峙しているが、敵は無勢、味方は多勢であるのでまもなく決着がつくと報じる。北条氏忠・氏光・氏勝らが御坂城を出陣し、甲府攻撃を企図する。鳥居元忠らの徳川軍はこれを黒駒で迎撃して撃破する（黒駒の合戦）。北条軍の戦死者は三〇〇余人とも五〇〇余人とも伝わる。鳥居らはその日のうちに討ち取った首級を新府城に送る。徳川家康、下条頼安に松尾小笠原・知久領を除く伊那郡を手柄次第に与えると約束する。また、頼安が他の伊那衆とともに飯田城に籠城したことを賞し、まもなく奥平信昌・鈴木重次等を援軍として派遣すると伝える。北条軍が駿豆国境の三島に集結し、三枚橋城攻撃を企図。三枚橋城の徳川方は先制攻撃を仕掛けてこれを撃破。13小笠原貞慶、日岐城攻めに従軍する海野三河守・犬甘久知に書状を送り、木曾氏撃退を報じる。14向井正綱（武田海賊衆）らが伊豆国網代城を攻略する。16徳川家康、鉄炮揃を実施する。17北条氏政、原胤栄に書状を送り、氏政自身が甲斐に出馬する予定であると報じる。北条軍、甲斐の北谷表（河浦口）に侵攻し、徳川方と戦い勝利を得るが突破できず。18徳川家康、武田勝千代（穴山梅雪の子）に駿河国山西の所領を安堵する。19下野の佐野宗綱、佐竹義重に書状を送り、北条氏直が甲斐・信 |

濃に在陣中であることを伝える。徳川家康、依田信蕃とともに戦う甲斐衆辻弥兵衛麾下の今井兵部に感状を与える。20上杉景勝、村上景国に信濃四郡を与え、諸々の指示を下す。上野の那波顕宗のもとへ厩橋衆（北條芳林）が攻撃を仕掛けるもこれを撃退する。徳川家康、甲府に見舞いに行く。21これより先に保科正直・内藤昌月が伊那郡高遠城を攻略する。この時忠節を尽くした高遠衆埋橋彦介に知行を充行う。甲斐・信濃の諸士が家康に起請文を提出する（天正壬午甲信諸士起請文）。22徳川家康、下条頼安が木曾義昌より届いた書状を転送してきたことを賞し、木曾が徳川方に帰属したことを喜ぶとともに、木曾と協力して伊那を守備するよう指示する。23依田信蕃、佐久郡金井城を攻撃するも攻略できず。26織田信孝、木曾義昌に書状を送り、徳川家康支援のため駿河三枚橋に軍勢を派遣することなどを伝える。27北条軍本隊を対峙する徳川軍本隊は、苅田などを実施する北条方の拠点が大豆生田砦であることを察知。家康、明日大豆生田砦攻撃を下知する。家康、下条頼安・鈴木重次・奥平信昌に書状を送り、小笠原信嶺ら伊那衆の人質を三河野田城に移すよう指示する。28徳川軍、苅田の北条散らし大豆生田砦を攻撃してこれを陥落させる。29小笠原貞慶、島立大学・犬甘久知を日岐城攻撃の援軍として派遣する。徳川軍、北条軍の陣所付近で苅田を実施する。北条軍、花水坂を下りて徳川軍の背後にまわろうとするが、待ち伏せていた武川衆山高信直・柳沢信俊らに撃破され失敗。晦徳川家康、木曾義昌に織田信長より与えられた安曇郡・筑摩郡を安堵する。この月、小諸城に在城する北条家臣大道寺政繁が釈尊寺の仏供料を没収し、六か寺を破却する。

9

1北条軍の物見が来たため、酒井忠次が兵を出す。2徳川家康、木曾義昌に書状を送り、下条頼安と相談し諏訪に出陣するよう求める。3越前柴田勝家が丹羽長秀に書状を送り、甲信の国分に意義なく徳川家康のものとすることを了承し、家康が北条軍を撃破したことを喜ぶ。5織田信雄家臣刈谷城主水野忠重が援軍として新府城に到着する。三枚橋城の松平康親、北条方の佐野小屋の様子を探る。6小笠原貞慶、日岐城攻撃中の犬甘久知に書状を送り、明日出馬すると伝える。北条氏政、内藤昌月等に戦況を問う。7これより先に津金・小尾・跡部ら津金・小尾衆と伊賀衆らが徳川軍別働隊を編成し、御嶽城から山岳地帯を抜けて江草小屋を攻略する。家康、彼らの戦功を賞し知行を与える。別働隊は、北条軍の反撃を撃退し、佐久郡への侵攻を開始。佐久郡勝間ケ反砦を再興する。8徳川家康、三澤小屋に籠城する依田信蕃に金四〇〇両を送る。9小笠原貞慶、日岐城を攻略。日

| 年号・西暦 | 月 | 出来事 |
| --- | --- | --- |
| 天正10（一五八二） | 9 | 岐盛直・盛武兄弟は上杉氏を頼って逃れる。10徳川家康、木曾義昌に起請文を与え入魂を約束し、伊那郡箕輪を与える。家康、織田信雄家臣飯田半兵衛に書状を送り、甲斐の陣所への贈答に対し感謝の意を表す。12岩井信能、上野の浦野民部に書状を送り、羽尾源六郎を調略して味方につけたことを喜ぶ。北条氏直、伊那に軍勢を派遣し、帰属を表明してきた伊那大草休斎を賞す。13北条氏政、風間出羽守に書状を送り、信濃・遠江国境で山家三方衆を討ち取ったとの情報を喜び、風間に遠江方面への進出を促す。徳川家康、宇都宮国綱に書状を送り、まもなく羽柴秀吉・丹羽長秀・柴田勝家らが援軍として到着する予定なので、北条氏撃滅は目前であるから和睦せぬよう要請する。このころ、下伊那に侵攻してきた北条軍別働隊に呼応して、知久頼氏家臣伴野半右衛門が叛乱を起こすもまもなく制圧される（伴野の乱）。この合戦で、知久家臣平澤藤左衛門が戦死。15服部半蔵ら伊賀衆が伊豆国佐野小屋を攻撃する。松平康親・牧野康成らはこれを支援して遂に陥落させる。17北条氏直、動衆（小尾衆か）に対して小尾郷40貫文の地を与えることを約束する。徳川家康、飯田城に在城する奥平信昌・鈴木重次に書状を送り、依田信蕃等の人質を受け取りに木曾へ小笠原信嶺の使者を派遣するので、人質の帰路の安全を確保するよう命じる。18北条家臣大道寺政繁、上野の大戸浦野民部右衛門尉に松井田城への移動を命じる。19小笠原貞慶、澤渡九八郎盛忠に澤渡の相続を命じる。徳川家康、上杉方の屋代秀正に密書を送り、真田昌幸が味方になったことなどを報じる。屋代は密かに徳川氏にも内通していた。これは依田信蕃と真田昌幸の交渉が始まり、真田が好感触を与えたことを指すか。21上野の北條芳林、曽我式部、内藤外記らを味方に誘う。家康、岡部正綱・今福求助・三井十右衛門・川窪新十郎等を依田信蕃への援軍として派遣する。このころ、高遠城主保科正直が酒井忠次を通じて家康へ味方することを打診する。22徳川家臣日下部定吉、諏訪大社上社神長官守矢信真に返書を送り、徳川氏の戦勝祈願を謝す。23北条氏照、甲斐に同陣する千葉邦胤を慰労し、また千葉の軍勢が伊豆に在陣していることを謝す。24小笠原貞慶、下条頼安に起請文を送り、今後再び後廳出羽守久親が不届であれば召し放つことを約束する。徳川家康、津金衆小池筑前守・津金修理亮・小尾監物に津金郷の安堵等を明記した定書を与える。25次丸（家康四男、後の松平忠吉）が三河国東条より駿河国三枚橋城に移る。松平康親が補佐し、駿豆国境に備える。三 |

島の北条軍が三枚橋城攻撃のため出陣。徳川軍はこれを迎撃し撃退するも小笠原丹波守安次らが戦死する。韮山城の北条軍が沼津城・戸倉城を攻撃する。木曾義昌、重臣千村右衛門尉俊政に伊那郡小野・飯沼・横川・市之瀬と箕輪諸職の管理を一任する。新府・若神子間で対峙する徳川・北条両軍が衝突する。双方に負傷者が出る。依田信蕃援軍岡部正綱らが信蕃と合流を果たす。27徳川家康より二三日中に決戦があるかも知れぬとの触れが出る。28徳川家康、真田昌幸の実弟加津野隠岐守昌春に書状を送り、兄昌幸を徳川方に帰属させた功を賞し、真田と北条の手切れの時期について、依田信蕃と曾根昌世と相談するよう指示する。さらに家康、昌春に金子五〇両を贈る。家康、信濃の真田昌幸に上野長野一跡、甲斐等の知行を与えると約束する。また、真田昌幸麾下の日置五右衛門に知行を充行う。29徳川軍別働隊が甲斐の御嶽小屋より山岳地帯を抜けて小尾小屋を急襲しこれを陥落させる。徳川重臣大久保忠隣、加津野昌春に書状を送り、真田昌幸への起請文と判物を使者に託したことを伝え、真田が一刻も早く北条氏と手切れをするよう要請する。30依田信蕃、丸山左衛門太郎に佐久郡本意のうえは郡中の大工に任じ、知行を与えることを約束する。晦北条氏政、石巻康敬に書状を送り、敵が侵攻したら上野国館林に援軍を派遣するよう命じる。北関東の反北条方の動きが活発となり始める。

10

北条氏直、信濃小県郡の禰津昌綱に知行を充行う。4上杉景勝、新発田重家を攻略できず笹岡に撤退する。5上杉景勝、新発田攻めを終えて春日山城に帰る。6徳川家康、各軍より鉄砲衆を一人ずつ供出させ、御嶽小屋に配置する。10徳川軍、北条氏直方の曲淵玄長屋敷の砦を攻撃する。依田信番援軍として佐久郡に在陣する徳川家臣芝田康忠が、極秘裏に進められていた真田昌幸の徳川帰属を喜び、加津野昌春の功を讃える。依田信蕃・曾根昌世、加津野昌春の功を讃え、その身上が立つよう援助することを約束する。11北条氏政、北条氏邦に書状を送り、信濃佐久郡より再度人質を集めたかどうかを問い、また真田昌幸のもとに置く人質は分散させるよう指示する。13真田昌幸、湯本三郎左衛門が吾妻で忠節を尽くしたことを賞し、知行を充行う。また、石井喜右衛門尉等の知行を安堵し、湯本三郎右衛門尉の指図に従って忠節を尽くすよう命じる。徳川家康、信濃小県郡の禰津昌綱がしばしば飛脚をよこしたことを賞す。14真田昌幸、湯本三郎右衛門に上野の羽根尾在城を命じる。北条氏邦、上野の女淵衆の戦功を賞す。19真田昌幸、北条氏と断交し禰津昌綱を攻める。

| 年号・西暦 | 月 | 出来事 |
| --- | --- | --- |
| 天正10（一五八二） | 10 | 昌幸、折田軍兵衛に上野の尻高領で知行を与える。20武川衆らが家康に加勢を得て、釜無小屋を陥落させる。このころ、北条氏より家康のもとへ和睦打診か。21依田信蕃援軍の甲斐衆横田尹松らが佐久郡望月城を陥落させる。城主望月源五郎は城を捨てて逃亡する。22北条氏直、上野の大戸浦野入道に真田昌幸が逆心したことを報じ、佐久郡仕置きのため北条道感を派遣したので吾妻（岩櫃城）を攻撃するよう促す。北条氏直、信濃の禰津昌綱に書状を送り、真田昌幸を撃退したことを賞す。また室賀氏よりの注進では、真田には兵力がないので安心されたいとも述べる。このころ、依田信蕃・真田昌幸が碓氷峠を占領し北条軍の補給路を完全に遮断する。24北条氏直、北条綱成・垪和伊予守に書状を送り、信濃の依田信蕃と真田昌幸が共同で伴野・小諸間を分断したことに対し、近辺の北条方を支援するよう命じる。徳川家康、下条頼安に返書を出し、北条軍敗北が目前であることを報じ、作手（奥平信昌）、足助（鈴木重次）と相談して飯田城を守るよう命じる。また、信濃伊那郡の保科正直が酒井忠次を通じて帰属を申し入れてきたことを賞し、伊那半郡を与えることを約束する。これより先に北条氏直は徳川家康との和睦を決意し、北条氏規を交渉役に指名する。徳川家康、北条氏規に起請文を与える。25北条氏直、禰津昌綱が人質を松井田城に移したことや、真田昌幸逆心に同調せず忠節を尽くしたことを賞し知行を充行う。北条氏直、上野の猪俣邦憲に真田の行動を押さえるため、信濃内山城に移動しそこを守るよう命じる。北条氏政、上野貞国に書状を送り、甲斐の御坂城の普請が完了したので、北条左衛門佐氏忠を配置したと報じる。26佐久郡の横田尹松らの徳川方が、八月以来攻撃を続けていた蘆田小屋（春日城）を遂に攻め落とす。家康、横田らに守備を命ずるも兵糧乏しきにより、真田昌幸より兵糧の援助を受ける。27沼田城の真田方が津久田に侵攻し、北条方と戦う。徳川家康、佐久郡で奮戦する依田信蕃や、常陸の梶原政景に書状を送り、織田信雄・信孝の勧めに従い北条氏と和睦することにしたと報じる。28真田昌幸、恩田伊賀守に上野国発知で知行を充行い、箕輪表本意のうえは加増すると約束する。上野の北条方が沼田城に侵攻し森下で真田方と交戦する。徳川家康、水谷勝俊に書状を送り、織田信雄、信孝の勧めに従い北条氏と和睦することにしたと報じる。徳川家臣井伊直政、徳川・北条両氏の和睦案の覚書を作成する。羽柴秀吉・丹羽長秀・池田恒興が京都本圀寺で会談。織田家家督に三法師に代わって信雄 |

11

とすることで合意。29徳川家康と北条氏直の和睦が成立する。和睦条件は、甲斐国都留郡を徳川領とすると伝えられる。人質として酒井小五郎が北条方に、北条方からは大道寺、山角が預けられる(天正壬午の乱終結)。晦徳川・北条両軍よりそれぞれ人質が返却される。11月初旬、依田信蕃・真田昌幸は岩村田城を攻略。これを契機に佐久郡の北条方が続々と徳川方に降伏する。

1羽柴秀吉、織田家当主に織田信雄を据えたことを知らせ同意を求める。家康、これを了承する。2上杉方の西方房家らが小谷衆とともに千国城を攻略する。上杉景勝、これを賞す。3小笠原貞慶、会田で上杉方と対峙する犬甘久知に書状を送り、松島善兵衛・青木監物を貞慶のもとへ帰すよう指示し、鉄砲衆を明日派遣すると伝える。4小笠原貞慶、犬甘久知・二木清左衛門・征矢野大炊助に書状を送り、降雪が始まったが、諸口の普請を厳重に実施するよう指示する。甲斐国右左口砦普請のため松平家忠、善光寺まで移動するよう家康より命じられる。5北条氏直、大道寺政繁を信濃小諸城に配置し、上野衆倉賀野淡路守家吉を移動させる。6小笠原貞慶、犬甘久知に書状を送り、鉄砲の玉薬200発を送ったことを報じ、城(日岐城か)の番を堅固にするよう命じる。北条氏照、国分胤政(下総国矢作城主)に書状を送り、長期に及ぶ小諸在城を労い、大道寺政繁が着城したら本隊に合流するよう要請する。7依田信蕃、芝田康忠・三枝昌吉・小尾監物らの援軍を得て、前山城を攻略し伴野氏を関東に追い、さらに高棚城、小田井城を攻略する。松平家忠、勝山城の普請を始める。普請は29日まで続く。8上杉重臣直江兼続、梶原政景に上方と徳川・北条両氏の情報を佐竹義重に報じるよう依頼する。12北条氏直、上野の津久田で沼田衆(真田方)と戦って戦功のあった諸氏に感状を出す。北条家臣松田憲秀、徳川家康と和睦したことを上野貞国に伝え、今日中に武蔵へ撤退すると報じる。徳川家康、佐久郡内山城主小山田藤四郎が芝田康忠とともに岩村田で戦功を上げたことを賞す。14依田信蕃、佐久郡高見沢庄右衛門の出仕を賞し、知行を充行う。15徳川家康、諏訪頼忠に贈物の礼状を出す。19依田信蕃、小山田藤四郎に本領を安堵する。22徳川家康、信濃佐久郡の平尾昌朝の忠節を賞し、今度佐久郡に出馬した際には馳走するよう命じる。23これより先に徳川家康が家臣鳥居元忠に都留郡を与える。この日元忠、甲斐都留郡の広孝寺に禁制を出す。24北条氏、垪和康忠に命じて甲斐より移住した藤巻氏の在所を決めるよう指示する。27北条氏照、北条方となった天野宮内右衛門尉藤秀に知行を充行うと約束する。この月、依田信蕃、真田昌幸の支援

| 年号・西暦 | 月 | 出来事 |
| --- | --- | --- |
| 天正10（一五八二） | 11 | を得て、佐久郡の諸城を降伏させ、前山城に入る。徳川家康、伊那郡箕輪城の藤沢頼親を誘うが肯んじなかったため、保科正直にこれを攻め取らせる。藤沢頼親は自刃し滅亡したという（なおこの合戦を9月とする説もある）。 |
| | 12 | 1～12日にかけて徳川家康、甲斐衆への知行安堵状を大量に発給する。2上杉景勝、徳川家康が佐久郡の仕置きのため出陣するとの情報を海津城より受け取る。景勝、岩井昌能、信能らに用心するよう命じ、場合によっては出陣すると伝える。7上杉氏、某氏と信濃・上野情勢や、徳川家康対策のほか、上野国北條芳林の進退等を協議する。8上杉景勝、海津城代村上景国に郡司の地位を安堵し、城林伐採については須田信正と相談するよう指示する。11徳川家康、明日帰陣すると全軍に通達する。越前柴田勝家のもとより進物が贈られる。甲斐都留郡を与えられた鳥居元忠、岩殿城に入るという。12上杉景勝、小笠原貞慶に抵抗を続ける信濃の仁科（日岐）織部佑盛直に先判の内容に相違ないことを伝える。上杉景勝、信濃の屋代秀正に本領を安堵し、新恩を与える。徳川軍、甲府を出発し駿河大宮に到着する。13徳川軍、宇津谷に到着する。14徳川軍、原川（掛川市）に到着する。15徳川軍、吉田に到着する。17依田信蕃、縫殿左衛門、新左衛門に駿河志太郡で知行を充行う。徳川家康、水野忠重に書状を送り、甲斐に援軍を派遣してくれたことを謝す。これは織田信雄の命令によるものであろう。26徳川家康、羽柴秀吉に書状を送り、秀吉が近江まで出陣したことを知り、要請があり次第援軍を派遣するつもりであると述べる。 |
| 天正11（一五八三） | 1 | 6北条氏政、上野の長尾一井斎（憲景）に書状を送り、中山を味方に付けたことを賞し、引き続き沼田・吾妻を調略するよう要請する。11徳川家康、井伊直政に麾下の甲斐の軍勢を信濃伊那郡高遠に派遣するよう命じる。13徳川家康、穴山衆穂坂常陸介・有泉大学助に書状を送り、穴山衆を動員して甲府に参集し、岡部正綱・平岩親吉の指示で移動するよう命じる。また小浜景隆・間宮信高には甲府の留守居を命じる。16徳川家康、浜松城を出て岡崎城に入る。18徳川家康、尾張国星崎で織田信雄と会見する。17越中の佐々成政が上杉方の諸城を牽制する。21依田源五信季、佐久郡井出佐左衛門の忠節を賞し、知行を充行う。この依田信季は北条方であり、徳川・北条和睦後は上野で牢 |

人していた。23真田昌幸、宮下孫兵衛に禰津領で知行を充行う。26依田信蕃、上野の柳沢元目助に書状を送り、上野・武蔵の北条方の動向を監視するよう命じる。28依田信蕃、前山城より上野の柳沢元目助に書状を送り、北条軍が沼田と吾妻の中間にある中山を攻めていることなどを伝え、信蕃自身は岩村田衆より兵糧を調達していることや、徳川軍が甲府に到着したことなどを報じる。29小笠原貞慶、小笠原長継・小山佐渡守に書状を送り、昨日の合戦での戦功を賞す。

天正11（一五八三）

閏1　1徳川家康、浜松城に帰る。5徳川家康、織田信雄家臣飯田半兵衛に書状を送り、信雄が近江安土城に入ったことを祝う。14徳川家康、甲斐衆への知行安堵状を大量に発給する。29真田昌幸、小県郡丸子城を攻め、戦功のあった諸士に感状を出す。

2　6羽柴秀吉家臣増田長盛、直江兼続に書状を送る。秀吉と景勝は、去る冬以来交渉を持っていたことがわかる。7羽柴秀吉、上杉景勝より誓詞が届けられたことを喜ぶ。また両氏の協力関係を強化すべく諸事項の協議を実施する。8越中の上杉方が佐々成政方を攻め戦果を上げる。景勝、これを喜ぶ。依田信蕃、左衛門太郎に阿江木領における番匠の地位を安堵する。徳川家康、甲斐の鳥居元忠・平岩親吉に書状を送り、深志まで侵攻し近辺を放火し、諏訪に帰陣したことを賞す。また諏訪の金子城と伊那の高遠城の普請を行うとの報告を了承する。10徳川家康、小笠原貞慶へ使者を送り、雁等を贈るとともに近日出馬すると伝える。このことから、貞慶は家康への従属を決断し申し入れたらしい。12小笠原貞慶、犬甘久知に家臣赤澤式部少輔経康を切腹させたと報じる。徳川家康、依田信蕃に書状を送り、前山城の番替に伊那衆を据えるよう命じ、阿江木能登守（相木常林）が籠城する田口城を攻略するよう指示する。13小笠原貞慶、家臣古厩盛勝を逆心を企てたとして成敗する。14上杉景勝、岩井信能に対し北条軍が小諸城を放棄したため、禰津、望月両氏がこれを乗っ取り上杉方に帰属すると申し入れたことを報じる。このため景勝、信濃の諸卒を小諸城の後詰めのため派遣するよう指示する。越中の上杉方諸将、越前柴田勝家方諸将が近江へ出陣し、越中には佐々成政を残すのみとなっていることを直江兼続等に報じ、景勝の出陣を求める。小笠原貞慶、犬甘久知に古厩・塔原（海野）氏の逆心を察知しことごとく成敗したと報じる。16小笠原貞慶、古厩平三を討ち取り、沢渡九八郎盛忠を捕縛する。また徳川家康より依田信蕃への援軍として小笠原信嶺らが高遠より佐久へ向かったことが知らされる。18徳川家康、松平康親に駿河国河原二郡（駿東郡・富士

| 年号・西暦 | 月 | 出来事 |
| --- | --- | --- |
| 天正11（一五八三） | 2 | 郡）の郡代に任じ、知行を充行う。19上野の北條芳林、上杉一族上条宜順に上野の情勢を報じる。22小笠原貞慶の子幸松丸が三河に到着し、徳川家康のもとで人質となる。貞慶、徳川家に忠節を誓う。また日岐が片づき次第、仁科の知行割を実施すると宣言する。依田信番・信幸兄弟、佐久郡岩尾城攻めの最中に戦死する。岩尾氏は関東に逃亡する。25小笠原長時、陸奥国会津で死去。享年56。家臣坂西某に殺されたという。 |
| | 3 | 3小笠原貞慶、千国十人奉公衆に千国跡職を与え、小谷筋の用心を命じる。7上杉景勝、信濃の芋川親正より仕置きについての報告を受ける。景勝、大野田に城を再興することを諒とし、警固のため島津左京亮義忠を派遣することを伝える。9上杉景勝、上野の北條芳林家臣北條能登守に対し上杉方として忠信を尽くすよう依頼する。上野の北條芳林、上条宜順に書状を送り、景勝の支援を要請する。10徳川氏、甲斐衆岡部総右衛門が昨年天正壬午の乱に際して河浦口の警固を行った功績を賞し、知行を充行う。徳川家康、信濃の真田昌幸に書状を送り、佐久・小県郡の反徳川方を掃討するため近日出馬すると報じる。14徳川家康、上杉氏に従属している屋代秀正に密書をもって信濃国更級郡を与えるとの判物を出す。15徳川家臣加津野昌春、上杉家臣島津忠直に書状を送り、境目（上杉領と真田領）での争いを留めるよう提案する。17新発田重家、越後川中島（西蒲原郡）に侵攻する。穴山梅雪の息女が、徳川家臣酒井家次のもとへ嫁ぐ。羽柴秀吉、賤ヶ岳で柴田勝家らとの対陣の模様を上杉方に伝える。19徳川家康、北条氏に領国見回りのため甲斐・信濃に出陣することを伝える。21真田昌幸、上杉方の虚空蔵山城を攻める。上杉方駒沢主税助戦死する。徳川家康、信濃伊那郡の知久頼氏に書状を送り、佐久・小県郡の反徳川方掃討のため、知久頼龍を物主とした軍勢を至急新府城に派遣するよう命じる。家康は知久頼龍にも参陣するよう命じる。このころ、徳川家康、信濃出陣のため甲府に入る。26松平（依田）康国（依田信蕃の子）、依田肥前守信守に同心衆を預ける。28上野の北條芳林、関東の情勢を直江兼続に報じ、景勝の越山を要請する。29上杉氏、信濃飯山城へ玉薬を搬入する。また、信濃から越後への往復路を牟礼より香白坂を経て長沼に抜けるルートに限定し、脇道の使用を禁止する。この月、徳川家康家臣芝田康忠が諏訪郡主となり高嶋城に入城する。 |

4

1常陸佐竹義重、上杉景勝に北条氏直撃滅のため越山を要請する。3徳川家康、織田信雄家臣飯田半兵衛に書状を送り、柴田勝家との合戦が優位に進んでいることを賞し、家康自身は佐久・小県郡の掃討戦のため出陣すると報じる。5上野の北條芳林、佐竹義重に書状を送り、北条氏攻撃の相談をする。12上杉景勝、芋川親正に書状を送り、佐久郡が不穏であることから、敵（徳川方）の調略が味方に伸びてくるようであれば出馬する意向であると伝える。上杉景勝、岩井信能に書状を送り、徳川家康が佐久・小県郡仕置きのため甲府に出陣し、虚空蔵山城に攻めかかろうとしているので、上倉元春らを始めとする軍勢を虚空蔵山に派遣するよう命じる。徳川家康、信濃衆屋代秀正が徳川方に帰属することになったことを賞し、真田昌幸・依田（康国か）と協議するよう命じる。だがこれは極秘で、屋代秀正は上杉方を装っていた。13徳川方の真田昌幸が海士淵に新城の築城を開始する。上杉景勝、川中島四郡の軍勢を虚空蔵山に集結させこれを阻止するよう島津義忠に命じる。上杉重臣直江兼続、根知城の西方房家に対し、越中牢人衆を糸魚川新地に配備するよう指示する。徳川家康、伊那衆下条頼安に書状を送り、上田での築城を労う。14信濃の市川信房、直江兼続に書状を送り、徳川家康が甲府に在陣しているものの、虚空蔵山に徳川方が攻めかかる様子がないことを報じ、もし何かあれば虚空蔵山に参じることを報じる。15上杉景勝、上野の北條芳林一族北條長門守に書状を送り、まもなく越山するので芳林父子とともに忠節を尽くすよう求める。だが実際に上杉景勝の関東出兵は実現しなかった。17上杉景勝、糸魚川新地に越中衆を配備し、その横目として秋山定綱を実城に置く。18徳川家康、信濃衆屋代秀正より上杉軍が行動を起こすとの情報を得たことを賞す。19信濃の小笠原貞慶が麻績に侵攻し、上杉方の島津義忠等と戦い大敗を喫する。20上杉重臣直江兼続が島津忠直に小笠原貞慶撃破を賞す。賤ヶ岳の合戦、羽柴秀吉、柴田勝家を撃破する。21上杉景勝、島津義忠の戦功を賞す。22上杉景勝、板屋光胤・芋川親正・屋代秀正に書状を送り、小笠原貞慶撃破の戦功を賞す。上杉景勝、島津義忠に対し麻績合戦の戦功を賞す。徳川家康、羽柴秀吉に書状を送り、賤ヶ岳の合戦の様子を問い、家康は信濃の仕置きを終えて帰国する予定であると報じる。24越前柴田勝家が秀吉に敗れ、越前北ノ庄城で滅亡する。25越前柴田勝家が羽柴秀吉に近江で敗退したとの情報が、徳川氏のもとへもたらされる。26上杉景勝、岩井信能・島津義忠に虚空蔵山に移るよう指示する。28上杉景勝、岩井信能に書状を送り、虚空蔵山に移るよう指示したこ

| 年号・西暦 | 月 | 出来事 |
| --- | --- | --- |
| 天正11<br>（一五八三） | 4 | とを取り消し、芋川親正よりの建言を容れ仁科表の調義のため牧之島城に移動するよう指示する。29上杉重臣直江兼続、西方房家に書状を送り、仁科筋へ侵攻するよう指示するとともに、越中の敵方面との連絡路を遮断するよう命じる。羽柴秀吉、賤ヶ岳の合戦で勝利し、柴田勝家を滅亡させたことを上杉氏に報じる。しかし約束に相違して景勝が越中に出陣しなかったことを詰問し、同盟が白紙に戻ったとの認識を示す。この月、甲府に在陣する徳川家康のもとへ、小笠原貞慶・諏訪頼忠・真田昌幸・保科正直が出仕する。 |
| | 5 | 9徳川家康、甲斐より浜松城に帰る。10上杉景勝、岩井信能が節句の祝儀を贈ってきたことへの礼状を認め、新発田退治のため出陣したことを伝える。12信濃の上杉方が仁科表に侵攻し、小笠原方を撃破する（なお11日とする史料もある）。17小笠原貞慶、家臣沢渡盛忠の今度の戦功を賞し、沢渡の相続を命じる。18小笠原家臣溝口貞秀、沢渡盛忠に敵地（上杉方）への計略と城の守備を指示する。なお、小笠原方へ上杉方より調略がなされており、様々な噂が飛び交っていたという。小笠原貞慶、沢渡へ小笠原出雲守頼貞を派遣し、頼貞を馳走した沢渡十人衆に安曇郡宮本を充行う。20上杉景勝、信濃の小田切四郎太郎の仁科表での戦功を賞す。21上杉景勝、信濃牧之島城主芋川親正より首帳が届けられたことを賞す。26真田昌幸、北条軍が上野に侵攻したことを知り、湯本三郎右衛門尉と河原左衛門尉に書状を送り、湯本を岩櫃城に移し、河原には引き続き羽根尾在城を指示する。 |
| | 6 | 2小笠原軍が芋川親正が守る牧之島城に攻めかかったが敗退する。上杉景勝、芋川の戦功を賞す。下野の皆川広照、上野国沼田・吾妻領割譲をめぐって真田昌幸と徳川家康の対立が深まったことを察知し、これを宇都宮国綱に報じる。11北条氏政、徳川家康に沼田・吾妻領（真田昌幸領）を割譲するよう要請する。16小笠原貞慶、徳川家臣石川数正麾下の江戸衛門七に覚書を送り、川中島をめぐる上杉景勝との抗争の支援を求め、家康より要請された佐久、川中島方面への道普請の免除を申請する。17真田昌幸、矢沢綱頼に沼田在城を命じ、在城領等を充行う。28羽柴秀吉、上杉景勝にあらためて同盟を締結する意向を伝える。 |

7

3越中佐々成政、景勝の留守中を衝いて西浜新地を攻める動きを示す。上杉景勝、岩井信能に書状を送り、西浜筋が危機に陥った場合は、市川信房・島津忠直・須田信正らを率いて出兵するよう命じる。4徳川重臣本田正信・大久保忠泰が甲州郡主平岩親吉に証文を送り、甲斐の統治は四奉行及び成瀬正一・日下部定好（両奉行）と協力して実施するよう指示する。5徳川家康、北条氏直に書状を送り、氏直と督姫の祝言のことで協議する。6上杉景勝、西浜に佐々成政が攻撃を加えてきたことを知り、上倉元春・岩井信能に越府まで出陣するよう命じる。9上杉景勝、西浜表の佐々軍に対抗すべく、栗田・市川・長沼衆だけでなく、岩井信能自身の参陣を促す。11酒井忠次、東三河衆に来たる8月6日に信濃川中島に出陣すると通達する。また来る20日に家康息女督姫が北条氏直と祝言を行うので、19日には浜松に諸将が集合するよう指示が出される。15上杉景勝、上野国沼田城に籠城する真田家臣矢沢綱頼に書状を送り、上杉方に付くよう誘う。19上杉景勝、上野北條芳林・弥五郎に書状を送り、沼田城の矢沢頼綱・金子美濃守が味方になったことを伝える。家康息女督姫の一行が浜松城に入る。徳川方の諸将、浜松城に集結し、家康に祝言の祝品を献上する。20大雨のため五十年以来の洪水が起こる。このため家康息女督姫の輿入れは延期となる。21信濃出陣が8月12日に延期される。23木曾義昌、家臣三村勝親らに知行を充行い、両郡本意の際には加恩すると約束する。義昌は、小笠原貞慶領の筑摩・安曇郡奪取の意思を捨ててはいなかった。

8

11小笠原貞慶、日岐丹波守盛武の忠節を賞し日岐一跡を与え、さらに盛武の所領が不作のため、蔵納より合力米を与える。13徳川家康、岡崎城を出て浜松城に入り、甲斐出陣の準備をする。15家康息女督姫、小田原に到着する。16羽柴秀吉、「信州郡割」（信濃における領国境界画定）などについて上杉景勝との協議を始める。17北条氏政・氏規、徳川家康に書状を送り、督姫の輿入れを喜ぶ。22信濃仁科盛直の同心が、大城（日岐大城）で謀反を起こす。このため仁科盛直は一族とともに上杉方を頼る。景勝、これを賞し、新発田攻めから帰国次第、信濃に出陣すると伝える。24徳川家康、甲斐に出陣し、甲府に入る。

9

11上杉景勝、春日山城に帰る。上野の真田方が津久田に侵攻し北条方と交戦する。12真田昌幸、出浦上総介が在所を退出して奉公していることを賞し、知行宛行を約束するとともに一所を充行う。19徳川家康、信濃衆屋代秀正に書状を送り、真田昌幸が徳川方に帰属したため、上杉軍が真田攻め

| 年号・西暦 | 月 | 出来事 |
| --- | --- | --- |
| 天正11（一五八三） | 9 | をしようとしたところ屋代はこれを遠慮したので、上杉軍も動かなかったことを賞す。23上杉景勝、根知在城の西方房家の戦功を賞し、仁科一跡を与える。28徳川家康、信濃衆屋代秀正の使者派遣に対し答礼する。この月の上旬、伊那郡松尾城主小笠原信嶺と下条頼安の対立が激化する。 |
| | 10 | 2徳川家康、甲斐より駿河江尻まで帰る。3上杉景勝、佐竹義重に書状を送り、羽柴秀吉との関係が良好であることを伝え、北条攻めのための上野出兵が遅延していることを詫びる。 |
| | 11 | 15徳川家康、駿府に入る。 |
| | 12 | 4徳川家康、駿府より浜松城に帰る。6北条氏直、敵（佐竹氏か）侵攻の情報に接し、上野の宇津木下総守に今村へ出陣するよう命じ、那波顕宗の指示に従うよう要請する。また氏直は大藤式部丞らの鉄砲衆を援軍として派遣する。21北条家臣近藤綱秀、上野の長尾顕長に書状を送り、佐竹義重撃退の功を賞す。この月、伊那郡小笠原信嶺の菩提寺開善寺と、下条頼安の菩提寺文永寺が両氏の和睦を斡旋し、信嶺息女を下条頼安の正室にすることで合意し、祝言が行われる。 |
| 天正12（一五八四） | 1 | 13上杉景勝、岩井信能に対し、雪が消え次第、信濃佐久郡に出馬することに決定したと伝える。20松尾小笠原信嶺、下条頼安を松尾城に招き、謀殺する。29真田昌幸、高橋右馬亮・長井主税が上野の白井衆を谷中に誘い込み討ち取った戦功を賞し、上野で知行を与える。この月、徳川家康のもとに人質として送られていた小笠原幸松丸（秀政）より、父貞慶のもとへ年賀の書状が届く。 |
| | 2 | 30仁科衆渋田見、細萱等が鬼無里に侵攻し、千見城の上杉方を破る。 |
| | 3 | 2小笠原貞慶のもとに千見城攻略の詳細がもたらされる。3小笠原貞慶、犬甘久知等に千見城の普請と警固を指示する。6織田信雄、三家老を誅殺し羽柴秀吉と断交する（小牧・長久手の合戦始まる）。13織田信雄家臣森長可、池田勝入が秀吉につき、尾張犬山城を攻略する。家康、清洲城に入り織田信雄と会談する。19徳川家康、家臣本多広孝・穴山衆穂坂常陸守に書状を送り、諸城の留守居役と協力しては羽柴軍に備えるよう命じる。21羽柴秀吉、大坂城を出陣する。26羽尾源六郎が上杉方須田信正・市川信房の後援を得て上野国に潜入し、吾妻郡丸岩城で挙兵。羽柴秀吉、木曾義昌家臣山村三郎左衛門尉良候に書状を送り、木曾義昌が毛利秀頼を通じて内通してきたことを受け入 |

れると返答する。羽柴秀吉、佐竹義重に書状を送り、信濃の木曾義昌、越後の上杉景勝が味方となっているので、彼らと相談し徳川家康や関東（北条氏）への対抗を考えるよう要請する。28上杉景勝、信濃牧之島城主芋川親正が敵（小笠原貞慶軍）を撃退したことを賞す。また景勝、岩井信能に須田・市川の援助で羽尾源六郎が上野で挙兵したことを報じ、支援するよう指示する。小笠原貞慶、上杉方の麻績・青柳城を攻め甚大な被害を与える。徳川家康、小牧山に布陣。29羽柴秀吉、犬山城を経て楽田に本陣を構え、小牧山の徳川家康と対峙する。これより先に、木曾義昌、徳川方の攻撃を受けるが、木曾氏はこれを凌ぐ。秀吉、これを賞し、小牧・長久手の戦局を報じる。

4

1海津城より屋代秀正が徳川方に内通して出奔する。上杉景勝、岩井信能・市川信房を海津城へ移動させる。なお、これには室賀満俊、塩崎六郎次郎などが同調していたらしい。上杉重臣直江兼続、須田信正に書状を送り、真田氏牽制のため羽尾源六郎を味方にしたことを賞す。また羽尾への支援は別途手配するので、須田に千見城に在城するよう要請する。小笠原貞慶、贄川又兵衛の忠信を賞し、奈良井一跡等を充行う。これは木曾侵攻に向けての布石であろう。2上杉景勝、信濃の芋川親正・清野・寺尾・西条・綱島氏らに書状を送り、屋代秀正出奔に同調せぬよう釘を刺す。また、信濃の葛山衆にも書状を送り、屋代秀正出奔に動揺することなく千見城に在番するよう指示する。木曾義昌、徳川方の来襲に備えるべく木曾黒澤、児野、田沢等の諸郷に諸特権を提示し、参陣を促す。徳川家臣日下部定吉、甲斐愛宕山に徳川家康の武運を祈念して太刀や馬を奉納する。3上杉景勝、上倉元春・岩井信能に書状を送り、岩井昌能と相談しながら、屋代出奔で動揺する信濃衆の統率を指示する。徳川家康、小笠原貞慶に書状を送り、去る3月28日に麻績・青柳城を攻め、敵を多数討ち取ったことを賞す。4小笠原貞慶、麻績・青柳城を再び攻撃し、これを陥落させる。5上杉景勝、信濃へ出馬することを決意し、新発田重家の動向に注意するよう家臣に指示する。8屋代秀正、荒砥城に籠城するも信濃の上杉方に攻められ徳川領へ逃亡し虚空蔵山城に籠城する。9長久手の合戦。徳川軍、羽柴秀次、森長可、池田勝入軍を撃破する。家康、甲斐の平岩親吉・鳥居元忠に書状を送り、岩崎の合戦で秀吉方の池田恒興・森長可を討ち取ったことを報じる。11羽柴秀吉、木曾義昌に書状を送り、池田勝入・森長可が岩崎城を攻略したが敗れたことを報じるが、情勢は優位であることに変わりはないと伝える。12徳川家康、屋代秀正が幕下についたことを賞し、真田昌幸・依田康

| 年号・西暦 | 月 | 出来事 |
| --- | --- | --- |
| 天正12（一五八四） | 4 | 国と相談して上杉に備えるよう命じる。16小笠原貞慶、家臣犬飼久知に書状を送り、上杉方芋川親正が牧之島城に在城しているので、これを攻めるつもりであるが、先に木曽義昌を攻撃することを優先したと報じる。もし青柳頼長が合図を出したら、笹久まで出陣し、飛脚を寄越すように支持する。18小笠原貞慶、小牧・長久手の合戦で羽柴方が敗北し、家康が優位であることを犬飼久知に報じる。また上杉方から逃亡してきた兵卒より敵が手薄であることを摑む。貞慶、犬飼に仁科衆が到着次第、睡峠、笹久まで出陣し、備えを立てるように命じる。19小笠原貞慶、上杉景勝が海津城に出陣したとの情報を察知し、犬飼久知に仁科衆を笹久に派遣し、犬飼等は二木清三、征矢野大炊助とともに睡峠に布陣するよう指示する。徳川家康、小笠原貞慶が去る4月4日に再び麻績・青柳城で敵を撃破したことを賞す。22徳川家康、下野の皆川広照に書状を送り、関東では長尾憲景と由良国繁の動向も安定しているとの情報を喜び、長久手での戦勝を報じる。23徳川家康、小笠原貞慶に書状を送り、長久手で羽柴軍を撃破したことを報じ、上杉景勝が攻め寄せてきたようだがさしたることもないであろうと記す。24上杉重臣直江兼続、信濃の大日方佐渡守に書状を送り、景勝とともに信濃に出馬したことを報じ、城（千見城か）の警固を万全にするよう依頼する。上杉景勝、麻績・青柳城を奪回するがそこで作戦を中止し、夜に陣を撤収する。25小笠原貞慶、上杉景勝の撤退を知り、犬飼久知に猿ケ馬場峠、八幡峠の陣所を焼き払い軍勢を配置するよう指示する。また今後は真田昌幸や佐久衆と相談し、川中島へ侵攻する予定であると伝える。このころ、貞慶は細萱河内守、渋田見伊勢守等に安曇郡森要害の普請を実施させ、横目として二木九左衛門、二木六右衛門満正を派遣する。27小笠原家臣溝口貞秀、犬飼久知に書状を送り、援軍として日岐盛武・宇留賀与兵衛を派遣したことを伝える。 |
| | 5 | 5徳川家康、海賊衆小浜景隆・間宮信高が伊勢の生津・村松で敵を撃破した戦功を賞す。7羽柴方が加賀野井城などの木曽川流域の諸城を攻略。9上杉景勝、伊達輝宗に新発田重家攻めを延期し、信濃に出馬したことを伝える。13海津城代村上景国が解任され、越後に帰ることとなる。景国には山浦一跡のみ安堵される。海津城主として上条宜順が着任する。海津城兵の詮議が実施され、追放や成敗される者が多数出る。17上杉景勝、信濃の保科豊後守・松田（仁科・日岐）盛直に稲荷山在 |

城を命じ、普請や用心を怠らぬよう指示するとともに知行を与える。19徳川家康、信濃衆屋代秀正に書状を送り、上杉景勝を引き受け一戦を遂げて多数を討ち取った戦功を賞す。また家康は小諸城の大久保忠世に書状を送り、信濃衆屋代秀正・室賀・塩崎の身上を保証するよう指示する。23上杉景勝、信濃の仕置きを終え春日山城に帰る。

6 4羽柴秀吉、北条氏直と対陣中の佐竹義重に書状を送り、上杉景勝・木曾義昌と協議して関東情勢を優位にするよう勧める。5伊達輝宗・政宗父子、上杉景勝の信濃平定を祝う。羽柴方の滝川一益、佐竹義重に書状を送り、家康を討ち果たすのは目前であるので、北条氏を攻めるよう求める。10羽柴秀吉、竹鼻城を攻略。11上杉景勝、羽柴秀吉への人質を差し出した上条宜順に対し、軍役と領中諸役の停止を伝える。13小笠原貞慶の軍勢が、鳥居峠に侵攻し、伊那の徳川方も木曾義昌を攻めるべく動き出す。16羽柴方の滝川一益が蟹江城を攻略。19木曾義昌、小笠原軍等に攻められ、羽柴秀吉に救援を求める。25沼田より上杉景勝のもとへ北条軍が撤退したとの報告が入る。また北条軍は佐野で佐竹義重と対峙しているとも知らされる。羽柴秀吉、木曾義昌に書状を送り、援軍として美濃国金山の森忠政を派遣すると伝える。28羽柴秀吉、大坂城に一時帰る。この月、信濃小県郡室賀正武が家康の命により真田昌幸暗殺を密かに画策するが、発覚して逆に暗殺される。

7 3羽柴秀吉、木曾義昌に書状を送り、去る13日に木曾谷を攻められ難儀しているとの報を受けたので、加勢として東美濃の森忠政を妻籠に派遣するよう命じたと伝える。徳川家康、蟹江城を奪還する。秀吉、来る8月15日に全軍を投入して三河・遠江侵攻を行うと宣言する。11羽柴秀吉、上杉景勝に人質を差し出してきたことを謝す。13上杉景勝、上越国境に軍勢を派遣し、佐竹義重と対峙する北条氏直を牽制する。14徳川家康、甲斐の平岩親吉に書状を送り、伊勢に出陣し、所々で砦構築を命じ、清洲に引き揚げたことを報じる。22北条氏直、佐竹義重との対陣を切り上げ撤退する。吉青柳頼長、麻績を制圧したことを喜び、宝林坊に桑山郷を寄進し、寺を再興させる。この月、高遠の保科正直、徳川家康の妹を娶る。

8 2上杉景勝、信濃に出陣する。3これより先に、小笠原貞慶が牧之島城を攻める。小田切左馬助が撃破し戦功を上げる。景勝、これを賞す。5徳川家康、小笠原貞慶が木曾義昌を攻めるべく木曾谷に侵攻したことを受け、高遠の保科正直に菅沼定利の指図のもと木曾攻めに参加するよう命じる。

| 年号・西暦 | 月 | 出来事 |
| --- | --- | --- |
| 天正12（一五八四） | 8 | 11羽柴秀吉、大坂城を出陣。18羽柴秀吉、北条氏直と佐竹義重が長期対陣していたが、上越国境に展開したために退却したことを確認し、景勝を賞す。小笠原貞慶、日岐盛武・細萱河内守のもとへ番手の交替として光才三、高橋靫負を派遣する。貞慶、日岐・細萱を川中島方面の後詰めとして進軍させ、大岡城の仕置きと牧之島城への調略を命じる。20徳川家康、信濃伊那に在陣する家臣菅沼定利に書状を送り、出陣を免除された下伊那衆には知久平城の普請を実施させるよう命じる。22佐渡で争乱が起こる。上杉景勝、これに介入する。27羽柴秀吉、楽田に到着。 |
| | 9 | 7上杉景勝、長沼城に在陣する。10信濃の僧常福寺善誉が、上杉家臣栗田可休斎（北信濃衆、善光寺別当か）に書状を送り、暗殺された室賀正武の妻子を保護していることや、真田昌幸が上杉景勝との接触を希望していると報じる。この月、伊那郡司菅沼定利、伊那衆を率いて木曾方の妻籠城を攻めるが失敗。 |
| | 10 | 5徳川家康、小笠原貞慶に書状を送り、木曾義昌を追いつめその居城や宿中を焼き払い、敵を数多討ち取ったことを賞す。貞慶、まもなく義昌が籠城している城を陥落させられるであろうとの見通しを報じていた。24徳川家康、信濃伊那の下条牛千世に書状を送り、奥平信昌・鈴木重次と相談して警戒を厳重にするよう命じる。26上杉景勝、越中に出陣する。29上杉景勝、信濃の芋川親正が境目で工作を実施したことを賞す。 |
| | 11 | 2小笠原貞慶、木曾攻めで戦死した贄川又兵衛の忠信を賞し、後家に所領を充行う。4徳川家康、信濃の諏訪頼忠に書状を送り、出陣の用意をして指示を待つよう命じる。12羽柴秀吉と織田信雄の和睦が成立。13徳川家康、小笠原貞慶に帰陣したことを報じる。15羽柴秀吉と織田信雄が桑名付近で会盟する。16徳川家康、清洲城を出て三河に帰る（小牧・長久手の合戦終結）。18羽柴秀吉、前田利家に書状を送り、織田信雄との和睦条件を伝える。この中で、信濃川中島は上杉景勝領とすることを認めさせたと記す。29北条氏照、上野の北條芳林に書状を送る（このころ北條は、北条方に帰属しており、上杉氏より離反していた）。 |
| | 12 | 12徳川家康、羽柴秀吉と和睦し、次男秀康を秀吉の養子とするが完全な和解には至らず。25越中の |

| | | |
|---|---|---|
| 天正13（一五八五） | | 佐々成政が浜松に到着し、徳川家康と会見する。 |
| | 1 | 6上杉景勝、信濃の松田盛直に昼夜油断なくその地（稲荷山城）を警固し、海津城代上条宜順の指示に従うよう命じる。 |
| | 4 | この月、徳川家康、甲府に出陣し甲信仕置を実施。特に真田昌幸の沼田・吾妻領明け渡しに向けた説得工作を行うが失敗。 |
| | 5 | 8上杉景勝、海津在城の上条宜順に書状を送り、上方の様子や越中の情勢などを伝える。この後まもなく、上条宜順は海津城主の任を解かれ、越後に帰国する。 |
| | 6 | 7徳川家康、甲府より浜松城に帰る。12上杉景勝、須田相模守満親を海津城主に任命し、信濃四郡の諸氏と境の統括を命じる。17上野の瀬下豊後守が上杉景勝に内通する。 |
| | 7 | 11羽柴秀吉、関白に就任。12諏訪頼忠、徳川家臣菅沼小大膳亮定利に起請文を提出し、家康に忠節を誓う。15信濃の真田昌幸が徳川方を離反し、上杉方に帰属する。景勝、真田昌幸に起請文を出す。 |
| | 8 | 8徳川家康、甲斐の平岩親吉に書状を送り、甲斐の兵卒を率いて大久保忠世の指示があり次第出陣するよう命じる。26上杉景勝、信濃の諏訪・佐久の軍勢が禰津に集結していることを察知し、信濃衆井上・市川等に動員を命じる。真田昌幸が上杉方となったことが、須田満親以下に明らかにされる。徳川軍が禰津に集結中であるので、真田後詰めのため軍勢を派遣したいが、人数が不足していることを須田満親が上申する。29須田満親、真田家臣矢沢頼幸に書状を送り、人質を進上してきたことを賞し、援軍を曲尾筋に派遣すると伝える。この月、羽柴秀吉方の金森長近・可重父子が飛弾に侵攻し、三木自綱を滅ぼす。 |
| | 閏8 | 2真田昌幸、小県郡国分寺で徳川軍と戦いこれを撃破する（第一次上田合戦始まる）。6上杉景勝、越中より春日山に帰る。8真田昌幸、旱魃による凶作のため、御料所の百姓の懇願を容れ、検見を実施したうえで年貢納入をするよう指示する。領内諸村懐柔のためであろう。11諏訪頼忠、上田合戦で戦死した家臣矢島河内守（権祝）の死を悼み、某にその名跡を相続させる。13真田信幸、上野の恩田伊賀守、木暮甚之丞、恩田越前守、発知三河守に徳川軍撃破を知らせ、北条軍が徳川に呼応して攻め寄せてくることは必然なので警戒するよう指示する。16飛弾国衆、金森長近に叛乱を起こ |

| 年号・西暦 | 月 | 出来事 |
| --- | --- | --- |
| 天正13（一五八五） | 閏8 | すが鎮圧される。20上杉景勝、上野の赤堀左馬助に書状を送り、真田昌幸支援のため越山の余裕がないことを報じる。徳川家康、信濃伊那の小笠原信嶺・松岡貞利・下条牛千世・飯島辰千代・大島新助に書状を送り、真田昌幸征討のため出陣するよう命じる。24北条軍、上野国沼田に侵攻し、津久田で真田軍と交戦しこれを撃破する。26徳川家康、岡部長盛・屋代秀正・依田康国・井伊直政ら諸士の信濃丸子表における戦功を賞す。28徳川家康、真田攻めのため在陣中の保科正直を慰労する。 |
| | 9 | 2羽柴秀吉、上杉景勝に飛弾を攻略し、三木氏を滅亡させたことを伝える。4結城晴朝、上杉景勝に関東の情勢を報じ、真田昌幸が徳川軍を撃破したことを喜ぶ。5信濃小県郡禰津昌綱が真田昌幸の誘いに応じ、上杉方となることを受諾する。景勝、これを賞す。8北条氏直、原豊前守胤辰に書状を送り、徳川軍が真田昌幸を攻めているので、家康の要請を受け沼田へ出兵し越後国境まで制圧する予定であると述べる。10北条氏、鉄砲衆を上野大戸城に移動させるよう命じ、岩櫃城攻撃の準備に入る。11北条氏政、去る24日に津久田で真田方を撃破した吉里備前守の戦功を賞す。13上杉景勝、信濃の小田切左馬助に書状を送り、千見城に攻め寄せた小笠原軍を撃破した戦功を賞す。しかしまもなく千見城は小笠原軍が攻略したらしい。15小笠原貞慶、大日方民部に知行を充行う。17徳川軍の井伊直政、大須賀康高、鳥居元忠、平岩親吉が佐久郡高野町に禁制を出す。22上杉方の島津忠直等諸将が伊勢崎（後の上田城）の普請を実施し、ほぼ完了する。28北条氏邦、沼田城下の宿城で戦功のあった矢野兵部右衛門を賞す。 |
| | 10 | 10上杉景勝、海津城主須田満親に掟書を授ける。17羽柴秀吉、真田昌幸に初めて書状を送り、小笠原貞慶と協議して守備を堅固にするよう申し入れる。この書状により、松本城主小笠原貞慶が徳川方から秀吉方へ転じていたことが確認できる。 |
| | 11 | 3上杉景勝、沼田城主矢沢綱頼に知行を充行い、上杉方へ誘う。11徳川家康、三河一向一揆を赦免する。13徳川家康重臣石川数正が、小笠原貞慶等の人質を連れて、秀吉のもとへ出奔する。15徳川家康、北条氏直よりの使者派遣に応え、去る13日に重臣石川数正が小笠原貞慶の人質を連れて尾張に出奔したことを報じる。17真田昌幸、平岩親吉・芝田康忠・大久保忠世らが撤退したことを訝しみ、甲斐へ目付を派遣することを直江兼続に伝える。19羽柴秀吉、真田昌幸に石川数正の出奔等を |

報じ、家康打倒のため来春に出陣する予定であることや、甲斐・信濃の経略のため小笠原貞慶・木曾義昌と協議するよう命じる．徳川家康、信濃衆下条牛千世が、石川数正出奔を聞き、老母や家中の人質を伊那郡司菅沼定利に提出したことを賞す。21羽柴秀吉、真田昌幸に上洛を促す。昌幸はこれには応じなかったものとみられる。徳川家康、信濃衆下条牛千世に書状を送り、牛千世が人質を提出しただけでなく、自ら知久平城の菅沼定利のもとへ赴き出仕したことを賞す。徳川家康、下条牛千世老母に書状を送り息子牛千世の忠節に感謝する。26織田信雄、徳川家康に上洛を促す。28徳川家康、北条氏規に書状を送り、石川数正出奔後も家中が堅固であると報じる。29天正大地震起こる。中部から近畿地方にかけて被害甚大。秀吉方の諸大名の多くが被災する。これに対して東海や関東は被害なしという。

天正14（一五八六）

12 2徳川家康、信濃伊那衆下条牛千世の本領を安堵し、さらに美濃で知行を充行う。3小笠原貞慶、高遠城の保科氏を攻めるが敗退する。12真田昌幸、信綱寺に武田信玄の菩提所を建立することを伝え、佐久郡を制圧したら竜雲寺領を寄進することを約束する。羽柴秀吉への人質（養子）として家康の第二子於義伊が浜松を出立し、大坂へ向かう。13小笠原貞慶、羽柴秀吉の要請に応じて上洛の準備を進め、家臣溝口貞秀に知行を充行う。上洛随行の費用手当のためであろう。14徳川家康、信濃高遠の保科正直に書状を送り、小笠原貞慶軍を高遠で撃退した戦功を賞するとともに太刀（包永）を贈る。このころ、小笠原貞慶に呼応しようとした伊那郡市田城主松岡貞利一族が伊那郡司菅沼定利に捕縛され、後に改易される。

1 9羽柴秀吉、上杉景勝に書状を送り、信濃平定のために援軍を送る準備があることを伝える。13甲斐の武川衆、平岩親吉の求めに応じて駿河に兄弟、親類を人質として進上する。徳川家康、これを賞す。27織田信雄、岡崎城に赴き家康と対面。秀吉との和睦を促す。下旬、徳川家康、秀吉との和睦に合意。

2 14真田昌幸、北沢勘解由、富沢大学、折田軍兵衛らに上野の下筋、佐久郡本意のうえは知行を充行うと約束する。16真田昌幸、神尾淡路守、金井久内に葦田で知行を充行う。25北条氏政、近日徳川家康と会談するため駿豆国境に行くことを表明する。30羽柴秀吉、真田昌幸に書状を送り、徳川家康が従属の意志を示したことを報じ、信濃での矢留を命じる。

| 年号・西暦 | 月 | 出来事 |
| --- | --- | --- |
| 天正14（一五八六） | 3 | 9徳川家康と北条氏政・氏直父子、伊豆三島で会談。 |
| | 4 | 11羽柴秀吉、妹旭姫を徳川家康の正室とすることを約束する。15北条方の猪俣邦憲、沼田城攻めのため付城を構築する。16徳川家康、依田信蕃次子松平新六郎に一字書出を与え康貞と名乗らせる。17上杉景勝、色部長真への書状で、羽柴秀吉の招きに応じ上洛することを表明する。25北条氏直、上野の猪俣邦憲が仙人ケ岩屋を乗っ取った戦功を賞す。 |
| | 5 | 3上野の北条方、吾妻へ出兵し、石津郷を攻める。沼田東谷で真田方と戦う。7北条氏邦、阿久澤能登守に去る3日沼田東谷での戦功を賞す。11北条氏邦、沼田城の真田家臣矢沢綱頼に降伏を促す。綱頼これを拒否する。14秀吉の妹旭姫が家康との婚礼のため浜松城に到着する。16徳川家康と旭姫の婚儀が行われる。20上杉景勝、直江兼続等とともに春日山城を出発し上洛の途につく。27真田昌幸、北条軍の上野侵攻に対処すべく、湯本三郎右衛門、河原左京亮に吾妻（岩櫃城）へ移るよう指示する。 |
| | 6 | 7上杉景勝一行が上洛する。8景勝、京都で木曾義昌と対面する。11小笠原貞慶、仁科衆に千見城の普請を命じ、普請奉行として二木六右衛門盛正、山田善兵衛を派遣したと伝える。14上杉景勝一行が大坂城に入り、秀吉に謁見する。20上杉景勝、信濃衆井上源六郎・夜交昌国にまもなく帰国すると伝える。徳川家康、下条一族の下条六郎次郎に一字書出を授ける。23羽柴秀吉、上杉景勝に佐渡平定を命じる。24上杉景勝一行、越後に向けて帰国の途につく。 |
| | 7 | 6上杉景勝一行、春日山城に到着する。10上杉景勝、太田資正に書状を送り、上洛した際に徳川家康との無事が整い、北条氏直もこれに同意したと伝え、もし違反があればただちに越山すると報じる。17徳川家康、真田昌幸を攻めるための陣触れを行う。羽柴秀吉、徳川家康に真田昌幸征討を許可する。家康、駿府まで出陣する。 |
| | 8 | 3羽柴秀吉、真田昌幸討伐を家康に命じたことを景勝に伝え、支援せぬように指示する。7羽柴秀吉、真田昌幸征討中止を家康に求める。家康、出馬を延期する。9羽柴秀吉、水野忠重に条目を送り、徳川家康による真田昌幸討伐を容認し、上杉景勝に支援せぬよう伝えたことなどを報じる。20 |

| | | |
|---|---|---|
| | | 徳川家康、駿府より浜松城に帰る。 |
| | 9 | 5上杉景勝、矢沢綱頼に書状を送り、綱頼息子三十郎頼幸が新発田攻めに同陣していることを伝える。6羽柴秀吉、上杉景勝に新発田攻めと沼田領仕置きについて指示する。16小笠原貞慶、越後上杉景勝に援軍として派遣した士卒に対し、標葉但馬守・細萱長知の指図に従うよう厳命する。これは秀吉の要請によるものであろう。18上杉景勝、沼田城に北条軍が攻め寄せたことを知り、矢沢綱頼に援軍を派遣すると伝える。だがこれはまったく実現しなかった。25羽柴秀吉、上杉景勝に家康による真田昌幸征討を中止したと伝える。26秀吉と織田信雄それぞれが家康に使者を送り、大政所（秀吉生母）を人質に三河に送ることを約し、上洛を促す。家康、家中の反対を抑えて了承する。 |
| | 10 | 5羽柴秀吉、信濃の千見、青柳城が小笠原貞慶に横領されたという上杉方の訴えを聞き、家康とともに近日上洛する予定の貞慶に命じて解決する意向を景勝に伝える。18秀吉生母大政所、岡崎城に到着。24徳川家康一行、京都に入る。26徳川家康一行、大坂に入り羽柴秀長邸を宿所とする。27徳川家康、大坂城で秀吉に謁見する。これにより徳川氏は秀吉政権下に入る。 |
| | 11 | 4羽柴秀吉、上杉景勝に真田・小笠原・木曾を家康の与力大名として配備する意向であると伝える。11徳川家康、岡崎城に戻る。12家康、秀吉生母大政所を大坂へ送り返す。15北条氏政、北条氏邦に上野で敵城は沼田城だけとなったことを報じ、備えを万全にするよう命じる。27真田昌幸室（山之手殿、寒松院殿）、海津城での奉公を謝し、蓮花院に知行を与える。昌幸は、正室を上杉氏のもとに人質として差し出していたのであろう。 |
| | 12 | 5徳川家康、居城を浜松城から駿府城へ移す。この年、上杉氏は信濃衆の軍役帳を作成する。 |
| 天正15（一五八七） | 1 | 4羽柴秀吉、真田昌幸を赦免すると伝え、上杉景勝に昌幸を上洛させるよう命じる。その後昌幸は上洛したらしい。20上杉重臣直江兼続、小笠原家臣標葉但馬守に越後新発田攻め参戦を謝す。 |
| | 3 | 18徳川重臣酒井忠次が大坂城から駿府に帰る。真田昌幸、小笠原貞慶、羽柴秀吉の命令により、駿府の徳川家康のもとに出仕する。 |

| 年号・西暦 | 月 | 出来事 |
| --- | --- | --- |
| 天正15（一五八七） | 5 | 1北条氏直、上信国境の松井田城の仕置きを大道寺直昌に命じる。3北条氏、垪和康忠に松井田城の普請を命じる。 |
| | 7 | 徳川家臣鳥居元忠（都留郡主）、富士山北室造営勧進のため関東の諸檀那のもとへ出国することを許す。 |
| | 8 | 5徳川家康上洛し、秀吉に謁見。九州平定を賀す。 |
| | 9 | 28小笠原貞慶、松本城内で青柳頼長を謀叛の嫌疑で誅殺する。 |
| | 10 | 25新発田重家が戦死し、新発田の乱が平定される。この年、伊那国衆下条康長が謀反の嫌疑により没落。下条氏、事実上滅亡。 |
| 天正17（一五八九） | | 春、秀吉が沼田領問題の裁定を下す。 |
| | 7 | 秀吉の裁定にもとづく沼田領の割譲が実施される。利根川以東の沼田領の替地として、真田昌幸は徳川家康より信濃伊那郡箕輪領を与えられる。 |
| | 11 | 3真田氏、北条氏に明け渡した沼田領に知行を保持していた家臣に対し、箕輪領で替地充行の作業を開始する。この日、沼田在城の北条家臣猪俣邦憲が真田方の名胡桃城を乗っ取り城将鈴木主水を憤死させる。24秀吉、北条氏への宣戦布告状を公表し、諸大名に送る。 |
| 天正18（一五九〇） | 2 | 秀吉の小田原出兵が始まる。 |
| | 3 | 15もと信濃佐久国衆阿江木（相木）常林、伴野信番らが佐久郡に潜入し、白岩城で挙兵。豊臣軍の攪乱と故地回復を目論むも撃破され、伴野は戦死したという。この合戦を最後に、信濃の戦国時代は終焉を迎える。 |
| | 7 | 5小田原城が開城、降伏し、北条氏滅亡する。その後に続く奥羽仕置で豊臣政権による天下統一が達成される。 |

# あとがき

本書は、前著『天正壬午の乱―本能寺の変と東国戦国史』（以下、前著）の続編にあたり、これをもって、十三年に及ぶ私の宿願であった地域史から照射する東国戦国史の終焉に向けた動向の叙述が完結する。

一九九八年に天正壬午の乱の論考を発表した時、私はこの争乱は東国全体を巻き込むとともに、「織田政権」の再編に向けたヘゲモニーをめぐる内訌とも密接に結びついて展開していたと考えていたため、迂闊に手を付けられない難題が多々控えており、単著として早期に世に問うことは不可能であろうと悟っていた。また特に武田遺領の国衆達の個々の動向を詳細に分析し、それを踏まえなければ時々刻々と移り変わる出来事の展開をリアルに描くことはかなわないだろうとも考えていた。そのため私は、まず手始めに信濃国衆の動向を個別に調べる作業に着手した。その途中で執筆を引き受けたのが『川中島の戦い』上下巻（学研M文庫、二〇〇二年）である。私が信濃国衆についての基礎的知見を同書で叙述することが可能であったのは、細々と調査を継続させていたからに他ならない。だが私はすぐに数多くの壁に突き当たった。

まず私を立ちすくませたのは『信濃史料』収録史料の年代比定が大幅な修正を迫られる事態になったことである。その発端は、一九八二年に発見された「屋代文書」の調査研究により、天正十一年四月一日と信じられてきた屋代秀正の出奔が天正十二年に修正されたことにある。そのため、屋代の出奔を基軸にした文書の年代比定が無効になってしまったため、すべての史料の再検証を行う必要があった。それだけでなく、信長死後の「織田政権」の研究も当時は皆無という状況であった。

さらに天正壬午の乱をめぐる対象範囲をどこまでに設定するかも頭の痛い問題であった。武田遺領争奪戦であるから甲斐・信濃・上野・駿河はもちろんであるが、それを中心にどこまでを叙述の範囲に収めるか、私は考えあぐねた。特に必要不可欠の北関東情勢について私は全くの門外漢であり、途方に暮れた。こうした様々な壁に阻まれ、また自分の研究対象の移り変わりや力点の移動などもあり、作業はしばしば中断を余儀なくされた。だが私は決して諦めなかった。研究史上、壮大な空白地がほぼ手つかずのまま残されている現状を何とかしたいという思いが私を突き動かした。

その情熱は醒めることはなく、山梨県や長野県の歴史・文化財に関する出版物のそれこそ殆どに目を通し(群馬県の調査に甘さが残ったのは自省しなければならない)、地域の武士たちの動向調査に沈潜した。こうして私は、次第に各地の国衆や土豪の動きを摑んでいったのである。このような地味な作業の繰り返しによって、甲斐・信濃・上野の武士達の動きや相互の関連性が徐々に明らかになってゆき、二〇〇八年ごろまでにはほぼ前著と本書の土台となる断片的で膨大な草稿群が出来上がっていた。その過程で、様々な事実の発見や意外な出来事の関連性に一再ならず気づかされることになった。それがまた私の好奇心を刺激し、前に進む原動力ともなっていった。

しかしその他の諸課題は積み残されたままであり、さらに問題だったのは、天正十一年から同十八年までのおもに中央の歴史との関連性をどう捉えるかであった。

私が抱えていた諸課題に転機が訪れたのは、二〇〇五・六年のことである。まず北関東の情勢について齋藤慎一氏が労作『戦国時代の終焉』(二〇〇五年)を発表したことは、私を大きく刺激した。同書の登場により、私は天正壬午の乱の叙述から下野・常陸を除外する決断を下し、その成果を参照しつつ武田遺領と北陸・飛騨・美濃・畿内近国をレンジに含めた研究に専心することが出来た。齋藤氏の研究は、佐竹・宇都宮・結城・小山氏ら北関東の諸大名と後北条氏の対立を詳細に分析したものであり、対象の時期やテーマでは共通するが、舞台とされた地域は上野国を除くと棲み分けがなされている。その意味で前著及び本書と、齋藤氏の『戦国時代の終焉』は相互に補い合う関係にあるといえる。

また「織田政権」論については二〇〇六年に尾下成敏氏、加藤益幹氏が同時に成果を発表するに至り、私は天正壬午の乱をめぐる政治情勢についての全体像と、地域社会の動向との関係を描くことに手応えを感じ始めた(尾下氏は今日に至るまで数多くの論考を精力的に発表されており、この分野の研究をリードされている)。

しかしながら最後まで立ちはだかったのは、秀吉の「惣無事令」論を支える十一月十五日付徳川家康書状(北条氏政宛)の年代比定問題であった。不勉強ゆえ私には、この問題は大きすぎて手に余る事柄であったが避けては通れず、思わぬ形で恩師藤木久志先生の学説と向き合うこととなった。これまでも何度通読したかわからぬ藤木先生の『豊臣平和令と戦国社会』を再読し検討をするうちに、正直に告白すると、私はあまりの痛みゆえに天正十一年以後を対象とした本書の執筆を断念しようかとも考えた。だが天正壬午の乱の歴史的意義を明確化するためには、どうしても天正十八年の北条氏滅亡までを視野に入れなければならないと自らに言い聞かせて作業を続けた。それでもなかなか結論が見いだせなかったところ、二〇〇九年に竹井英文・佐々木倫朗氏の研究が相次いで発表され、文書の年代比定が天正十一年に確定された。これを受けて、私は書きためていた膨大な草稿の断片をまとめる作業に取りかかり、昨年五月初旬にようやく脱稿したのである。天正壬午の乱の研究に手を染めてから、すでに十二年が経過していた。ところがその枚数は、旧著『川中島の戦い』を超える規模になってしまい、今度は出版の引き受け手を探すことに苦心せねばならなかった。そこで断腸の思いで完成原稿を分割し、天正十年全体を扱った前著と、天正壬午の乱を導入部分にして天正十一年から同十八年までを扱った本書をそれぞれ別個に仕上げることとした。その甲斐あってようやく二冊とも出版が決まり、それぞれ原稿を昨年夏にお渡しし今日に至ったわけである。なお当初、本書は書名を『天下統一への道―天正壬午の乱後の東国戦国史』とする予定であったが、戎光祥出版の皆様の得難いご提案を受けて変更したことをお断りしておく。

前著と本書で私は、甲斐・信濃・上野の武士達の動向について可能な限り調査をしたうえで叙述を試みたつもりであるが、史料不足もあって不明な部分の方が遙かに多く、なお物足りなさが後をひいた。しかしながら、「歴史家は自ら十分満足できる証拠をもったためしはない」（A・J・P・テイラー）という歴史研究に携わった経験のあるものならば、誰しもが胸を衝かれる箴言に象徴されるように、もともと過去のすべてを知り得ぬ宿命の私たちは、対象とする時代のわずかな痕跡を手がかりに可能な限りの歴史像の再構築にとどめ、想像されること、予想されることを披瀝することには極めて禁欲的でなければならないだろう。証明出来ぬこと、語り得ぬ多くの事柄について、涙を呑んで沈黙するしかないからだ。そう思うにつけ、出版不況といわれる昨今であるにもかかわらず、極めて杜撰でいい加減な「歴史書」なるものが書店にあふれているのは皮肉なこととしか言いようがない。史料とまともに格闘せず、地道な基礎研究を行うこともなく、先人の業績に敬意も注意も払わず、思いつきと勝手な想像だけで物を書いて恬として恥じることのない作者たちの存在と、またそれが次々と出版される現実は、歴史学にとっては決して好ましいことではない。私は、専門家としてこの状況に危機感を抱いている者の一人であり、この状況を変化させるためには、私たち自身がしっかりとした基礎研究を行い、それを踏まえて地に足のついた歴史像を提起するしかない。私たちの努力不足が、歴史研究の現状を悪化させているとすれば、それを転回させるのも自分たちの努力しかないだろう。

史料の稀少性を嘆くことなく、自らの研究課題との格闘という任務に邁進し、そこから如何に新たな歴史像を構築していくか。これは大なり小なり歴史学徒が自覚している課題であろうが、今ほどそれが求められている時代はないのかも知れない。戦後歴史学の解体が大方の共通認識になって久しい。では、それに代わる新たな歴史学の再構築とはどのようにすればよいのか。それは今も暗中模索の段階にあるといってよいだろう。

そうした中にあって、これまで通説、定説とされてきたものの多くが修正を迫られている研究の現状は明るい兆しである。今後は訂正や修正が施された幾多の細々したモザイクの如き事実群を、組み合わせ、関連づけてどのような歴史像を各自がテーマに沿って構築していくかにかかっている。これまでも繰り返し指摘されてきたことではあるが、歴史像を豊かにするためには、地域史研究を隆盛させることが重要であり、またその成果を通り一遍の通史的展開の中に単純に織り込んでいくのではなく、地域史を自立させそこから当該期の全体史を照射しつつ組みかえていく作業が不可欠となる。

そのための方法論の一つとして、かつて何度もその必要性が提起された歴史における可能性の問題の探求は重要であろうと私は考える。歴史は、そうなるより他なかった必然の流れではないはずである。私たちが知っている歴史の流れには、その本流に合流することなく枯渇してしまったり、途中で他の流れに阻まれ消え去ってしまった幾多の細流が存在するはずで、それらの命運と消長の追求こそ、とりわけ地域史研究には重要であるはずだと思う。その細流の一つひとつこそが、歴史の中に実在した可能性である。

すなわち、当該期の具体的な歴史的条件そのもののなかに根拠をもつそれら実在的な可能性が、それぞれの置かれた条件下で主体的に行動し、たえず自らの保全と拡大という願望や可能性を現実のものとすべく全精力を傾けて戦ったことを史料をもとに能う限り克明に追求し描くことこそ極めて重要である。そして幾多の可能性のほとんどが、中途で挫折したり滅ぼされてしまい歴史の流れから脱落し痕跡を留めなくなっていく中で、やがて一定の条件下で生き残った幾つかの可能性が現実性に転化することを具体的に示さねばならない。それは同時に、潰えた可能性はなぜそうならねばならなかったか、また生き残り歴史の主要な流れに影響を与えることとなった現実性はなぜそうなることが可能だったのかを根拠をもとに説明する必要がある。さらに生き残った現実性であっても、必ずしも行動の主体（例えば真田昌幸、小笠原貞慶、木曾義昌などのような人物）の願望や意図の通りではなかった現実になぜなってしまったのかをしっかりと把握しなければならない。これこそ、歴史像を豊かにする具体的な方法の一つであると思う。こうした方法論の具体化は、若きころ耽読した鈴木良一『豊臣秀吉』（岩波新書）の「あとがき」を読んで衝撃を受けて以来、長いこと突き詰めて考え続けた課題であった。前著と本書は、歴史とはどのように捉え書くべきかを考え続けていた私が、天正壬午の乱をテーマに試みた今できる精一杯の成果であり、それは一切の韜晦なき現在の私の身の丈を示すものでもある。

地域史の自立を踏まえた歴史叙述の可能性を求めて、地方在住の歴史学徒である私は今後も地域史研究の強みを生かして歩き続けていきたいと思う。ただ私は、まわりの方々から武田氏研究者と認識されることが多い。それは研究のフィールドをおもに甲信・東海地方の室町・戦国期から近世初期に設定したため、必然的に武田氏を素材とする研究が多かったからである。だが私自身は武田氏だけの専門家ではなく、近世初期をも視野に入れた中世史の専門家でありたいと思ってきたし、その努力を続けてきたつもりである。その意味で武田氏滅亡後の政治・外交・軍事史を扱う前著と本書は、今までの自分を取り巻いていた枠組みを引き継ぎつつも破ることを意図してもいる。どこまでそれが成功したかは、江湖のご批判とご叱正をまつしかないが、いっそうの研鑽を積んでいく所存である。

本書の執筆にあたって、数多くの方々よりご教示を賜り、史料調査では幾多の調査先に御配慮をいただいた。また史料撮影については、伊那市教育委員会、伊那市立高遠町歴史博物館、甲府市入明寺、静岡県龍潭寺、半田実氏（山梨県在住）に多大のご高配を賜った。ここに深甚の謝意を表したい。なお出版事情が厳しいなか、本書の刊行をご決断下さった戎光祥出版株式会社伊藤光祥社長と本書の編集を担当して下さった同社の中村勇磨氏に感謝申し上げる。

本書校正中に東北地方太平洋沖地震が発生した。それがもたらした災害は衝撃的で、私は言葉もない。自分に出来ることで、微力ながら私も東北・関東地方の復興を支援していきたいと思う。思えば本書で、天正大地震が政治を変えたことを重視しこれを力説したが、今回の未曾有の大震災が今後の歴史にどのような影響を与えるのか、私は同時代を生きる人間として注視していきたいと思う。鎮魂と復興への祈りを込めて、筆を擱く。

二〇一一年四月二十四日

平山　優

【著者紹介】

平山 優（ひらやま・ゆう）

昭和39（1964）年、東京都新宿区生まれ。立教大学大学院文学研究科博士前期課程日本史学専攻修了。専門は日本中世史。山梨県埋蔵文化財センター文化財主事、山梨県史編纂室主査、山梨大学非常勤講師、山梨県立博物館副主幹を経て、現在は、山梨県立中央高等学校教諭、放送大学非常勤講師、南アルプス市文化財審議委員。2016年放送のNHK大河ドラマ「真田丸」の時代考証を担当。
主要著書に、『戦国大名領国の基礎構造』（校倉書房、1999年）、『長篠合戦と武田勝頼』『検証長篠合戦』（ともに吉川弘文館、2014年）、『天正壬午の乱【増補改訂版】』（戎光祥出版、2015年）、『武田氏滅亡』（角川書店、2017年）など多数。

武田《たけだ》遺領《いりょう》をめぐる動乱《どうらん》と秀吉《ひでよし》の野望《やぼう》
——天正壬午の乱から小田原合戦まで

平成二十三年六月一日　初版初刷発行
令和元年十一月一日　初版二刷発行

著　者　平山 優
発行者　伊藤光祥
発行所　戎光祥出版株式会社
〒102—0083　東京都千代田区麹町一—七
相互半蔵門ビル八階
電　話　〇三—五二七五—三三六一（代表）
ＦＡＸ　〇三—五二七五—三三六五
ＵＲＬ　https://www.ebisukosyo.co.jp/
Eメール　info@ebisukosyo.co.jp
装丁デザイン　堀 立明
印刷・製本　モリモト印刷株式会社


ISBN978-4-86403-035-9